培育品牌价值可持续增长

主 编 殷格非
副主编 管竹笋 林 波 庄 巍

企业管理出版社
ENTERPRISE MANAGEMENT PUBLISHING HOUSE

图书在版编目（CIP）数据

培育品牌价值可持续增长 / 殷格非主编. —— 北京:企业管理出版社，2022.5

ISBN 978-7-5164-2442-1

Ⅰ.①培… Ⅱ.①殷… Ⅲ.①品牌—企业管理—研究—中国 Ⅳ.①F273.2

中国版本图书馆CIP数据核字（2021）第152831号

书　　名：	培育品牌价值可持续增长
书　　号：	ISBN 978-7-5164-2442-1
主　　编：	殷格非
副 主 编：	管竹笋　　林　波　　庄　巍
责任编辑：	尤　颖　　田　天
出版发行：	企业管理出版社
经　　销：	新华书店
地　　址：	北京市海淀区紫竹院南路17号　　邮编：100048
网　　址：	http://www.emph.cn　　电子信箱：emph001@.com
电　　话：	编辑部（010）68701638　　发行部（010）68701816
印　　刷：	北京虎彩文化传播有限公司
版　　次：	2022年5月第1版
印　　次：	2022年5月第1次印刷
规　　格：	710mm×1000mm　　1/16
印　　张：	18印张
字　　数：	240千字
定　　价：	68.00元

版权所有　翻印必究·印装有误　负责调换

序

培育品牌价值可持续增长，助力国民经济高质量发展

当前，全球已经进入了品牌经济时代。拥有国际知名品牌的数量与质量体现了国家的经济实力和科技水平。加快中国品牌走向世界，推动高质量发展已经成为当务之急。

品牌作为经济发展的重要导向，品牌价值贯穿经济发展的全过程。回顾百年来品牌在市场竞争中的影响，展望未来品牌在各经济阶段凸显的特点，品牌价值在贯穿各经济发展阶段的同时，其涵义、特点在不断拓展、延伸。随着经济全球化和品牌经济阶段的品牌价值日益受到重视，如何培育和保持品牌价值可持续增长正成为社会关注的焦点。

为此，2012年我国联合美国、德国提出了品牌价值发展理论，推动在全球形成了包含有形资产、无形资产、质量、服务、技术创新在内的品牌价值"五要素"共识。2014年，我国获得了国际标准化组织品牌评价技术委员会（ISO/TC 289）秘书国地位。2019年，由我国牵头组织制定的品牌评价国际标准ISO 20671：2019《品牌评价——基础与原则》正式颁布实施。我国进一步获得了品牌评价的国际话语权。

品牌价值可持续增长是多因素共同作用的结果。考察国内外成功实现品牌价值可持续增长的案例发现，品牌在功能、情感和精神三个层面价值的实现，是质量、创新、用户需求、影响力和共享等因素发挥了主导性作用。中国品牌建设要走出百年复兴之路，实现品牌价值可持续增长，必须坚持

以质量为基础,以创新为灵魂,以满足用户需求为核心,抓住影响力提升这个关键,用好共享这个支撑。

"培育品牌价值可持续增长"作为品牌价值发展理论体系在新时代的深化,是对品牌价值研究成果和品牌价值"五要素"的应用和实践,还需要继续向"经济阶段与品牌价值发展"相辅相成的思想、理论迈进,需要与国家高质量发展的理念和要求实现深度融合,更好地服务国家高质量发展理念和要求的落地。

真诚地期望本书的出版能够为中国企业品牌的建设提供新思路、新工具和新方法,培育企业品牌价值稳步提升,扩大品牌影响力,拓展国内外市场,推动双循环发展格局,为中国经济的高质量可持续发展做出新的贡献!

中国品牌建设促进会理事长

国际标准化组织品牌评价技术

委员会(ISO/TC 289)顾问组主席

2022 年 2 月 21 日

自　序

塑造令人崇拜的中国品牌，助力品牌价值国际领先

路易威登是世界上最古老的奢侈品品牌之一。自1854年以来，代代相传的路易威登，以品质卓越、创意杰出和工艺精湛成为时尚旅行艺术的象征。在2020年国际品牌咨询公司（Interbrand）全球最佳品牌100强中，路易威登排名第17位，品牌价值317.2亿美元。

不仅是路易威登，包括可口可乐（1886年）、奔驰（1871年）、香奈儿（1910年）等品牌，尽管历史悠久，但从未衰退，反而愈发进步，一直是全球品牌领导者。这些品牌有何共通之处？诚然，它们是拥有优质产品和服务的著名品牌，但是，它们的持久成功主要归因于其受人崇拜。受人崇拜的品牌是客户在想到某个品类时第一个反应到的品牌，能够提供客户幸福本源的价值：功能价值、情感价值和精神价值，而这也帮助品牌永葆青春。

事实上，受人崇拜是所有品牌都可以学会，也必须学会的。通过深入研究国内外成功实现品牌价值可持续增长的案例，发现对于品牌功能、情感和精神价值的实现，质量是基础，创新是灵魂，用户需求是核心，影响力是关键，共享是支撑，五因素共同保证品牌价值可持续增长。

本书基于这一认知，构建品牌价值可持续增长QICIS模型，并从质量、创新、用户需求、影响力和共享五个维度，总结提炼现有品牌价值可持续增长的好做法、好经验，帮助中国企业理解品牌价值可持续增长的内在逻辑，为品牌建设提供切实可行的理论指导和工具参考。

本书的主要内容是：

第一章为品牌价值可持续增长的背景。当今品牌经济时代，品牌是企业决胜竞争的关键因素。本章对全球及中国品牌发展历程和阶段性特征进行总结回顾，并分析当前经济发展新趋势对品牌价值可持续增长的影响。

第二章为品牌价值可持续增长的理论与实践基础。国内外针对品牌价值增长进行了长期的理论研究和实践探索。本章系统回顾品牌建设的研究历史，依托品牌生命周期理论对品牌建设趋势进行分析，并对中国品牌价值提升提出建议。

第三章为品牌价值可持续增长模型。品牌在功能、情感和精神三个层面价值的实现，是质量、创新、用户需求、影响力和共享"五因素"发挥了主导性作用。本章阐明品牌价值可持续增长 QICIS 模型的构成、内涵和特征，对模型内涵进行解读，并分析模型"五因素"之间的相互关系。

第四章为品牌价值可持续增长的基础——质量。质量是品牌价值形成和增长的基础，是品牌经历消费者和市场双重检验的重要基础。本章分析质量对品牌价值的影响机制，从质量承诺、质量管理、感知质量和质量维护四个方面，提出夯实品牌价值可持续增长基础的策略。

第五章为品牌价值可持续增长的灵魂——创新。只有赋予品牌要素以创造价值的新能力，才能增强品牌生命力，让品牌经久不衰。本章分析创新对品牌价值的影响机制，从定位创新、技术创新和形象创新三个方面，提出点亮品牌价值可持续增长灵魂的策略。

第六章为品牌价值可持续增长的核心——用户需求。只有持续满足并超越用户需求，才能提升品牌信赖和品牌忠诚度。本章分析用户需求对品牌价值的影响机制，从强化品牌和延伸品牌两个方面，提出巩固品牌价值可持续增长的核心策略。

第七章为品牌价值可持续增长的关键——影响力提升。有影响力的品牌，才能受到用户和社会各方的关注。影响力的塑造和持续强化，是实现品牌的超额价值和品牌延伸价值的关键。本章分析影响力对品牌价值的影响机制，从员工、政府和媒体三个角度，提出抓住品牌价值可持续增长关键的策略。

第八章为品牌价值可持续增长的基本支撑——共享。品牌价值应与社会共建，资源共享，让利益相关方成为品牌价值持续增长的重要支撑。本章分析共享对品牌价值的影响机制，从一般性共享、集群共享和区域共享三个方面，提出用好品牌价值可持续增长的支撑策略。

第九章为品牌价值可持续增长的典型案例。"中茶""稻香村""五常大米""南方电网"和"波司登"在各自品类中均长期占据领先地位，品牌价值持续增长。本章以该五个品牌为例，从微观层面解析了品牌价值增长的逻辑，以期为中国品牌建设提供借鉴。

第十章为品牌价值可持续增长展望。理解和研究品牌价值的形成和发展，必须密切跟踪和深入理解世界发展的最新趋势。本章梳理品牌价值可持续增长的理论发展方向和实务重点领域。

本书所述内容既是我本人的思考，也凝结了金蜜蜂团队共同心血。尤其需要感谢的是，本书的内容离不开品牌专家学者的贡献，这里面凝结着他们的激励、帮助、鞭策及思想的碰撞。特别是离不开广大品牌建设先行者的支持和厚爱，他们在促进品牌价值可持续增长过程中的创新实践和显著成效，可以说是本书的最大亮点。

大道行思，当砥砺前行。党的十八大以来，党中央、国务院高度重视品牌建设，中国自主品牌建设新时代全面开启。新的时代，有新的使命，更有新的挑战，品牌建设也必将迎来发展的快车道，步入新的春天。

金蜜蜂智库创始人　首席专家
全国品牌评价标准化技术委员会委员
2022 年 3 月 5 日

目 录

第一章 品牌价值可持续增长的背景 ·················· 1
 第一节 全球发展新趋势与品牌价值可持续增长 ·········· 3
 第二节 中国发展新趋势与品牌价值可持续增长 ·········· 7

第二章 品牌价值可持续增长的理论与实践基础 ·········· 13
 第一节 品牌建设的研究回顾 ······················ 15
 第二节 品牌建设趋势分析 ························ 17
 第三节 中国品牌价值提升的分析 ·················· 28

第三章 品牌价值可持续增长模型 ···················· 35
 第一节 品牌价值与意义 ·························· 37
 第二节 品牌价值模型 ···························· 41
 第三节 品牌价值可持续增长"五因素"的相互关系 ······ 47

第四章 品牌价值可持续增长的基础——质量 ············ 51
 第一节 质量内涵及其对品牌价值的影响 ·············· 53
 第二节 质量承诺——企业品牌价值的发展根基 ········ 61
 第三节 质量管理——企业品牌价值的稳定源泉 ········ 65

第四节 感知质量——企业品牌价值的成长命脉 …………… 72
第五节 质量维护——企业品牌价值的延续基石 …………… 79

第五章 品牌价值可持续增长的灵魂——创新 ………………… 83
第一节 品牌创新的内涵及其对品牌价值的影响作用 ……… 85
第二节 定位创新——拓展企业品牌价值增长的空间 ……… 91
第三节 技术创新——企业品牌价值的新发优势 …………… 99
第四节 形象创新——焕新品牌价值 ………………………… 107

第六章 品牌价值可持续增长的核心——用户需求 …………… 119
第一节 满足用户需求是提升品牌价值的核心 ……………… 121
第二节 强化品牌，满足用户的多样化需求 ………………… 125
第三节 延伸品牌，提升品牌价值 …………………………… 138

第七章 品牌价值可持续增长的关键——影响力提升 ………… 151
第一节 影响力内涵解读 ……………………………………… 153
第二节 让品牌拥有最忠诚的员工 …………………………… 156
第三节 让政府成为品牌最有力的支持者 …………………… 165
第四节 让媒体成为品牌价值持续提升的代言人 …………… 171

第八章 品牌价值可持续增长的基本支撑——共享 …………… 183
第一节 共享与品牌价值可持续增长 ………………………… 185
第二节 一般性共享支撑品牌价值稳定增长 ………………… 192
第三节 集群共享支撑品牌价值释放活力 …………………… 203
第四节 区域共享支撑品牌价值持续提升 …………………… 211

第九章　品牌价值可持续增长的典型案例 223
第一节　中茶公司品牌价值可持续增长案例 225
第二节　稻香村品牌价值可持续增长案例 233
第三节　五常大米品牌价值可持续增长案例 240
第四节　南方电网品牌价值可持续增长案例 248
第五节　波司登品牌价值可持续增长案例 253

第十章　品牌价值可持续增长的展望 261
第一节　品牌价值可持续增长理论的发展方向 263
第二节　品牌价值可持续增长实务的重点领域 269

后　记 275

第一章

品牌价值可持续增长的背景

第一节　全球发展新趋势与品牌价值可持续增长

一、全球品牌发展阶段分析

在百年的发展变迁中，品牌理论经历了产品导向、消费者导向、资产导向三个阶段。①

在20世纪20年代到60年代的产品导向发展阶段，代表性的品牌理论有品牌广告、品牌经理、品牌形象等。品牌广告理论的发展，促进企业在广告方面突出产品的宣传，品牌的推广开始有广告专员或职能部门管理。品牌经理理念，则促进企业出现了专业的品牌管理岗位，许多企业开始实施品牌的系统管理。品牌形象理论认为每一品牌、每一产品都应发展和投射一个形象；消费者购买的不只是产品，还购买承诺的物质和心理的利益，在广告中诉说的产品有关事项，对购买决策的影响常比产品实际拥有的物质属性更为重要。这一阶段的突出特征是依托企业产品来开展品牌建设，并促进企业品牌专业化管理的形成。

在20世纪70年代到80年代的消费者（客户）导向阶段，代表性的品牌理论有品牌营销和品牌战略等。品牌营销强调最高级的营销不是建立庞大的营销网络，而是利用品牌符号，把无形的营销网络铺建到社会公众心里，把产品输送到消费者心里，使消费者选择消费时认可这个产品，投资

---

① 殷格非：《可持续品牌——中国企业品牌发展弯道超车的战略思考（一）》，《WTO经济导刊》，2018年第9期。

商选择合作时认可这个企业。品牌战略管理注重品牌与品牌所代表的观念、精神的关系，核心是有效监控品牌与消费者关系的发展。这一阶段的共同特征都是围绕消费者和客户来开展品牌建设，并促进企业品牌建立、维护和巩固这一全过程的品牌管理的形成。

在20世纪90年代后的资产导向阶段，代表性理论是品牌资产论。品牌资产理论认为品牌是企业的重要资产，是与品牌的名字与象征相联系的资产（或负债）的集合，它能够为企业或者顾客，增加或削弱产品价值或者服务价值。品牌资产是有关品牌的所有营销活动给消费者造成的心理事实，品牌是能够带来额外价值的价值，是只有品牌才能产生的市场效益或产品在有品牌时与无品牌时的市场效益之差的概念。品牌资产包括5个方面，即品牌忠诚度、品牌知名度、感知质量、品牌联想及其他品牌专属资产，如专利、商标、渠道关系等。这一阶段的突出特征是围绕品牌的资产价值来开展品牌建设，而且品牌资产也是可以评估计算的，并促进企业在品牌资产的创建、维持和保护中开展系统的主动管理。[1]

综观过去，品牌的发展历程与企业以及世界经济的发展历程是有相应性的，从短缺经济时代关注产品质量，打造产品品牌，到告别短缺经济时代关注消费者、打造消费者品牌，到物质丰富时代，关注品牌创造价值、打造品牌资产；从现在到2030年全球进入努力转轨可持续发展时代，企业将会既要关注产品质量，关注消费者，打造产品和消费者品牌，又要关注品牌竞争价值和超额收益，不断提升品牌资产，还要兼顾更多的相关方利益、诉求和期望，从品牌价值可持续增长的视角构建企业品牌，以追求被利益相关方的持久认可，提升公司的影响力和美誉度，增强公司的可持续发展能力。[2]

---

[1] 大卫·阿克：《管理品牌资产》，吴进操、常小虹译，机械工业出版社，2012年4月。
[2] 殷格非：《可持续品牌——中国企业品牌发展弯道超车的战略思考（一）》，《WTO经济导刊》，2018年第9期。

二、联合国2030可持续发展目标与品牌价值可持续增长

随着联合国千年目标成功升级为2030可持续发展目标,全球企业品牌进入到追求品牌价值可持续增长的新阶段。伴随21世纪经济全球化加剧,世界各国就环境、人口、能源等人类社会共同面临的可持续发展问题逐步形成共识并着手共同解决。这也为全球化企业推动新一轮商业模式的变革和品牌转型发展提供了契机。2000年9月联合国千年首脑会议上,世界各国领导人联合签署《联合国千年宣言》,到2015年实现宣言中8项千年发展目标(MDGs)。2015年9月25日,联合国对MDGs进行延续和升级,在联合国可持续发展峰会上正式通过联合国2030可持续发展议程,到2030年全球要实现17个可持续发展目标(SDGs),旨在从2016年到2030年间以综合方式解决社会、经济和环境三个维度的发展问题,实现全球转轨到可持续发展道路。SDGs明确地呼吁所有企业利用它们的创造力和创新能力来应对可持续发展的挑战,SDGs目标的实现离不开全球企业的参与和贡献。全球发展的共识和目标共同转向可持续发展,可持续发展成为不可阻挡的潮流,成为世界的共同语言。

国际化企业作为联合国可持续发展目标的重要参与者,在意识到其中蕴含的巨大机遇后,纷纷将对可持续发展的支持和行动融入自身战略与运营,力争在应对人类社会共同挑战的前沿发掘新的商业机会,而企业的品牌定位也随之由追求自身的利润增长转向为全球社会、为利益相关方创造更多的可持续发展价值,从而最大限度获取受众对于企业的认同和尊敬。

以消费品行业为例,长期以来,时尚界一直因其污染环境的恶名受到批评,然而,随着可持续发展被提上行业议程,越来越多的消费品企业在制定品牌策略时将"应对气候变化"纳入其中。包括Burberry在内的多个品牌都在近几年举行了"碳中和"时装秀;Gucci称品牌运营及其供应链已完全

实现"碳中和";Stella McCartney 承诺到 2030 年将碳排放总量减少 30%;奢侈品零售商 Farfetch 推出碳中和计划,抵消因配送和退货产生的其余碳排放影响。①

三、5G 万物互联时代与品牌价值可持续增长

技术创新是世界经济的重要驱动力,也是品牌经济发展的驱动力。在过去十多年里,技术创新不仅带来科技类品牌数量的迅速增加,财富规模迅速扩大,成为主导的品牌;② 技术创新也为品牌价值可持续增长带来新的机会和环境。2019 是中国的 5G 元年,万物互联对所有企业既是机遇更是挑战。未来,海量连接将产生与今天相比百倍以上的数据和信息,其快速性、便捷性、方便性、多样性、智能化的特点将对品牌价值增长模式产生重要影响。

(1)品牌推广媒介创新融合。5G 时代网速的显著提升,帮助线上媒介为用户提供更多角度的感官体验,同时利用小程序、H5 等方式连接线下,带给用户更快捷方便、更省心省力的交互体验。包括 VR、AR、短视频在内的信息传播方式逐步走向主流,这就为品牌创新提供了新的载体和平台。

(2)精准定位用户需求。5G 的发展加速大数据分析的发展,数据的处理会更高效。在大数据的帮助下,用户的消费习惯和偏好会被更加快速地抓取、分析和利用。这使得客户标签更加细化、精准,人群画像越来越清晰,基于用户需求的品牌建设将更有针对性地展开。

(3)品牌体验革新。5G 时代万物互联,5G 不仅支持语音和视觉交互,还增加了更多的场景式互动,随着 5G 技术的成熟和商用,还有可能给人们带来一些新的感官层面的互动方式。比如,在互联网上购物时不仅可以虚

---

① 时尚产研智库:《时尚品牌真的能彻底实现碳中和吗?》,2020 年 11 月 26 日。
② 刘平均:《品牌价值发展理论》,中国质检出版社、中国标准出版社,2016 年 12 月。

拟试衣，感知穿着效果，还可以通过物联网感知衣服的质地等。用户对品牌的体验不仅来自视觉和听觉，还可以来自触摸。

第二节　中国发展新趋势与品牌价值可持续增长

一、中国品牌发展主要政策回顾

自中华人民共和国成立以来，我国品牌发展随着国家经济发展的曲折经历过低迷、停滞、恢复、发展等阶段，在国家层面推动品牌发展是自1983年《中华人民共和国商标法》颁布开始的。此后，中国品牌发展经历了以注册商标为标志的品牌意识萌芽期（1983—1991年）、以创立名牌为主导的品牌管理发展期（1992—2001年）、以引导创新为主导的品牌能力建设期（2001—2013年）及以实施名牌战略为主体的品牌建设成熟期（2014年至今）共四个阶段。[1] 实现了品牌从无到有、从小到大、由弱渐强的跨越，并正在实现从国内到国际的跨越。[2]

---

[1] 张弛等：《国有企业品牌70年：历史演进与未来展望》，《新闻与传播评论》，2020年第1期。
[2] 黄升民等：《改革开放以来国家品牌观念的历史演进与宏观考察》，《现代传播》，2018年第3期。

1. 第一阶段（1983—1991年）：以注册商标为标志的品牌意识萌芽期

这一时期，国家开始意识到品牌的差异化功能，但对于品牌的认识仍停留在商标层面，促进品牌发展的手段也多围绕商标管理而开展。

1983年3月1日，《中华人民共和国商标法》开始施行，标志着我国真正意义上在国家层面推动品牌发展，开始以注册商标为标志的品牌发展历程。1991年，国家工商行政管理局与消费者联合评选出了首批中国驰名商标，茅台、凤凰、青岛啤酒等11家企业商标上榜，"以评促建"的方式促进了企业质量意识的觉醒。[①] 但是这一时期部分企业片面追求产值和规模的增长，质量意识仍要进一步提高。

2. 第二阶段（1992—2001年）：以创立名牌为主导的品牌管理发展期

这一时期，因西方品牌资产概念传入的影响，从战略高度提出创立中国名牌产品的重要性，首次提出针对品牌发展的名牌战略。

1992年，ISO 9000质量管理体系认证成为获得消费者信任的重要手段，国家意识到质量管理对品牌发展的重要性。[②] 1993年，国家发布《中华人民共和国产品质量法》；1996年，国务院发布《质量振兴纲要》，指出要实施名牌发展战略，振兴民族工业。争创具有较强国际竞争能力的国际名牌产品。首次在政府文件里正式提出名牌战略。

国家政策的积极倡导和大力支持促进了中国企业品牌意识，提升了中国企业品牌建设热情。1997年，国家经贸委、国家技监局发布《关于推动

[①] 黄升民等：《改革开放以来国家品牌观念的历史演进与宏观考察》，《现代传播》，2018年第3期。

[②] 黄升民等：《新中国七十年品牌路：回望与前瞻》，《现代传播》，2019年第11期。

企业创名牌产品的若干意见》；2000年，国家质量技术监督局制定《产品免于质量监督检查管理办法》，对具备完善的质量保证体系，生产经营符合国家法律法规的要求和国家产业政策，经济效益在本行业排名前列等条件的产品授予免检资格；2001年，国家质量监督检验检疫总局颁布《中国名牌产品管理办法》，并成立"中国名牌战略推进委员会"，并每年举办一次"中国名牌产品"评选活动，促进企业争创中国名牌的热情。

3. 第三阶段（2001—2013年）：以引导创新为主导的品牌能力建设期

这一阶段，加入世贸组织的中国经济深度融入世界经济脉络，国家政策以强调自主品牌的建设和软实力的提升为主，[①]中国品牌的国际影响力迅速提升。

2001年，中国加入世贸组织之后，本土市场更大程度的开放、外资企业大量的涌入，使中国企业面临前所未有的国际竞争。2002年，党的十六大提出要"形成一批有实力的跨国企业和著名品牌"的总体要求，党中央做出"企业兴国、品牌强国"战略决策。2003年，党的十六届三中全会提出要"增强开拓市场、技术创新和培育自主品牌的能力"。2005年，"十一五"规划提出要"形成一批拥有自主知识产权和知名品牌、国际竞争力较强的优势企业"，首次将品牌与自主创新联系起来。[②]2007年，党的十七大提出"加快培育我国的跨国公司和国际知名品牌"，强调要培育具有国际竞争力的自主品牌。2010年，"十二五"规划提出要"推动自主品牌建设，提升品牌价值和效应，加快发展拥有国际知名品牌和国际竞争力的大型企业"，重点将加入世贸组织后大踏步进入世界财富500强的大型央企、国企培育

---

① 黄升民等：《新中国七十年品牌路：回望与前瞻》，《现代传播》，2019年第11期。
② 黄升民等：《改革开放四十年中国企业品牌的成长动力考察》，《现代传播》，2018年第9期。

4. 第四阶段（2014年至今）：以实施名牌战略为主体的品牌建设成熟期

这一阶段，我国的品牌战略真正上升到了国家战略层面，[①] 政府品牌观念更加深刻，对品牌建设的重视程度达到前所未有的高度。

2014年，我国提出"三个转变"重要号召，即"推动中国制造向中国创造转变、中国速度向中国质量转变、中国产品向中国品牌转变"。2016年，国务院发布《关于发挥品牌引领作用推动供需结构升级的意见》，强调品牌是企业乃至国家竞争力的综合体现，这是我国在中央政府层面第一个以品牌为关键词的正式文件；同年，《中国制造2025》全面实施，为中国品牌建设提供了最佳机遇期。2017年，国务院批复设立"中国品牌日"，标志着"发挥品牌引领作用"上升到前所未有的高度，"品牌强国"已经上升为国家战略。从"三个转变"的提出到"中国品牌日"的设立，标志着国家品牌观念的成熟和我国政府对于品牌前所未有的重视及扶持其发展的决心。

2020年中国已经跃居全球第二大经济体，随着经济腾飞的步伐，我国先后培育和认定了2000多个名牌产品，"海尔""格力""美的"等家电品牌凭借可靠的质量和优质的服务迅速占领全球市场，高铁装备、移动通信、电子商务等新兴产业和高端领域正涌现出一批品牌，在世界舞台上崭露头角。

---

① 黄升民等：《改革开放以来国家品牌观念的历史演进与宏观考察》，《现代传播》，2018年第3期。

二、高质量发展与品牌价值可持续增长

当前,我国经济已由高速增长阶段转向高质量发展阶段,"三个转变"的提出,意味着中国要加快培育国际知名品牌,形成一大批具有自主知识产权、质量竞争力强、品牌附加值高的拳头产品,推动我国向制造强国、质量强国转变。立足新发展阶段、贯彻新发展理念、构建新发展格局、推动高质量发展,将为品牌价值可持续增长带来宝贵机遇。

1. 坚持以质取胜,增强品牌美誉度

高质量发展理念以深化供给侧结构性改革为主线,坚持质量第一、效益优先,为品牌建设与发展提供新动能。在高质量发展的大背景下,中国企业牢固树立"质量第一、以质取胜"的理念,瞄准国际先进标准,改进制造工艺,以优质品质赢得了消费者信赖。例如,伊利集团提出品牌价值的关键在于高品质,实施品质领先战略,制定严苛的"三条线"质量标准严控产品品质,基于严格品质标准推出的等高品质乳品获得了消费者青睐,打造出了"安慕希""金典"等一批具有广泛美誉度的知名品牌。

2. 坚持创新引领,增强品牌影响力

高质量发展以创新为第一动力,助力中国品牌实现从贴牌到创牌、从跟跑到并跑直至领跑的重要跨越,使中国企业、中国品牌积极采用新技术、新材料、新工艺研发生产,满足市场多层次需求,大力提升品牌的科技含量和附加值,从创意设计、技术工艺、企业管理到营销服务、商业模式坚持不懈推进创新,在市场竞争中赢得先机、掌握主动。[①] 例如,格兰仕集团

---

① 《经济日报》评论员:《以品牌建设促进高质量发展》,《经济日报》,2018 年 5 月 11 日第 1 版。

的顺德工业 4.0 基地采用智慧高效的数字化生产，得益于创新发展，不断扩大在消费者之中的影响力；海螺集团坚持创新引领，建成我国首个全流程智能化水泥工厂，世界第一条水泥窑烟气二氧化碳捕集纯化系统，并正在研发水泥矿山无人驾驶项目，[①]得益于创新发展，公司跻身 2020 年世界 500 强企业榜单。

3. 坚持协调共享，增强品牌竞争力

高质量发展以协调为内生特点、以绿色为普遍形态、以开放为必由之路、以共享为根本目的，促进中国品牌在凭借自身专业优势助力脱贫、环境保护、对外开放等方面积极履行社会责任，发挥了更大作用，促使中国企业以强烈的社会责任感，赢得了更大的品牌竞争力。例如，京东基于零售数据积累，推动扶贫农产品的定制化生产，其中河北武邑县"跑步鸡"品牌 4 年来销售额增长超过 5 倍。[②]中信集团在对口扶贫县建立产业扶贫循环使用基金，以无息贷款方式扶持企业收购农户粮食，实现户均增收 5700 元。[③]

[①][②][③] 韩鑫等：《中国品牌 成色更足》，《人民日报》，2020 年 12 月 8 日第 1 版。

品牌价值可持续增长的理论与实践基础

第二章

第一节 品牌建设的研究回顾

追溯品牌的研究历史，国内外对品牌理论的研究已有很多年。1931年，麦克尔·罗伊作为宝洁公司项目管理人员建立了宝洁品牌经营体制和内部品牌竞争机制，也提出了著名的品牌经理制管理理论，直到今天，全世界的公司仍在运用这种思路对品牌进行管理。1955年，伯利·B.加德纳和西德尼·利维在《哈佛商业评论》上发表《产品与品牌》一文，提出品牌不仅具有功能性价值，更需注重情感性价值。1963年，大卫·奥格威（David Ogilvy）提出品牌形象论。1971年，艾尔·里斯和杰克·特劳特提出品牌定位论。1991年，舍思、纽曼和格罗思通过消费者对于选择品牌行为的研究提出影响消费者选择产品价值的五种因素的观点，即功能性、条件性、社会性、情感性和知识性价值。1993年，凯勒提出品牌资产理论（CBBE模型），即顾客心理的品牌知识对顾客的有关品牌决策产生很大影响。[①]

品牌建设是品牌拥有者对品牌进行设计、宣传、维护的行为和努力。自从伯利·B.冈德内（Burleigh B Gardner）和西德尼·J.利维（Sidney J Levy）在《哈佛商业评论》上发表第一篇有关品牌的论文以来，品牌建设研究一直朝着品牌发展应具有一组能满足消费者理性和情感需要的价值方向发展。帕克和麦克英尼斯提出了一个以战略品牌概念为指导的形象管理模式，帮助管理者不但能选择理想的品牌形象，并能随着时间的变化不断调整与管理好品牌形象。他们认为，品牌是提供功能性的、象征性的和体验

---

① 林高峰：《当前我国企业品牌建设与管理研究》，东北师范大学出版社，2018年1月。

性的利益的一种综合性联想与感受。①

德国品牌战略学家安德烈亚斯·布赫霍尔茨和沃尔夫拉姆·韦尔德曼提出独立于产品附加价值的品牌创建理论，该理论认为市场的成功并不能用卓越的质量来解释，而存在除了质量之外的其他原因——增长密码（品牌）。增长密码本质上就是让品牌变得有独立于产品的附加价值，从而使一个没有独特性的产品，成为一个超级成长的品牌产品。西方学者发现了五种增加品牌价值的方法，即效果和优点——带来有实际基础的暗示性利益；规则和价值——通过消除心理冲突、负疚等实现品牌增值；感觉和编程序——改变认知、打击对手、提高自身价值；身份和自我表现——创造品牌的"代言人"价值；情感和爱——建立与消费者的情感，让他们（喜）爱这个品牌。②国内外专家普遍认同品牌认知度、品牌知名度、品牌美誉度、品牌忠诚度和品牌联想是品牌的五大核心资产。③为了符合市场发展的趋势和潮流，品牌资产建设也主要围绕品牌认知度、品牌知名度、品牌美誉度、品牌忠诚度和品牌联想五个主要方面展开。品牌认知度是所有国际企业重视且不断提升的其中一个核心，品牌认知度比较高的企业，其品牌的知名度、品牌美誉度相对都会比较高。品牌联想作为企业品牌建设的核心之一，国外企业提及更多的是关于创新，它们不仅仅注重企业产品的创新，还注重企业品牌、企业文化的创新。

1988年，英国兰克·霍维斯·麦克多格公司率先在资产负债表中记载其自建品牌的品牌价值，从而引发了品牌是否应该资产化的讨论。在财务理论讨论这个问题的时候，以咨询参考为目的的品牌价值评估迅速出现。品牌价值评估在品牌价值研究中是很重要的一部分，通过品牌价值评估，企业对拥有的无形资产可以做到心中有数，为品牌并购、品牌特许使用等

---

①② 张柏平：《我国外向型中小企业国际品牌建设与创新研究》，硕士学位论文，上海大学工商管理系，2009年。

③ 林高峰：《当前我国企业品牌建设与管理研究》，东北师范大学出版社，2018年1月。

活动提供依据。由于其不涉及企业会计准则的调整，易于操作，并能对企业品牌建设提供建议，为消费者认识品牌提供参考，从而得到了迅速发展，现在已经进入了百家争鸣的阶段。

20世纪70年代，西方一些机构及学者开始着眼于品牌资产的评估。英国的英特尔品牌集团公司（Interbrand Group）是世界上研究品牌最早的评估机构。该机构主张从市场角度理解品牌价值，认为品牌的价值是企业重要的无形资产，品牌价值来源于其未来可能为企业带来的稳定收益，这种方法在品牌评估实践中应用历史比较长、影响最大，评估结果得到了社会的广泛认可。美国的《金融世界》杂志1992年开始对世界主要企业品牌进行跟踪及连续评估，采用的方法就是英特尔品牌公司的模型。[1]

第二节 品牌建设趋势分析

品牌是具有经济价值的无形资产，也是企业的重要符号和标志，承载着消费者对企业产品的认知以及服务的认可。随着社会的不断发展，品牌已成为国内外企业共同关注的重要内容。换言之，品牌的建设与维护决定着企业的未来生存和发展，将直接影响消费者对产品和企业的看法。因此，在企业发展过程中，必须要加强对品牌建设和维护的重视，始终坚持和贯彻品牌理念，体现企业价值和自我价值，引起企业与消费者之间的情感共鸣，切实提升品牌核心价值。

从基本规律来看，品牌建设一般有四个时期，分别是导入期、成长期、成熟期和衰退期。导入期是指企业品牌进入市场的时期。在品牌发展的早

---

[1] 林高峰：《当前我国企业品牌建设与管理研究》，东北师范大学出版社，2018年1月。

期,刚刚步入市场阶段,品牌的知名度和影响力通常较小,消费者对于产品和品牌的关注度也非常不足。此时,企业产品由品牌所带来的附加值较低,品牌价值也就难以体现。成长期是指企业品牌提升自身知名度的过程。这一时期是品牌发展的关键期,其整个过程是品牌运营的周期。在合理、科学的运营方法之下,品牌将能够以较为乐观的速度在消费者群体中获得较高的知名度和影响力,并开始成为带动企业销量的重要因素。成熟期是指企业品牌运营的黄金时期。随着大量品牌运营工作的开展,企业品牌将达到成熟阶段。在这一阶段当中,消费者开始认可品牌,并且形成了较强的品牌忠诚度,此时企业产品销量也达到顶峰。而且,品牌成熟期是决定品牌未来发展的重要时期,这一期间的任何运营问题都将直接导致品牌跌入衰退期,进而给企业造成巨大打击。衰退期是指企业品牌渐渐退下和淘汰的过程。衰退是由多种原因导致的,任何品牌都不可避免地要面对衰退期。在品牌进入衰退期后,其知名度开始逐步降低,产品销量也将开始持续下滑。最终,企业被整个市场所淘汰掉。①

中国企业品牌建设的趋势总体向好,为了避免品牌走入衰退期,许多企业越来越重视品牌价值与品牌建设。回顾文献,关于企业品牌建设的影响因素,各界学者有不同的研究重点与研究偏好。经济学主要研究品牌价值的提升及品牌价值的营销策略,管理学主要研究品牌管理、品牌权益及品牌资产管理,信息学主要研究品牌媒介,而符号学则研究品牌符号学说、品牌联想、品牌延伸等方面的内容。尽管各个学界研究的侧重点不同,但也存在较多的研究重点和研究话题交叉点,主要集中在注重品牌创新、提升品牌竞争力、聚焦消费者需求及运用社会资源等方面的研究。

---

① 刘香洁:《提升企业品牌核心价值的营销策略》,《中国市场》,2016年第40期。

一、产品与服务质量是品牌拓展的基础

消费者对于品牌的核心需求即是商品的使用价值,这也是品牌吸引消费者的根本支撑。产品的客观质量是指借助于各种科学手段检验产品是否达到所要求的各种技术指标,而后对产品做出的评价。品质是一个品牌在消费市场立足的根本,只有品质过硬的产品才能获得可持续发展的基础。提起一个品牌,消费者往往对其总体质量有一个感知,它可能直接影响消费者的购买决定和品牌忠诚度,也可以支持品牌的高价优势。然而,一旦产品质量出了问题,纵使及时纠正,尔后投入巨额资金,聘请实力公司进行公告宣传,也难以提升顾客心中一落千丈的感知质量。[①]

3月15日之所以被确定为国际消费者权益日,是因为早在1962年3月15日时任美国总统的约翰·肯尼迪在美国国会发表《关于保护消费者利益的总统特别咨文》,文中首次提出了著名的消费者四项权利。每年3月15日,央视都要举办"3·15晚会",晚会每年确定一个主题,节目内容包括专题调查、消费预警、权威发布、"3·15贡献奖"评选等多个环节。"3·15晚会"以专题晚会的形式揭露不法厂商坑害消费者的行为,倡导为企业经营和百姓消费创造和谐的市场秩序、放心的消费环境和消费产品。"3·15晚会"揭露的许多企业或厂商是被大众所熟知的,但是却存在许多不为人知、触目惊心的产品制造黑幕,使得消费者对品牌大失所望,最终导致企业品牌难以发展。随着企业之间的竞争越来越激烈,产品质量不精,就会流失受众。因此企业务必顺应产品质量发展方向,自觉树立优质品牌意识,用过硬的产品质量来赢得客户。

---

① 大卫·阿克:《管理品牌资产》,吴进操、常小虹译,机械工业出版社,2012年3月。

二、品牌创新的重要性日益突显

　　品牌创新是品牌建设的重要环节，同时也是品牌建设的延续。美籍奥地利经济学家熊彼特最先在经济学里提出"创新"一词。他在1934年出版的英文版《经济发展理论》一书中指出，推动经济发展的内部力量是社会消费习惯的变化、生产要素数量或质量的变化、生产方法的变革。其中，生产要素包括人口和储蓄，而生产方法的变革是指生产过程中要素的重新组合，即创新。熊彼特所说的创新，含义很广，包括生产新商品、应用新技术或新生产方法、开辟新市场、发现和掌握原材料的新供应来源、实行新的生产组织方式等。对品牌创新的界定，国外学者只给出了简要定义。如让·诺尔·卡菲勒认为：品牌革新是在维护品牌特征的基础上实行品牌现代化。①

　　国内学者则下了比较详细的定义。

　　叶明海认为："品牌创新是指企业针对市场变化，创造新的品牌，创造品牌新的应用，引进和转让品牌资产来实现品牌的管理活动；也是指企业要通过创造出竞争对手所不具备的先进技术和手段，提供比竞争对手更加全面完善的服务，满足顾客更新、更高的需求来保持和发展品牌的一种全新的经济活动。"其内涵为：组织创新是品牌创新的前提，技术创新是品牌创新的支撑，价值创新是品牌创新的核心，宣传和广告创新是品牌创新的有效工具。②

　　薛可认为，品牌创新的实质是对品牌能量的补充，"品牌创新是指企业根据市场的变化和消费者的需求偏好，对品牌内涵或形状重新设计，从

---

① 张柏平：《我国外向型中小企业国际品牌建设与创新研究》，硕士学位论文，上海大学工商管理系，2009年。
② 叶明海：《品牌创新与品牌营销》，河北人民出版社，2001年7月。

而建立新品牌、新应用的管理过程。通过这种管理活动以达到提升科技含量、服务质量，扩大市场，满足消费者新需求并保持和发展品牌的作用"。它是对品牌重新定位，重新设计，塑造品牌形象的过程，是品牌运营的阶段性调整。①

王永龙认为，品牌创新是企业依据市场变化和顾客需求，综合运用各种先进技术和手段，创造新的品牌、创造品牌的新应用、提供更加完善全面的服务，从而保持和发展品牌品质或品牌竞争力的一种经济或管理活动。其本质是一种"全面品牌创新"，它坚持全过程、全方位、全要素创新原则，把创新纳入品牌运营的所有环节中，通过有效整合和协同，形成系统性。品牌创新包含了产品创新、组织创新、技术创新、价值创新、传播创新、营销创新、管理创新、市场创新等多方面的内容，是以品牌创造与培育为核心的综合一体化创新。

综合以上对品牌创新的不同定义，我们可以看出：品牌创新是一项包括产品、组织、技术、价值、文化等多种创新在内的复杂的经济系统工程，孤立对品牌的某个要素进行创新将不能起到质变的效果，唯有将品牌作为一个整体，对各个要素同时进行创新，才能取得满意的效果。一般来说，企业通过持续不断的创新赋予商品或服务新的内涵和联想，即在商品或服务的物质生产之外，通过市场定位、形象设计、广告、促销、公共关系等一系列活动赋予商品或服务精神意义与价值，从而使品牌形象历久弥新，使品牌资产不断累积。品牌创新是品牌创建与成长的客观要求，是企业发展、市场竞争与消费者需求心理变化等因素共同作用的必然结果。品牌创新在于保持品牌的生命力和竞争力，保持品牌的地位和形象。市场竞争激烈而残酷，企业要想生存和发展，没有自己的品牌不行；有了品牌，不去创新，不去适应不断变化的内外环境也不行。品牌只有不断创新才能避免老化和死亡，才能指引企业走向成功和辉煌。也许企业每一个具体的创新，只是

---

① 薛可：《品牌扩张：延伸和创新》，北京大学出版社，2004年10月。

企业小小的进步，但是不断作用于品牌，就会累积成巨大的推动力，一次又一次的创新最终形成品牌的活力、亲和力和深远的影响力。①

索尼的品牌价值与技术创新的产品是密不可分的，索尼通过不断创新技术和产品，成功塑造了索尼这一消费电子领导品牌。一些世界著名的产品代表了索尼在各个领域的创新：比如索尼高清摄像机代表了技术的创新，Walkman代表了产品的创新，（索尼）笔记本代表了产品设计的创新，蓝光代表了产品技术标准的创新。以"自然的睿智"为主题的爱知世博会强调的是一种"创新"理念，即将人类在科技、文化、经济等方面的最高成就和最新发明——展示在世人面前。

三、满足消费者需求是创造更高品牌价值的关键

当今市场的竞争焦点是如何满足消费者多元化的需求，关注顾客需求、提升顾客体验能够帮助企业创造更高的品牌价值。现在企业所面对的是70后、80后等多个不同年龄段的消费人群，他们对产品的使用和外观要求有很大差异。因此，企业为了满足大相径庭的各个细分市场，必须打造细分品牌，使品牌符合不同客户群的不同喜好。如90后这个细分目标客户群，他们喜欢的是"新奇特"产品，在消费选择时更倾向于新、奇、趣产品。

品牌是基于企业价值观表达立场，回应并采取切实行动，从而解决社会发展中公众关心的问题。消费者也会将自己的购买行为和消费过程视为立场与态度的传达。当消费者与品牌在信仰和价值观上达成共情，品牌才能触动消费者的心，品牌与消费者的关系才能更稳固和持久。

随着社会的不断发展，人们的生活方式随着经济水平的不断提高而发生翻天覆地的变化，伴随而来是新一批消费群体的产生。可持续时尚领跑

---

① 王永龙：《论企业品牌意识与品牌定位的互动性》，《福建师范大学学报（哲学社会科学版）》，2003年第4期。

者和可持续时尚潜在行动者逐渐成为企业品牌发展的聚焦主体。可持续时尚领跑者是指可持续时尚认知度高，且清楚知道自己购买过可持续时尚产品的人。可持续时尚潜在行动者是指可持续时尚认知度高，但未购买过可持续时尚产品或不清楚自己是否购买过可持续时尚产品的人。这两类消费群体会受国家政策、经济、社会文化以及自我道德焦虑感等多种因素的影响，更倾向于为了尽可能降低对地球或社会的危害或支持公益事业而消费。这两类消费者中大部分人首要关注的是产品对自身健康的影响，他们重视产品制造生产商对可持续发展的承诺与实践。这是新的消费态势，同时也是企业品牌建设新的发展机遇与挑战。

四、善用社会资源有助于实现品牌的超额价值

品牌作为企业的核心资本之一，越来越受到企业主的重视。企业之间的品牌联合作为社会资源的一部分，作为提升品牌价值的一种有效手段，成为新时代品牌竞争的利器，利用次级品牌知识的杠杆效应，可以创造、强化与竞争对手的差异点，有效提升企业品牌价值，创建品牌资产。

品牌联合是指运用联合营销策略，两个或两个以上的品牌结成短期或者长期的联盟关系，以达到提升品牌形象与产品品质以及获得效益的目的。

根据哈佛大学教授波特和日本竹田志郎教授的观点，当今企业间战略联盟的演变表现出以下趋势：以前的联盟主要发生在经营能力、经营资源不均的企业之间，是一方为了接近对方市场，另一方为了弥补自身经营上的弱点而进行的互补合作；当今的战略联盟逐渐演变为经营能力和经营资源对等的伙伴以开发新技术、控制新的国际标准和增强市场实力为目标的战略组合。中国邮政集团开展"校园邮乐场"联合品牌活动，活动以"花YOUNG 年华，邮你同行"为主题，结合"一体两翼"多个邮政品牌，联动线上线下两大活动平台，旨在推进中国邮政品牌的年轻化，提升年轻群体

对品牌的好感度及多元化业务的认知度。活动覆盖了北京、上海、杭州等12个省会城市，囊括了全国178所高校，线下推广覆盖人群达400万人次，在高校回收活动调查问卷1万余份。据统计，丰富的传播体系和高频度宣传，让整体活动曝光量约10亿，使得邮政品牌、邮政各板块业务、地方邮政产品等多层面得到了整合宣传，取得了极佳的宣传效果。①

资源基础理论表明，企业要想获得长期的持续的竞争优势必须发展自己的战略资源。互联网时代，商业环境变得更加的动态和复杂，组织为获得长期持续竞争优势必须重新思考如何布置他们的战略资源。无数优秀企业的案例表明，企业的人力资源、组织资源、技术资源、财务资源能够促进企业竞争优势的形成，进而提升企业的品牌价值。

企业除了自身内部优势之外，还存在许多丰富的外部社会资源，互联网大背景之下的大数据时代、自媒体时代都是企业需要不断适应并不断利用的外部资源，企业应充分挖掘并整合社会资源，在注重自身内部资源共享的同时，提高对社会资源的有效运用，从而实现整个行业和社会的资源共享。

五、积极履行社会责任有助于提升品牌影响力

品牌是企业的核心竞争力，是推动企业可持续发展的强大动力，也是整个企业实力及信誉的集中体现。品牌建设是一个庞大的系统工程，它包括技术、文化两大含量，需要人才、创新、质量、社会责任作为支撑。近年来，企业对社会责任普遍关注，因社会责任的无偿性、公益性等特点，社会责任成为提升企业品牌内涵和价值的重要因素。

当前，随着企业面临的市场竞争环境日益激烈，产品的同质化程度越来越高，品牌战略已经成为各企业在市场竞争中立足的重要筹码。企业履

---

① 何骞：《品牌联合提升价值》，《中国邮政》，2018年第3期。

行社会责任，就是通过生产过程的节能减排，管理中体现的人文关爱，对顾客及供应商的诚信守约，对社会弱势群体的无偿支援等方式，在社会责任的履行过程中，让公众对企业行为的充分认可，进而传递到对企业品牌及产品的信赖，提高客户的忠诚度，丰富企业品牌背后的文化特质。因此，主动承担社会责任可以丰富品牌内涵，是提升品牌价值和影响力的重要途径。[①]

企业承担社会责任能够以较低的成本给企业带来较好的广告效应，带动品牌影响力的提升。对于企业外部而言，由于承担社会责任的行为向公众展示了健康的企业形象，展示了企业作为社会公民的积极姿态，从而可以提高企业的声誉，吸引更多顾客购买企业产品。对于企业内部而言，由于企业善待利益相关者，遵守职业道德，尊重员工，能够吸引并保留更多的优秀人才为企业服务，并通过与上下游厂商广泛而和谐的合作，改善内部的管理和运营效率。因此，承担社会责任有助于企业从内部和外部提高经济效益，是企业经营管理实践中理性的选择。

品牌影响力最终要影响的对象是顾客。承担社会责任，改善社会的福利水平，能够从情感上影响顾客对品牌的感知，因为真善美是大多数人心里所渴望和向往的。这种影响使得顾客对企业的品牌产生一定的偏好，从而使该品牌标定下的产品更有可能被顾客从众多同类产品中选中。积极主动地承担社会责任，塑造健康的企业形象，营造良好的企业文化氛围，将有利于提升品牌影响力。企业一方面履行社会责任，另一方面通过发布社会责任报告等行为（当然包括媒体的相关报道等形式）向外界传播品牌及企业的社会公益形象，能够带来很好的外部评价效果，获得顾客广泛的认可，从而有利于提升品牌影响力。一项美国的调查表明：84%的顾客对于努力让这个世界变得更加美好的企业有着更积极的印象；78%的顾客更愿意购买

---

① 李丽：《社会责任是企业提升品牌价值的重要途径》，《中国商贸》，2011年第8期。

某种与自己关心的公益事业有关联的产品；66%的顾客会为了支持某项自己关心的公益事业而改换购买的品牌。履行社会责任已经成为优秀国际企业培养核心竞争力，实现差异化战略的最佳途径。①

六、重视提升品牌价值的可持续性

品牌价值，是指某个品牌在消费者心中的具体形象，是这个品牌在消费者心中的价值体现。商品的属性、品质、档次、个性特征以及所蕴含的文化内涵都属于品牌价值。品牌价值既是同类商品相互区别的主要标志，也是品牌管理的核心要素。品牌的核心价值是一个企业的无形资产，也是品牌的精华与缩影。品牌的物质价值是通过其属性和利益表现出来的；品牌的概念价值是通过其目的和意义表现出来的；所谓品牌的目的与意义，就是指通过品牌形象向消费者传达某种商品的使用价值，努力争取获得消费者的认同与支持。实际上，品牌价值的大小就是消费者对于某个企业的信任程度，只有被消费者信任并支持的品牌才能成为企业的无形资产，才能帮助企业在激烈的市场竞争中摘得胜利果实。企业应该抓住当今互联网的发展趋势，利用网络信息化提升企业品牌价值。②

从品牌价值的理论研究来看，国内外的学者对于"品牌"并没有统一的意见，他们都从自己的角度提出了不同的看法和视角，但是也有三个比较主流的观点：企业视角、消费者视角和利益相关者视角。

（1）企业视角下的品牌价值。

企业视角下的品牌价值是一种可以量化的无形资产，体现于其在市场中能够不断地带给企业财务价值，可以影响消费者和客户，也可以体现于企业未来的现金流和利润中。品牌也可以看作是商品或者服务用品牌冠名

---

① 林新生：《社会责任是企业的一种名片》，《WTO经济导刊》，2015年第9期。
② 朱伯伦：《网络环境下的企业品牌价值提升分析》，《商场现代化》，2013年第23期。

之后，所能产生的额外附加值。而在这种视角下，对于品牌价值的评价往往模仿企业的其他无形资产评估办法而进行估值，通常会采用的办法有历史成本法、重置成本法或财务指标导向的品牌价值评估法。[①]

（2）消费者视角下的品牌价值定义。

基于消费者视角的品牌价值被解释为品牌给企业带来的未来增加的收益，它主要取决于顾客未来的购买意愿和购买行为，而客户的购买意向和购买行为也取决于企业以前的品牌营销对顾客内心的影响效果。基于消费者视角的品牌价值主要体现了品牌给予消费者的一种信任度、承诺和保证。消费者通过品牌的标识，有助于简化自己的购买决策和避免消费风险，并相信每个品牌带给他们的消费体验是绝无仅有、值得信赖的。

（3）利益相关者视角下的品牌价值定义。

基于利益相关者视角下的品牌价值概念存在于各种利益相关者的自身体验和内心中，不仅包括顾客，还包括投资者、厂家、经销商、供应商、中间商还有政府部门，以及一些自然因素。[②]这些关系链条成了品牌价值的推动力量，也成了链接品牌与最终客户的桥梁。也就是说现代化的市场关系越来越复杂化，这让联系品牌价值的关系变得更加多元和复杂。在市场活动中，消费者与品牌的交往更被看作具有了一层契约关系的特点，而利益相关者视角下，这种契约关系的范围逐渐超出了原来的定义，改变了之前以顾客、财务、企业等简单关系组合的模式对品牌价值的定义与评价，并寻求从多个利益相关者角度来对品牌价值进行定义。毫不夸张地说，企业在进行品牌化过程中的对象发生了变化，整个企业都参与到了品牌化的过程中，所以品牌就是企业组织，企业组织也就是品牌。公司、消费者以及其他利益相关者之间的相互作用日趋广泛，他们之间的合作也日趋紧密，于是企业与利益相关者的互动关系决定着企业对自身品牌塑造的效果，利

---

① 郭志娇：《中小企业如何评估品牌资产价值》，《丝路视野》，2016年第2期。
② 张燚等：《国外品牌关系模型的演化发展及趋势》，《企业经济》，2008年第4期。

益相关者理论能够帮助我们判断出品牌所涉及的绝大部分关系范围,并得到这样的结论,品牌权益是通过多元关系建立而成的。而利益相关者理论让企业可以更好地管理好这些关系,也可以对这些关系进行重新界定和重要性评价。品牌价值与其利益相关者的关系质量存在多种维度:品牌忠诚度、品牌感受、品牌联想。①而且这些关系是能够通过利益相关者的理论得以评价的,以此来确定是什么因素影响了品牌价值等。

从利益相关者理论的角度,可以看到企业品牌在运营过程中要接触不同的关系,品牌的权益也是通过不同的多元关系组建起来的。利益相关者理论为品牌管理、多元化关系管理提供了理论基础,也对这些关系的界定和评价提供了理论的框架。从品牌价值与利益相关者的互相关系中能产生品牌感知、品牌联想能力、品牌忠诚度等多角度的评价标准,品牌与其利益相关者的关系决定着其发展方向和生存途径。在品牌价值的研究流程中,需要注意各种利益相关者在品牌价值创造中的作用和关联。可以通过与不同的利益相关者互动的价值来评估品牌的整体价值。品牌的使命就是给这些利益相关者制造他们需求的价值和承诺,因此,<u>企业和利益相关者关系的好坏和质量决定了品牌价值的大小</u>。②

第三节　中国品牌价值提升的分析

美国广告界大师利维·莱特有句名言:未来的营销,是品牌的战争,在

---

① 张思雪、林汉川:《创新中国品牌体系的关键:重塑与定位》,《经济与管理研究》,2016年第8期。

② 谭阳:《R&D、品牌价值与盈利能力》,硕士学位论文,电子科技大学,2017年。

以品牌互争长短的竞争时代，拥有市场比拥有工厂重要，而拥有市场的先决条件便是拥有占市场主导地位的品牌。[①] 当今品牌经济时代，品牌是企业决胜竞争的关键因素。企业只有不断加强对自身品牌无形资产价值的培育、维护、利用、开发和提升，推动品牌价值的可持续增长，才能最终为企业带来可持续的价值增长。

综观中国品牌的发展，品牌建设与价值增长方面虽然已经取得了一些成绩，但还存在许多不足。因产品质量问题出现的品牌衰败现象时有发生，对品牌创新的投入重视程度不足使企业丧失了可持续发展的动力，对消费者的需求还有待持续满足甚至超越，品牌影响力还未充分发挥，品牌资源与社会资源的共享共创仍是中国品牌发展所要破解的难题。

一、坚守品质，让品牌的基础扎实

2018 年 3 月 5 日，第十三届全国人民代表大会第一次会议政府工作报告指出，全面开展质量提升行动，推进与国际先进水平对标达标，弘扬工匠精神，来一场中国制造的品质革命。这就需要企业不断满足人民群众日益增长的对美好生活的向往，为客户提供从产品到服务的全生命周期的品质体验，让消费者买得放心、用得舒心、感到暖心。

2015 年，格力提出"让世界爱上中国造"的品牌建设目标，同时，在 20 多年对品质不懈追求的基础上，最终形成"让世界爱上中国造"格力完美质量管理模式。这一模式由"四纵五横"的 T9 质量管理体系和"质量预防五步法""质量技术创新循环 D-CTFP"管理方法共同构成，是格力在质量管理领域多年实践探索的理论总结，具有极强的可操作性、有效性和可复制性。T9 质量管理体系具体包含了 9 个在管理模式中需要重点优化的要素，其中，目标管理、技术系统、组织系统、标准系统、信息系统为五大支撑要素，

[①] 范二平：《品牌价值提升策略探讨》，《企业经济》，2013 年第 1 期。

简称"五横";研发过程、采购过程、制造过程、售服过程为四个主要过程要素,简称"四纵"。"四纵"均需要在"五横"的支撑下,通过"质量技术创新循环 D-CTFP"和"质量预防五步法"的驱动优化和技术管控,最终实现研发、采购、制造、售服等四个过程均达到卓越质量的目标。"质量预防五步法"通过需求调研、计划制定、执行落实、检验检查、改进优化等五个步骤,对 T9 质量管理体系中的"四纵"进行严格的过程管控,从源头杜绝质量问题,确保每款到达消费者手中的产品"零缺陷"。在严控生产过程的同时,为确保万无一失,格力同步运用质量技术创新方法论——"质量技术创新循环 D-CTFP",从顾客需求引领(C)、检测技术驱动(T)、失效机理研究(F)、过程系统优化(P)四个方面运用适宜的质量工具和方法,深入排查质量隐患,有效保证质量技术创新的效率和成功率,持续提升格力质量管理水平。

一些中国消费者趋之若鹜地从日本漂洋过海背回马桶盖,殊不知这些马桶盖原来就在杭州下沙制造。这说明虽然中国企业有能力生产高质量的马桶盖,但消费者并没有感知到品牌质量。为此,中国企业品牌建设需要以产品品质为基石,将高质量与品牌建立起有效链接,创造品牌的品质价值。

二、重视创新,让品牌拥有未来

当今世界正经历百年未有之大变局,我国发展面临的国内外环境发生了深刻复杂变化,我国"十四五"时期及更长时期的发展对加快科技创新提出了更为迫切的要求。2020 年 9 月 11 日,科学家座谈会提出坚持面向世界科技前沿、面向经济主战场、面向国家重大需求、面向人民生命健康的要求,加快科技创新。中国企业品牌建设就是要围绕"四个面向"做出创新,让受众了解企业的能力和发展的未来。找到创新和品牌的关系,在品牌传播中更加突出创新的意义和价值。

技术创新是企业自主品牌创新的前提和基础,对品牌建设有着极其重要的促进作用。正如华为总裁任正非所说,创新是华为发展的不竭动力。随着近年通信设备业竞争加剧,华为的品牌也在不断地全球化发展,其在2019年第一季度全球手机市场份额中,出货高达5910万部,同比增长50%,占领着全球市场份额第二的地位,已经能在产品和市场两个方面与世界顶级的企业相抗衡。华为品牌价值能够不断提升,很大程度上得益于华为对研发大量且持续的投入。2018年年报显示,其研发投入达到了1015亿元,同比增长13.2%。2018年10月,全球知名品牌评估机构Inter brand公布了"2018全球最具价值品牌100强"榜单,华为成为唯一一家上榜的中国品牌,以品牌价值75.78亿美元位居第68位,增幅达14%。

三、满足并超越需求,让品牌满足更多的人

品牌价值最终体现在用户需求的满足。正常群体的产品与服务需求满足,是企业发展的根本,是有效控制风险的关键。对于弱势群体的特定需求的满足,能够为企业品牌建设提供新的增长点,从而打造出品牌竞争力。满足所有人群需求,则是树立品牌领导力的有效手段。企业品牌不断正向加码的过程,即是满足特定消费人群尤其是弱势群体的需求,进而满足所有人的需求的进程。

福特汽车研发全新智能车窗,让盲人"看到"汽车一路驶过的风景,打造了福特品牌新的竞争力。在Feel the View窗口方案中,车窗玻璃上有这样一个与众不同的小装置。按下正中央的按钮,就可以拍摄窗外的风景。这个装置将拍摄车窗外风景的灰度图像,不同灰度的区域对应着不同的振动强度。由白到黑,振动强度由强到弱,振动强度更是被细分为255级。顺着相同的振动强度范围,窗外的风景将被勾勒成层次分明的线条,被正

在触摸玻璃面板的用户所感知。除了车窗的触摸体验外，这套系统还配备了 AI 语音助手，用语言为用户描述窗外的风景。对更多人群，尤其是弱势群体需求的满足，让福特的品牌在更具包容性的同时，也更具品牌价值增长的可持续性。

四、提升影响力，让品牌融入时代

随着全球可持续发展的深入推进，各国高度重视可持续发展。2019 年 6 月，第 23 届圣彼得堡国际经济论坛提出，可持续发展是破解当前全球性问题的"金钥匙"。面对疫情带来的严重挑战，可持续发展依然是"金钥匙"。对于中国企业来说，关注全球和国家战略发展的重要时机和节点，把企业的价值装到社会发展的大机器里，发挥重要作用，将成为品牌影响力塑造的重要契机。

面对新冠肺炎疫情冲击，国家电网公司认真学习贯彻习近平总书记关于统筹推进疫情防控和经济社会发展的一系列重要讲话和指示批示精神，坚持落实党中央、国务院决策部署，把疫情防控作为最重要的工作，把确保安全供电作为首要任务，确定了"一个提高、六个强化"的防控总要求，并根据疫情防控和复工复产的不同阶段要求，先后向社会发布支持疫情防控及供电服务保障 10 项举措，应对疫情影响、全力恢复建设、助推企业复工复产 12 项举措，减轻企业负担、落实国家阶段性降低企业用电成本 8 项举措，响应国家稳就业政策、助力扩大社会就业 6 项举措，三天三夜为雷神山医院通电，五天五夜为火神山医院通电，以正常通电时间 1/3 时间书写了"中国速度"，向世界展示了中国电力的品牌形象。

五、实现共享，让品牌成为共有品

品牌在更深层次上表现为人们情感诉求的表达，体现为一种生活方式、生活态度和消费观念。包括消费者、员工在内的利益相关方是品牌价值创造的伙伴，也是品牌价值增长的重要支撑。建立利益相关方对于品牌从认知到认可再到参与和维护的过程，使品牌具有粉丝效应，能够有效提升品牌忠诚度，为企业创造长期而持续的价值。

英特尔特别关注公司员工的品牌价值，致力于通过技术、力量和员工的热情创造一个更美好的世界，鼓励和支持员工利用自己的专业知识来支持社区建设、解决全球挑战，坚持用技术赋能和激励更多青年，帮助他们适应未来工作需要，成为新一代创新者。在这一过程中，不仅加深了英特尔员工对企业的认同感，还鼓励了员工参与到英特尔品牌的建设过程中来，以激起情感共鸣的方式共同提升了英特尔品牌的情感价值、共享价值。

品牌价值可持续增长模型

第三章

第一节 品牌价值与意义

一、品牌价值理论回顾

品牌价值的概念最早出现于1986年C.W.帕克（C Whan Park）在美国《营销学报》上刊登的《战略品牌概念》一文。在此论文中，帕克提出了品牌的功能性价值（Functional）、符号性价值（Symbolic）和体验性价值（Experiential）等概念，将顾客对品牌的情感与品牌价值相连接，带动了品牌价值观理论的产生。

1991年，大卫·阿克（David A Aaker）在其经典著作《管理品牌资产》中，将品牌资产定义为"为公司或顾客增加（或削减）产品或服务价值的资产（或负债）"，并提出了经典的阿克品牌资产五星模型，即品牌资产由"品牌忠诚""品牌认知""品牌质量感知""品牌联想"和"其他品牌专有资产"五大方面构成，从企业和顾客双重视角解释了品牌价值的来源。

凯文·莱恩·凯勒（Kevin Lane Keller）在阿克品牌资产概念的基础上进一步深化。在1997年撰写的《战略品牌管理》一书中，他提出形成品牌资产价值差异的主要原因是顾客品牌心理的变化，即当消费者记忆中存在强有力的、偏好的、独特的品牌联想时，品牌资产随之产生。该书将"品牌联想强度""品牌联想偏好"和"品牌独特性"作为影响顾客品牌联想的三大因素，不仅深化了品牌资产的含义，并且将心理学的概念融入品牌资产当中，与近年新兴的行为经济学对消费行为的研究不谋而合。凯勒品牌价值链理论模型，提出品牌价值来源于顾客品牌知识的变化，以及创造品牌价值的四个阶段，即"营销投入""顾客心智改变""市场业绩""资本市场收益"，受到学界认可。

2016年，帕克在其最新著作《品牌崇拜》中对品牌概念的重新定义中融入了品牌价值的含义。他认为，"只有当品牌能够提供价值的时候，识别一个品牌并且使它与竞争者区分开来才有意义"，并将品牌重新定义为"一个与消费者和品牌拥有者价值相关的名称"。不仅如此，帕克重新构建了品牌价值的理论模型，提出需要对消费者"赋能、赋情、赋意"，获得消费者的"品牌信任""品牌挚爱"和"品牌尊重"，从而获得品牌价值，而品牌价值则会为企业和消费者带来种类繁多的利益。此书也是对"强势品牌"理论的一次纵深发展。

随着数字化时代的来临，凯勒品牌价值链的底层逻辑遭到了严重冲击。"营销投入"等四个阶段的依次构建不再是创造品牌价值的必要路径，粉丝经济、共创生态圈、消费者与品牌价值观的融合成为带动品牌价值增长的新方法。

二、品牌的三重价值

综合分析现有品牌价值理论和当前品牌建设实践，品牌的价值主要体现在三个层面：功能价值、情感价值和精神价值。

（1）功能价值。优秀的品牌可以为用户提供各类问题的解决方案，消除顾客在生活中的障碍，让顾客拥有能力面对挑战。解决问题需要消耗时间、精力、金钱等各类资源，品牌为用户解决问题的过程也是为顾客节约资源、获取新资源的过程。简而言之，品牌的功能利益即为顾客解决问题、节约资源的利益。顾客可获得能力感、信心、安全感，并相应产生对品牌的信任。

（2）情感价值。优秀的品牌可以为用户带来触觉、听觉、视觉等感官上的刺激，激发思维认知，并可唤起温暖、情感共鸣等愉悦的感受。这些感受会让用户体会到满足感、兴奋感和舒爽感，感受到情感上的舒适，进而形成对品牌的热爱。

（3）精神价值。优秀的品牌可以与用户产生价值观的共鸣。品牌可以激发用户的自我认知，让用户感受到人生价值和存在意义，推动用户实现更好的自己。用户会获得精神的愉悦，产生归属感、存在感、自豪感，并自发地尊重品牌，带动品牌价值提升。[1]

三、品牌价值的现实意义

品牌的三重价值，从不同层面满足了用户的需求，促进了品牌价值的持续增长，最终给企业带来了现实或潜在的利益。品牌价值的现实意义，受到质量、创新、用户需求、影响力和共享等因素的影响。品牌价值的现实意义分析如表3-1所示。

表3-1 品牌价值的现实意义分析

维度	功能价值		情感价值		精神价值		对公司的利益	
	解决问题	节约资源	使思维与感官愉悦	提供温暖人心的感受	体现个人信念和希望	培育归属感和独特性	实现销售	支持销售
质量	为用户提供稳定可靠的产品和服务，解决用户问题，赢得用户信任		高质量产品让用户获得良好的使用体验，与用户情感共鸣		质量价值观被用户认同，让用户为自己的购买选择感到骄傲		实现品牌资产增长	

---

[1] C.W.帕克、黛博拉·麦金尼斯、安德烈亚斯·艾森格里奇：《品牌崇拜——打造受人爱戴的商业帝国》，周志民、张宁译，华夏出版社，2019年1月。

续表

维度	功能价值		情感价值		精神价值		对公司的利益	
	解决问题	节约资源	使思维与感官愉悦	提供温暖人心的感受	体现个人信念和希望	培育归属感和独特性	实现销售	支持销售
创新	提升产品和服务性能、扩展多种功能，持续解决用户问题，节约用户资源		创造新的认知刺激和感官刺激，建立情感连接，促使用户产生对品牌的持续响应		以更具活力、更有特色、更负责任的品牌内涵，匹配用户信念，彰显用户个性		扩大品牌资产增长空间	
用户需求	为用户提供更多的产品和服务，为更多用户提供产品和服务		通过提供的产品和服务，为更多用户带来满足感、沉浸感、愉悦感等积极向上的情感体验		企业的产品和服务满足更多用户的个性化需求，让用户彰显个性		增强品牌竞争力	
影响力	为政府提供优质产品和服务；为员工提供薪酬福利和发展空间；为媒体提供新闻报道素材		通过高品质产品和服务让政府认可；通过周到贴心的关爱让员工对品牌有温暖感、认同感；通过积极主动沟通让媒体对品牌有好感		企业价值观被政府、员工、媒体所认可。政府视之为国家或地区的象征，员工视之为事业的归宿，为在此工作而自豪，媒体视之为高尚受尊敬公司的代表		促成品牌的跨域发展	
共享	为用户解决高质量产品供给有限的问题；为生产者解决产品的销售和价格问题；减少产品生产后的浪费		让更多的用户、生产者通过产品的连接获得满足感		让更多的用户获得符合自身价值的产品；让更多的生产者通过产品实现个人理想和抱负		为公司带来更多销售机会	

第二节 品牌价值模型

一、模型的构建

品牌价值可持续增长是多因素共同作用的结果。考察国内外成功实现品牌价值可持续增长的案例发现,品牌在功能、情感和精神三个层面价值的实现,是质量、创新、用户需求、影响力和共享等因素发挥了主导性作用。

基于现有成功品牌的实践,构建品牌价值可持续增长 QICIS 模型,目的在于及时总结、归纳和提炼现有品牌价值可持续增长的好做法、好经验,帮助企业从理论层面和实践层面更好推动品牌价值可持续增长,同时也为中国企业品牌的建设提供切实可行的理论指导和工具参考。

品牌价值可持续增长 QICIS 模型的开发总体思想源于企业品牌建设实践,又高于一般品牌建设实践,力求对企业品牌价值可持续增长提供一定的借鉴和指导意义。鉴于此,品牌价值可持续增长 QICIS 模型的开发遵循科学性、完整性、严谨性、开放性和可操作性等基本原则,依据 PDCA 的闭环项目管理思路,经历了调研、搭建、验证、修正等环节,确保模型的构建符合预期。

二、模型的构成、内涵和特征

1. 模型的构成

品牌价值可持续增长 QICIS 模型，围绕品牌的三重价值和现实意义，明确了保障品牌价值可持续增长的质量、创新、用户需求、影响力和共享等五因素，构成了推动品牌价值可持续增长的完整体系，如图 3-1 所示。

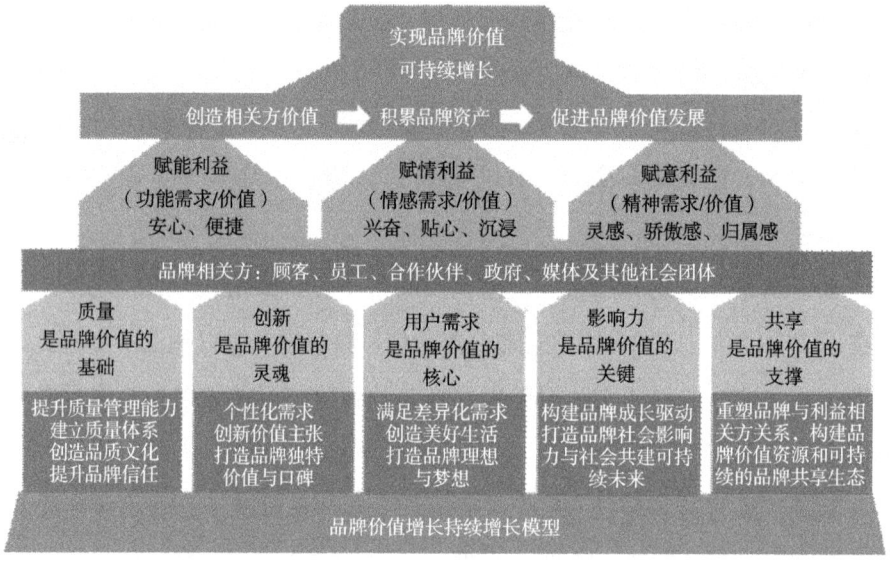

图 3-1　品牌价值可持续增长 QICIS 模型

2. 模型的内涵解读

品牌价值可持续增长 QICIS 模型中的五因素，在用户的功能价值，情感价值和精神价值实现中，发挥的作用和定位各不相同，其中：质量是基础，创新是灵魂，用户需求是核心，影响力是关键，共享是支撑，如表 3-2 所示。

表 3-2 品牌价值可持续增长 QICIS 模型的内涵解读

维度	定位	对品牌价值持续增长的影响
质量	质量是基础	·通过质量承诺让新客户有首次购买的信心，让老用户有重复购买的欲望 ·提高用户对品牌的信任，形成对品牌的高质量联想，增加品牌认知度 ·通过规范化的质量管理来兑现质量承诺，让用户更依赖品牌，提高销量 ·塑造差异化定位，让品牌获得用户认可，增加用户忠诚度 ·通过管理用户体验，改善感知质量，提高用户的购买意愿 ·占领用户心智，增加品牌溢价，让品牌资产保值增值
创新	创新是灵魂	·吸引消费者关注和购买，进而对该品牌产生依赖行为，增强品牌认可度和忠诚度 ·塑造产品差异化定位，适应消费者消费风格和时代特色 ·巩固企业市场地位，增加消费者满意度和留存率，使企业品牌获得消费者的认同 ·升级产品线，提供更贴合用户需求的服务 ·获得用户持久青睐，实现用户持续购买，促进品牌资产持续增长 ·吸引用户持续关注，获得用户支付溢价
用户需求	用户需求是核心	·提供高品质的产品和服务，满足更多用户的个性化需求，提升用户对品牌的满意度和忠诚度 ·提升品牌的竞争力
影响力	影响力是关键	·员工直接消费或影响身边的人消费，带来品牌价值的提升 ·政府的采购行为，以及由此带来的背书效应，带来品牌价值的提升 ·媒体提升品牌的美誉度，实现产品的直接销售，强化潜在对象的购买意愿，带动品牌价值的提升

续表

维度	定位	对品牌价值持续增长的影响
共享	共享 是支撑	·构建消费者与品牌之间更加紧密的关系，提高消费者忠诚度，增加产品销售量，提高品牌持有者的经济价值 ·将产品竞争优势转化为集群竞争优势，强化用户认知刺激，让用户产生"第一品牌回想"，降低共享品牌的企业资源消耗，助力企业提升利润 ·以地域构成品牌名称，让利益相关方快速识别品牌并建立联系

（1）质量是基础（Quality）——创造品牌品质价值。质量是品牌塑造的基础保障，创造品牌的品质价值，是品牌价值可持续增长的基础，更是品牌价值实现可持续增长的源泉。

企业对内构建完整的质量管控体系、建立产品质量的可追溯体系、做好供应链管理等，通过质量承诺、质量管理和感知质量，为受众提供功能利益（产品层面）、情感利益（体验层面）和精神利益（价值观层面），让受众信任品牌、挚爱品牌、尊重品牌，创造品牌的品质价值；对外积极参与和协助打击假冒伪劣，营造提升产品质量良好的氛围，提升品牌资产，维护品牌的品质价值，推动品牌价值可持续增长。

（2）创新是灵魂（Innovation）——创造品牌创新价值。品牌价值可持续增长的灵魂源自创新。创新赋予品牌要素全新的生命力，助力品牌实现新的增长。从涉及品牌运营的主要领域来看，品牌创新主要包括品牌定位创新、技术创新、形象创新等。

依托定位创新重构品牌内核，实现与竞争者品牌产品或服务的区分，匹配用户需求空白点，彰显用户价值追求，有助于塑造品牌价值高贵的灵魂。依托技术创新重建品牌内涵，提升产品和服务性能、扩展多种功能，满足消费者日益变化的需求和消费习惯，满足经济社会要求和人民对美好生活的向往，有助于塑造品牌价值丰富的灵魂。依托形象创新重塑品牌外延，方便用户使用和查找，打造更靓丽的外观、更响亮的口号，刺激用户感观，更负责任、更可持续的品牌形象符合客户价值追求，更具活力、更具个性的品牌形象响应用户价值表达，有助于塑造品牌价值有趣的灵魂。

（3）满足用户需求是核心（Customer）——创造品牌承诺价值。品牌价值最终体现在用户需求的满足之上。品牌通过不断理解和满足价值需求来与用户保持沟通，特别是要不断满足用户高品质生活的需要，赋予品牌更可持续发展的生命力。当用户心理预期得到满足，品牌承诺的价值得以实现，用户对品牌的满意度才可能实现提升，相应带动品牌价值的持续提升。

企业需要强化品牌，满足用户的多样化需求。在品牌价值的形成过程中，利益相关方发挥着决定性作用。用户作为品牌价值形成过程中的核心利益相关方，其心理预期满足程度对品牌价值的形成起着举足轻重的作用。企业应通过改进品牌、强化品牌，增加、改进品牌的功能利益、情感利益和精神利益，满足用户在功能、情感和精神等方面的多样化需求。

企业需要延伸品牌，提升品牌价值。企业可基于母品牌联合使用以强化品牌的赋能、赋情和赋意，通过联合消费实现品牌延伸；提供与母品牌一样的利益，实现产品在不同情境中的使用和延伸，通过替代消费实现品牌延伸；共享产品某个卓越特征的延伸，强化关键产品的特性，实现基于品牌特征的延伸；将已经被市场认可的成功品牌理念，沿用到不同产品品类，实现基于品牌理念的延伸。

（4）影响力是关键（Influence）——创造品牌超额价值。品牌价值的增长，最直接的体现是品牌的影响力提升。品牌影响力的塑造和持续强化，是实现品牌超额价值和品牌延伸价值的关键。有影响力的品牌，才能受到用户和社会各方的关注；受关注度的提升，带来品牌影响力的提升，为品牌价值的持续增长提供了新的空间。企业可从扩大知名度、提高产品或服务质量以及加强公共关系建设等方面进行改进，针对与员工、政府和媒体等利益相关方赋能、赋情和赋意，增强品牌在这三类利益相关方中的影响力，助力创造品牌的超额价值。

政府的认可对于企业品牌影响力的提升作用巨大。企业可通过依法积极纳税，响应政府政策，参与政府举办的品牌活动，关注政府对企业的期望，加强与政府部门的有效沟通，努力争取政府成为品牌最有力的支持者。

员工行为是形成用户品牌感知的重要渠道。让品牌拥有最忠诚的员工，是提升品牌影响力的重要举措。满足员工对于企业品牌在功能方面的基本需求，要给员工温暖、良好的感觉，让员工保持对品牌的热情，建立对品牌的崇拜，全面激发员工的亲近品牌的行为。

让媒体成为品牌价值持续提升的代言人。企业需要赋能媒体，积极沟通，为媒体提供报道素材；赋情媒体，积极主动沟通，获得媒体好感；赋意媒体，创新传播方式，赢得媒体尊敬。

（5）共享是支撑（Sharing）——创造品牌共享价值。品牌价值源自社会，最终回报国家、回报社会，品牌价值的持续增长才会更有意义。品牌资源与社会共建，品牌要素与社会共享，是品牌价值持续增长的重要支撑，也是品牌价值增长的归宿。

品牌共享的本质属性是品牌控制权的共享。企业与消费者、供应商、经销商、社会、地方政府等利益相关方共同对品牌施加影响力，在相互制约中引导品牌的发展方向。品牌共享可分为一般性品牌共享和集群品牌、农产品区域公用品牌共享三种形式。品牌共享可以通过以贡献资源方式提升品牌功能价值、以激起情感共鸣提升品牌情感价值、以分享价值观模式提升品牌精神价值等路径实现。

3. 模型的特征

品牌价值可持续增长 QICIS 模型，作为新一代品牌建设的推进性指南，具有四个方面的显著特征。

（1）国际化建设思维。品牌价值可持续增长 QICIS 模型的构建，立足于国家进入高质量发展阶段的时代背景，深入分析品牌价值可持续增长的背景，紧密对接当前国际品牌发展的趋势，重点考虑联合国 2030 可持续发展议程、5G发展、新冠肺炎疫情等时代重大事件对于品牌价值增长的影响。模型的构建，从历史视角回顾了品牌的发展历程和阶段，对标了过往国际一流企业品牌建设的优秀经验和实践，借鉴了国际认可的关于品牌建设的经典理论和典型实践。

（2）体系化解决思路。品牌价值可持续增长 QICIS 模型提供了品牌价值持续增长的系统解决思路。模型的五大因素，定位清晰，各有侧重和分工，在促进品牌价值的增长中发挥着不同的作用。品牌价值可持续增长对于模型的五大因素缺一不可，总体思路是围绕满足用户需求，通过提供高品质质量的产品和服务，全方位开展创新，持续提升影响力，推动品牌价值的共享，共同推动品牌价值实现可持续增长。

（3）操作化实施指南。品牌价值可持续增长 QICIS 模型的构建，着眼于可实施、可操作，从整体上对于品牌价值可持续增长的五大因素提供了总体解释，从各个因素层面提供了内涵解读、实施策略和典型实践案例，为企业开展品牌建设、持续提升品牌价值提供可借鉴、可操作、可实施的系统理论指导和实践参考。

（4）增量化评价视角。从品牌价值增量化视角，推动品牌建设，是品牌价值可持续增长 QICIS 模型的重要特征。增量化视角，直指品牌价值的增长，对于品牌建设思路的制定、策略的选择和资源的投入都可以及时进行评估，有助于企业更加精准地推进品牌建设。

第三节　品牌价值可持续增长"五因素"的相互关系

品牌价值可持续增长 QICIS 理论模型"五因素"明确定位、各有侧重、相互支撑、共成合力,发挥的作用各不相同,如表3-3所示。"五因素"相互之间,也存在着密切的关系。"五因素"相互关系的识别和处理,从能力、情感和自我价值实现等不同层面对于品牌价值可持续增长,产生着直接或间接的影响。

表3-3 品牌价值可持续增长"五因素"的相互关系

	质量	创新	用户需求	影响力	共享
质量	—	·创新提供质量提升的思路和方向 ·质量是检验创新成果的重要依据 ·质量方面的创新赋予品牌更大的能力	·质量是满足用户需求的基础 ·从能力、情感和价值等不同层面满足用户的不同需求,为品牌价值的提升提供基础	·质量是提升品牌影响力的基础 ·质量过硬带来的口碑、信任,在利益相关方中提升影响力,通过利益相关方的广为传颂,实现品牌价值增长	·质量是实现共享的基础 ·符合质量规范的产品,通过共享有助于放大品牌的价值
创新	—	—	·用户需求提供思路和方向	·影响力是检验创新成效的重要标准	·创新是实现共享的重要路径
用户需求	—	—	—	·满足用户的不同需求,是品牌影响力提升的重要路径	·共享可以满足更多用户需求,让品牌服务于更多用户
影响力	—	—	—	—	·影响力决定了共享的范围 ·共享增强了品牌的影响力

从表 3-3 中可清晰看出品牌价值可持续增长 QICIS 理论模型"五因素"之间的关系非常密切,质量在品牌价值可持续增长中的基础性作用。创新、用户需求、影响力和共享四个因素,如果离开了质量,品牌价值可持续增长也失去了基础。

创新的灵魂作用,是通过质量的提升、满足用户需求、提升影响力、实施共享来体现的,最终共同作用于品牌价值的可持续提升。

用户需求的满足作为品牌价值可持续提升的核心,通过过硬的质量、持续的创新、提升影响力和推进共享来实现。

影响力作为检验品牌价值的试金石,政府、员工、媒体等不同利益相关方对于品牌的信任程度、热爱程度和尊重程度是品牌影响力的直接体现。品牌在政府、员工和媒体利益相关方的影响力越大,越能够直观检验质量、创新、用户需求和共享的程度。

共享作为提升品牌价值直接有效的方式,是品牌建设的重要途径和方向,是支撑质量提升、开展创新、满足用户需求和提升影响力的重要力量。

品牌价值可持续增长的基础——质量

第四章

第一节 质量内涵及其对品牌价值的影响

一、质量内涵

对于消费者而言,品牌的质量不仅指某一具体产品的质量,更是指该品牌旗下所有产品所具有的品质。消费者一旦对某一品牌形成了足够的好感度和忠诚度,其品牌旗下的产品将更容易为消费者所接受,从而有助于进一步扩大品牌的市场占有率。因此,品牌是消费者寻求具备稳定质量产品的标准和途径,质量是品牌价值形成和增长的基础,是品牌经历消费者和市场双重检验的重要基础。

人们最初对质量的认识为"产品符合相关要求",产品是否符合相关标准成为评价产品质量的主要因素,其实这是狭义的质量。产品产生的意义不仅是符合相关的要求和产品标准,而顾客才是最终的受用者。基于此,约瑟夫·朱兰扩展了"质量"的概念,他认为质量是指能够满足顾客的需要从而使顾客满意的一些产品特征。质量概念基于顾客,强调的是产品的适用性,符合标准要求不一定能满足顾客需求,适合顾客需求的才是高质量的,才能使顾客满意。也就是说顾客感受在一定程度上决定了产品质量的优劣。随着经济社会的发展,人们在上述理论的基础上,提出了更广义的质量概念,使质量不仅包含最终产品的质量要求和顾客满意度的因素,也将质量形成全过程的相关活动列入影响质量的因素,这包括产品设计、采购、制造过程(企业质量管理能力)等生产过程的相关因素,也涵盖了产品在销售和使用过程（顾客满意度）中的相关特性，并通过这些综合特性全面满足顾客的期望。综上所述，品牌质量的概念和影响因素是多方面的，其中质量承诺、质量管理、感知质量和质量维护是核心影响因素。

二、质量与品牌价值增长

1. 文献综述

在质量承诺与品牌价值方面，根据中国品牌建设促进会理事长刘平均的观点，质量承诺实质上是企业对其品牌得到信任的保证。而要真正履行承诺，重要的一点就是要让消费者知道，企业的核心价值观是"唯利是图"还是"服务至上"，这一点对树立消费者的品牌信心至关重要。在供过于求的市场大环境下，单纯的产品价值俨然已不能满足消费者的需求，随之催化出来的便是更深层次的观念附加值。换句话说，消费者已从纯粹的产品需求上升到高级别的精神需求层次。[1] 世界著名营销大师米尔顿·科特勒认为，品牌是对顾客的价值承诺，只有当品牌承诺是可信的、具有独特价值主张的时候，品牌才会成功。价值承诺是顾客认知品牌、理解品牌和评价品牌的关键，购物者会对他们所购买的品牌考虑很多，他们会去了解产品，了解什么样的人购买这些产品，他们会花时间去研究产品的使用和护理，他们会将所购品牌的产品与其他竞争品牌的产品和一般产品进行比较。他们愿意为品牌支付更多的金钱，是因为品牌对于他们而言意味着更多，既是情感的、感性的和理性上的意义，也是品牌价值的充分说明。[2]

在质量管理与品牌价值方面，刘平均认为质量管理是企业经营运作的

---

[1] 刘平均：《品牌价值发展理论》，《中国品牌》，2017年第1期。
[2] 赵浩兴：《科特勒营销管理理论演进脉络及其发展探讨——菲利普·科特勒〈营销管理〉（中文版）各个版本的比较研究》，《管理世界》第6辑。

核心竞争力，是保证产品质量的基础，也是提升品牌价值的基础。一方面，企业建立健全、有效运行质量管理体系并持续改进，能够有效保证所提供产品的实物质量，包括感知质量并提升顾客满意度。质量管理体系建设的效果，直接影响企业的品牌建设和品牌管理，它既是品牌建设和品牌管理的基础，也是其有机组成部分。因此，从品牌评价的角度看，质量管理体系建设的效果也将直接影响品牌价值。另一方面，21世纪以来，随着全球对社会和经济可持续发展的高度关注，质量管理也被注入了新的元素，承担社会责任、关注节能环保以及供应链管理、生命周期评价等与质量管理其他要素有机结合，构建了全新的以可持续发展为目标的质量管理新阶段。企业建立健全可持续发展管理体系并使之有效运行，不仅以超前的理念定义质量管理的内涵，使其产品质量能更加充分地满足顾客及相关方的需求和期望，也能使其品牌价值得到巩固。

在感知质量与品牌价值方面，根据品牌权威学者阿克的观点，感知质量可以从购买理由、差异化和定位、高价优势、渠道成员利益和品牌扩展五个方面创造品牌价值。一是购买理由。很多情况下，一个品牌的感知质量是非常关键的购买理由，它会影响顾客考虑购买哪些品牌、不购买哪些品牌，以及最后对某个品牌的选择。二是差异化和定位。无论什么产品，品牌定位的首要特征是对感知质量的定位，是经济型的还是超豪华的？某个品牌是质量最好的品牌吗？还是仅仅略好于同类产品？三是高价优势。高感知质量可转化为品牌的高价优势，而高价优势可以增加利润，购买更多资源，增加研发活动以进一步改进产品质量，形成良性循环。这种高附加值应该可以造就更大的顾客群体、更高的品牌忠诚度。四是渠道成员利益。渠道成员的形象也会受到其销售的产品或服务的影响，存储和销售优质产品可以为渠道成员增加交易量。五是品牌扩展。品牌扩展指的是把品牌名称应用到新的产品门类中。感知质量高的品牌在这方面可能有更高的成功率。[①]

---

① 大卫·阿克：《管理品牌资产》，奚卫华译，机械工业出版社，2006年。

在质量维护与品牌价值方面，欧洲经济学院德籍教授曼弗雷·布鲁恩首先提出了品牌生命周期理论，并指出品牌生命周期由六个阶段组成，即品牌的创立阶段、稳固阶段、差异化阶段、模仿阶段、分化阶段以及两极分化阶段。在模仿阶段以后，关键就是要解决品牌危机，尤其是假冒伪劣等恶意模仿问题，巩固品牌价值基础。如果品牌危机得不到很好的解决，那么该品牌很可能被迫退出市场。当一系列不利事件导致品牌信仰培育失败，或品牌信仰程度降低，品牌就会陷入品牌危机；品牌危机会导致品牌的知名度、品牌的美誉度和品牌忠诚度都严重下滑。企业产品的销量也会被品牌价值下降所累，销量大大下降，危及品牌根基。[1]

2. 质量对品牌价值的影响

基于文献综述，结合帕克的3E（赋能、赋情、赋意）模型[2]，以受众利益为桥梁，将质量对品牌价值增长的影响做出分析，可见质量总是通过质量承诺、质量管理、感知质量和质量维护，分别为受众提供功能利益（产品层面）、情感利益（体验层面）和精神利益（价值观层面），让受众信任品牌、挚爱品牌、尊重品牌，从而提升公司品牌资产，巩固品牌价值可持续增长的基础。

（1）依托质量承诺建立购买信心，构成品牌价值创造的基础。当今我国已进入高质量发展阶段，产品质量已成为影响用户购买决策、选择品牌的关键。如果用户在产品体验中发现质量承诺无法兑现，就会影响消费者对品牌的信任，造成用户流失。通过质量承诺，一是可以化解顾客对质量的潜在忧虑，减少客户购买行为的机会成本，以及维修成本、重置成本和学习成本，节约用户金钱和时间精力。例如，有些产品提出"7天无理由退换""终

---

[1] 曼弗雷·布鲁恩：《关系营销：客户关系管理》，培生教育集团，2003年。
[2] C.W.帕克、黛博拉·麦金尼斯、安德烈亚斯·艾森格里奇：《品牌崇拜——打造受人爱戴的商业帝国》，周志民、张宁译，华夏出版社，2019年1月。

身保修"的质量承诺，缓解用户对产品质量的担心。二是可以借助质量承诺与用户建立心理契约，增强用户安全感、信赖感。例如，伊利凭借质量"三条线"（国家标准线、企业标准线和内部控制线）承诺，充分激发消费者对伊利品质的信任感，增强消费者购买信心。三是可以用关注社会议题的价值承诺帮助用户获得社会认同，让用户有购买信心，给用户以购买理由，奠定品牌价值创建基础。例如，法国电力将可持续发展理念融入服务承诺，凸显企业社会价值理念，与公众实现价值观共鸣。

（2）依托质量管理持续获得认可，构成品牌价值传递的基础。当前质量事故层出不穷，即使是全球知名品牌亦屡屡爆出质量丑闻，让消费者对产品质量深感不安。如果品牌质量管理不能给用户带来充分的安全感，打消用户顾虑，就会影响用户购买热情，甚至让用户对品牌产生负面情绪，降低品牌忠诚度，转而投向高质量的竞品。通过质量管理，一是要以标准化质量管理以及权威第三方评价，解决用户质量信息不对称问题，保障用户合法权益，给用户以安全感。例如，一汽通过推行全员全过程质量管理，贯彻标准化质量管理体系，为用户提供安全可靠的汽车产品。二是要以独具特色的质量管理激发用户对品牌的好奇心和想象力，让用户感到安心和温暖。例如，飞鹤依靠独特而先进的质量追溯系统，让消费者能够可视化跟踪乳品生产全过程，给予消费者安全感。三是要以可持续发展为追求的质量管理体现着品牌承载的社会责任，彰显用户价值追求，保持用户对品牌的信赖，形成品牌价值维护基础。例如，乐高通过建立可持续发展管理体系，鼓励用户一起"乐造新世界"，给予用户身份认同感。

（3）依托感知质量满足用户预期，构成品牌价值实现的基础。当前消费者对品牌质量的追求不止于物质层面，更关注的是质量背后蕴含的企业质量价值观，希望通过购买、体验产品来认知自我、增强社会归属感。通过感知质量，一是要通过建立或改变用户对品牌质量的感知，解决感知质量和实际质量不匹配的问题，满足甚至超越用户的质量预期。例如，小米依靠"互联网+"赋能产品质量升级，以感动人心的好产品超越用户预期。二是要积极营造质量体验场景，触发用户情绪，激发用户的情感共鸣。例如，苹果依托线下体验店、导购员等品牌接触点，拉近与用户的心理距离，让消费者直观感知苹果品质，优化品牌体验。三是要依托质量故事传递质量价值观，让用户备受鼓舞，提升品牌忠诚度，促进用户态度依附和重复购买，增加品牌溢价，形成差异化竞争力，形成品牌价值实现的基础。例如，沃尔沃通过成立精英车主俱乐部，集结与沃尔沃拥有共同价值观、责任感的精英车主，让更多人信任沃尔沃的安全，赋予用户社区归属感。

（4）依托质量维护建立忠诚关系，构成品牌价值维护的基础。假冒伪劣品直接影响着企业的效益，并且，从长期来看，可能引发品牌危机，对品牌形象这一无形资产有着不可估量的危害。通过质量维护，一是可以开展捍卫正品行动，避免"劣币驱逐良币"现象的发生，解决消费者生命财产安全无法保障的问题，减少消费者甄别产品真伪所需的时间和金钱成本。二是可以激励消费者亲身参与防伪打假，以注重互动的质量维护方式增强代入感，激发其对品牌的兴趣，增强用户安全感。三是可以依靠质量维护所彰显的品质理念与消费者价值观相互吸引，实现价值共鸣，并为品牌融入高质量内涵，培育消费者的归属感和自豪感。

品牌价值增长是一个动态过程，包含品牌价值创造、传递、实现和维护。企业依托质量承诺、质量管理、感知质量和质量维护分别构成品牌价值创造、传递、实现和维护的基础，并共同组成品牌价值增长的基础。因此，企业需要通过不断优化质量承诺、质量管理、感知质量和质量维护，巩固品牌价值增长的基础。

质量因素的品牌价值分析如表4-1所示。

表 4-1 质量因素的品牌价值分析

质量	功能价值		情感价值		精神价值		对公司的利益	
	解决问题	节约资源	使思维与感官愉悦	提供温暖人心的感受	体现个人信念和希望	培育归属感和独特性	实现销售	支持销售
质量承诺	针对容易造成顾客潜在忧虑的可靠性、耐久性、维修保养等质量问题提供让用户放心的承诺	通过提供优于竞品的质量承诺，降低用户对竞品的期待，减少用户购买选择的机会成本	行业领先的质量承诺可以刺激用户认知，让用户对品牌形成高质量联想	借助质量承诺与用户建立心理契约，增强用户的安全感、信赖感	质量承诺所体现的企业追求与用户自我价值观形成呼应，让用户感到备受鼓舞	通过提供关注社会议题的价值承诺，让用户选择购买，获得社会认同	通过质量承诺让新客户建立首次购买的信心，让老用户有重复购买的欲望	提高用户对品牌的信任，形成对品牌的高质量联想，增加品牌认知度
质量管理	通过标准化质量管理（质量管理体系认证）以及权威第三方质量评价，借助符合规范的质量管理，解决用户质量信息不对称问题	通过质量管理，减少用户使用产品可能遭受的损失，降低用户的维修成本或重置成本	独具特色的质量管理方法，可以激发用户对其背后故事以及品牌的好奇心	表达规范的质量管理所体现的品牌坚持，让用户感到安心和温暖	以可持续发展为追求的质量管理，体现着品牌承载的社会责任，能彰显用户价值追求	通过领先的质量管理，让品牌成为追求高质量产品的用户群体的象征，培育用户归属感	通过规范化的质量管理来兑现质量承诺，让用户更依赖品牌，提高销量	塑造差异化定位，让品牌获得用户认可，增加用户忠诚度

《培育品牌价值可持续增长

续表

质量	功能价值		情感价值		精神价值		对公司的利益	
	解决问题	节约资源	使思维与感官愉悦	提供温暖人心的感受	体现个人信念和希望	培育归属感和独特性	实现销售	支持销售
感知质量	以超越用户预期的感知质量，解决产品预期质量和实际质量不匹配的问题	减少用户为感知质量所付出的学习成本和时间、精力成本	寻找和管理质量要素的相关信号（如产品外观、气味、声音、价格等），刺激用户认知和感官	以体验满分的感知质量触发用户情绪，形成直观而强烈的情感冲击	用质量故事传递品牌背后的独特性，匹配用户对自我和个性的认知	以价值共鸣的感知质量表达价值共识，让用户为自己的选择感到自豪和骄傲	通过管理用户体验改善感知质量，提高用户的购买意愿	占领用户心智，增加品牌忠诚度，提升品牌溢价
质量维护	通过开展捍卫正品的质量维护，避免"劣币驱逐良币"，解决消费者生命财产安全无法保障的问题	通过营造"零假货"的市场环境，减少消费者甄别产品真伪所需的时间、金钱成本	通过激励消费者亲身参与防伪打假，以注重互动的质量维护增强代入感，激发其对品牌的兴趣	借助质量维护为消费者提供沉浸式体验，增强用户安全感	让质量维护所彰显的品质理念与消费者价值观相互吸引，实现价值共鸣	通过追求品质的质量维护，为品牌融入品质内涵，培育消费者的归属感和自豪感	通过质量维护，让消费者更放心购买、安心使用，提高产品复购率	维护品牌声誉，防范品牌危机，让品牌资产保值增值

第二节 质量承诺——企业品牌价值的发展根基

一个品牌向消费者承诺什么,反映出一个企业的经营理念。质量承诺既是对产品内在质量的保证,也是体现价值主张、创造品牌价值的基础。当前,消费者已从纯粹的产品需求上升到高级别的精神需求层次,即品牌消费中从"质"到"品"的过程。质量承诺的建立亦遵循这一规律,企业需要通过对产品内在质量、生产过程质量、消费过程质量以及消费的可持续性及社会责任方面的承诺,影响和激发受众的消费意愿,消除受众顾虑并建立品牌的价值认同。

一、以优于竞品的质量承诺巩固品牌功能价值基础

优秀的企业,应致力于通过提供优于竞品的产品质量承诺,保证产品质量合格达标,缓解用户对于产品质量问题的潜在忧虑,使消费者放心购买产品;同时,还要降低用户对竞品的期待,减少用户购买选择的机会成本,提高用户购买信心,形成用户对品牌的高质量联想,增加品牌认知度和联想度,为用户提供产品购买理由,巩固品牌功能价值的基础。例如,苹果公司率先承诺"14天无理由退货",即如果消费者对所购买的苹果产品(iPhone/iPad/iWatch等)不满意,可在产品交付之日起14个自然日内办理退货,以此增强用户对苹果产品质量的信心,让消费者敢于放心购买,巩固品牌功能利益。[①]

---

① 苹果公司官网:《退货与退款界面》。

二、以行业领先的质量承诺巩固品牌情感价值基础

依托产品的生产或使用/消费过程中与用户可能产生联系的品牌接触点，为用户提供行业内前所未有的极具体验感的质量承诺，刺激用户的认知或感官，提供用户安全感。一方面，通过提供针对生产过程的行业领先的质量承诺，对原料选用、工艺过程、成品质量等产品形成过程进行质量控制，使消费者敢于尝试购买产品；另一方面，通过提供针对使用/消费过程的行业领先的质量承诺，对易造成顾客潜在忧虑的可靠性、耐久性、维修保养等问题进行承诺，使消费者放心购买、安心使用，增强用户对于品牌的信任度，提高安全感，巩固品牌情感价值的基础。例如，作为首批获得国家学生饮用奶定点生产资格的企业，蒙牛始终严把质量关，承诺以生牛乳为原料，严选天然无污染的优质牧场奶源，不添加任何营养强化剂，经过200余项检测、8道工序、39个工艺核心步骤检验，生产出高于国际标准的饮用奶，刺激消费者的无限想象，极大增强消费者对品牌的信任。[①]

三、以契合用户价值观的质量承诺巩固品牌精神价值基础

通过提供针对超出产品自身质量及消费环节的价值承诺，从"品"的层面，考虑品牌的可持续理念、社会责任等方面提供的承诺，使消费者体会到品位、价值、责任、承诺所体现的企业追求，与用户自我价值观形成呼应，让用户感到备受鼓舞，提供用户社会归属感，建立品牌溢价，巩固品牌精神价值的基础。例如，作为以"发展清洁能源、造福人类社会"为企业使命的清洁能源企业，中广核一直积极践行可持续发展承诺，致力于发展核电、风电、太阳能等清洁能源，为有效应对全球气候变化贡献中广

---

① 新浪网：《蒙牛学生奶，专注青少年儿童营养健康》，2019年9月3日。

核力量，引起社会公众共同善待环境的共鸣，让用户从社会层面获得认同，巩固品牌精神利益。①

案例 4-1

奔驰依托高质量承诺赋予归属感，塑造全球最具价值汽车品牌

作为百年全球豪车品牌，奔驰在中国当前已进入新一轮的豪华理念引领期。奔驰在向客户提供豪华产品的同时，也提供与之相匹配的高质量服务，将豪华内涵延伸至服务层面。2019年，奔驰在行业内率先推出了《服务公约》，树立了品牌及经销商行为准则，为客户提供高质量服务承诺。在此基础上，奔驰于2020年正式发布代表着豪华客户服务新标准的奔驰《待客之道》，不仅充满华夏传统礼仪文化精髓的理念，并与奔驰一直坚持的"客户为先"一脉相承。奔驰依托《服务公约》和《待客之道》彰显了用户的尊贵地位和高尚品味，赋予用户群体以高度社区归属感和自豪感，为企业创造了极高的品牌价值。根据全球著名品牌咨询公司"Brand Finance"发布的2020年汽车品牌价值排行榜，奔驰连续三年成为全球最具价值的汽车品牌。②

案例 4-2

法国电力借助可持续发展承诺激发价值共鸣，建设全球领先的公共服务品牌

作为全球范围内最大的供电服务商之一，法国电力成立之初的首要目标就是服务国家，为法国提供安全高质量的电力供应，满足法国民众的电力需求。作为一个依赖核能发电的公共服务型能源企业，获得公众的信任尤其重要。法国电力以"可信赖的公共服务商"定位品牌，发展核电注重

---

① 新浪财经：《中国广核荣获2020"金责奖"最佳责任进取奖》，2020年12月8日。
② 《经济观察报》：《从"新豪华"到"心豪华" 奔驰演绎扎根中国的深度归属感》，2020年9月29日。

信息透明化，通过定期通报环境情况、组织参观核电站等沟通策略，尽可能打消公众对核电的疑虑，获得公众的谅解，争取公众的支持，并将可持续发展理念融入服务承诺，凸显企业的社会和环境价值理念，与公众达成价值观上的共鸣，获得大众信任支持。这使得法国电力的品牌价值不断提升，在 Brand Finance 评出的《2019 年全球品牌价值 500 强》榜单中，法国电力位列 142。①

案例 4-3

伊利以质量"三条线"增强用户购买信心，
成就全球最具价值乳品品牌

2020 年 9 月 10 日，国际权威品牌价值评估机构 Brand Finance 发布系列榜单，伊利在"2020 年全球最具价值乳品品牌 10 强"强势登顶，成为世界上最有价值的乳制品品牌，并在"2020 年全球最具价值食品品牌 50 强"榜单中跃升至全球第二。伊利双榜排名逆势齐升，究其原因在于伊利始终坚守"伊利即品质"的企业信条。一直以来，伊利视品质如生命，持续聚焦"全球最优品质"，致力于生产 100% 安全、100% 健康的产品。伊利有一个非常著名的质量管控"三条线"，分别是国家标准线、企业标准线和内部控制线。伊利在国标线的基础上，提升 50% 的标准制定了企标线，在企标线的基础上，又提升 20% 的标准制定了内控线。三条线层层把关，确保了质量管控和产品品质，赢得了全球消费者的信赖和认可。据凯度消费者指数《2020 亚洲品牌足迹报告》数据显示，伊利凭借 91.6% 的品牌渗透率、近 13 亿的消费者触及数，连续五年位列中国市场消费者选择最多的品牌榜首。②

---

① 全国能源信息平台：《法国电力集团向综合能源服务转型的启示》，2020 年 4 月 8 日。
② 新浪网：《伊利获"2020 年全球最具价值乳品品牌 10 强"第一》，2020 年 9 月 11 日。

第三节　质量管理——企业品牌价值的稳定源泉

质量管理是企业经营运作的核心竞争力，更是保证产品质量的基础，因此，也是影响品牌价值的核心要素。随着质量管理实践的不断探索，质量管理理念也在不断发生演变，从面向用户功能需求的符合性质量，到面向用户情感需求的卓越性质量，再到面向用户精神需求的可持续性质量，使质量管理的绩效得到了全面提升。

一、以符合规范的质量管理巩固品牌功能价值基础

1. 建立标准化质量管理体系

企业质量管理的第一要务是确保产品符合规范和标准，标准化是消除用户质量信息不对称的关键，可以增强用户对产品质量的信任度，促进放心购买。[①] ISO 9000 族国际标准的问世，对质量管理的理念和方法带来了革命性的变革。"将标准化理论应用于质量管理""以顾客为关注焦点""过程控制方法"等管理理念深度推动了质量管理向更高层次发展。企业要从顾客的需求出发，建立标准化质量管理体系并持续改进，综合利用内外部资源，对产品/服务质量进行统筹计划、组织、协调和控制，有效保证所提供产品实物质量，提升品牌信任度。例如，三星从代价昂贵的失败中吸取

---

① 戚彬芳：《质量认证消除质量信息不对称有效性的评价方法及实证》，硕士学位论文，中国计量学院，2015 年。

教训，不断升级质量管理体系，开展覆盖制造链各环节的品质改善与提升计划，实施业内最为严苛的质量标准和品质测试措施，并采用了一种材料质量管理体系来确保原材料质量，确保所有产品和服务达到卓越品质，增强消费者对品牌的信任。

案例 4-4

一汽依托质量贯标赢得用户信赖，连续 17 年成为民族汽车最具价值品牌

作为国内著名的汽车品牌，一汽集团成立至今一直被寄予厚望，它是民族工业的优良代表。一汽集团以品牌战略为统领，在企业经营上坚持"质量制胜"，推行全员全过程质量管理，全面提升产品质量水平，为用户提供安全可靠的汽车产品，促进人、车、社会的和谐发展。近年来，一汽以质量目标为工作主线，以新产品里程碑控制和保证批量生产一致性为重要抓手，全面贯彻 TS16949 标准，全方位落实质量责任，竭力打造具有一汽特色的质量管理体系，有力地促进了自主品牌实物质量的快速提升。在体系流程方面，一汽发布了《乘用车产品诞生主流程》和《商用车产品诞生主流程》，有力保证了新产品的质量成熟度，明确了各领域的质量责任，明确了各阶段的主要工作和控制节点，保证了质量工作不丢步，阶段过程有控制。在生产制造方面，一汽每年都有大量技术投入，使之具备了强大的制造能力和较高的生产水平。一汽各单位围绕产能提升、新品投放等年度重点工作，从人、机、料、法、环等各个方面加强管理和改善。根据世界品牌实验室《2020年中国 500 最具价值品牌分析报告》，中国一汽 2020 年品牌价值达 3385.56 亿元人民币，荣登 2020 年度最具价值品牌第 9 名，并连续 17 年位居汽车行业最具价值品牌榜榜首，成为汽车行业唯一一家进入排名前十的企业，

彰显了消费者对一汽集团质量管理成效的认同。[①]

2. 争取权威第三方质量评价

质量合格评定是指从产品质量和质量管理的角度，对评价对象是否符合规定要求做出判定。如 ISO 9000 质量管理体系认证，随着 ISO 9000 国际标准的全球普及以及国际协调互认机制的实施，已经发展成为国际化的认证制度。可持续农业网络（SAN）认证是由美国雨林联盟自行策划并实施的，属于机构层面的认证制度，但其已在全球范围内拥有大量的客户，并产生了广泛影响力。[②]

企业通过开展质量合格评定活动，借助第三方机构的影响力、公正性或政府机构的权威性，不仅可以发现产品和服务存在的问题、发现管理中存在的薄弱环节，有针对性地实施改进措施，进而提升品牌价值；同时，也可以通过第三方和政府机构的合格评定结果，向消费者及其利益相关方展示其客观的质量水平和管理水平，以得到消费者及相关方的信任，巩固品牌的功能利益。例如，华为提倡以工匠精神来衡量产品，真正追求"零缺陷"，从以产品、工程为中心的质量管理，扩展到涵盖公司各个方面的大质量管理体系。在成为业界标杆之后，华为每年依然要以 20% 的改进率去改进质量。华为对质量的坚持帮助其获得了中国质量领域最高政府性荣誉——"中国质量奖"。这一荣誉的获得，极大提升了消费者对华为品牌的信任度。

案例 4-5

"中国质量奖"让格力电器增强品牌公信力

2018 年 11 月 2 日，第三届中国质量奖颁奖大会在北京召开。格力电

---

① 王伟：《一汽自主产品质量管理创新研究》，硕士学位论文，天津大学，2012 年。
② 刘平均：《品牌价值发展理论》，《中国品牌》，2017 年第 1 期。

器的"让世界爱上中国造"格力"完美质量"管理模式,在众多参评企业中脱颖而出,荣获"中国质量奖",问鼎质量管理之巅。获奖背后,是格力电器根植企业深处对质量的执着要求。正如董明珠董事长所说:"质量关乎两个生命,一个是消费者的生命,一个是企业的生命。当消费者受到伤害,企业也会受到伤害。"

格力电器基于"追求完美质量"的企业使命,通过深入调研我国工业企业的质量管控现状,结合自身近二十年质量管控经验,2012年由董明珠董事长提出,逐步创建了以顾客需求及社会责任为导向的"让世界爱上中国造"格力"完美质量"管理模式,以消费者需求为最高标准,以质量为支撑,努力推动中国制造向中国创造转变、中国速度向中国质量转变、中国产品向中国品牌转变,实现中国制造的崛起,真正实现"让世界爱上中国造",真正打响了格力品牌。①

二、以独具特色的质量管理巩固品牌情感价值基础

当前,质量已从原先被动满足顾客需求发展到进一步深化为通过独具特色的质量管理,主动、超前满足顾客需求,使顾客从获得质量时的满足上升为惊喜,激发用户对于品牌的好奇心和无限联想。以卓越绩效模式为代表的独特的、先进的质量管理方法,体现了现代企业对质量和质量管理在认识和行动上的高度、深度和广度。卓越绩效模式旨在通过卓越的过程创取卓越的结果,以过程绩效为基础、结果绩效为导向,为顾客和其他利益相关方不断创造价值,激发用户与品牌的情感共鸣,让用户保持对品牌的挚爱。例如,海尔持续引领质量、服务升级,其创新发布的MFOP质量

---

① 珠海格力电器股份有限公司:《"让世界爱上中国制造"获奖质量管理模式——"让世界爱上中国造"格力完美质量管理模式》,2018年第6期。

模式致力于以用户为中心，通过将世界领先的军工技术运用到智慧家电领域，为用户提供"故障自预警，事前干预防范"的全新解决方案。领先于行业的独特质量模式，刺激用户的认知，让海尔"真诚到永远"的品牌口号深深烙印在用户心里，让海尔成为当之无愧的全球知名家电品牌。[1]

案例 4-6

飞鹤以质量追溯系统解决监督难题，成就中国妈妈放心之选

作为一家有着54年安全生产历史的民族乳企，飞鹤乳业一直严格坚持对产品品质的把控，从源头抓起保障奶源品质，而基于全产业链的全程可控建立的质量追溯系统，使飞鹤产品对于消费者来说更可感知，真正做到了将消费者纳入监督管理的范围内，也让妈妈们在选购时更添一份安心和放心。2012年，飞鹤便宣布全产业链可追溯系统正式上线。这一系统是国内首家为用户提供在线查询产品的奶源地、生产地、质检等关键环节信息的追溯平台，开启了婴幼儿奶粉可追溯的元年。2014年，飞鹤创新推出了产品可追溯手机App，实现了包括鲜奶、成品生产地、检验地、物流总仓、一级经销商等15项信息的可追溯可查询，在信息全面性和透明性方面，不仅完全符合国家要求，更是业内首家。2015年，飞鹤宣布其可视化全产业链正式上线，实现了乳品生产全过程的可视化跟踪，消费者可以直接通过飞鹤的官方网站或者手机客户端，在线看到飞鹤从牧草种植到奶牛喂养、原奶加工、奶粉生产的实时监控视频，了解到"更适合中国宝宝体质的奶粉"是如何诞生的。飞鹤也在2015年摘得"中国制造业精细化生产管理最佳实践奖"，更是在2020年获日本JIPM评审委员会颁发的全球卓越制造大奖——"TPM奖"，成为全球为数不多获得该奖项的婴幼儿奶粉企业之一。飞鹤通过对品质的严苛打造和匠心坚守，让品牌价值进入爆发式增长通道，

---

[1] 海尔企业购：《海尔：创物联网质量管理新模式》，2019年1月24日。

荣登 2020 中国上市公司品牌价值新锐榜。[①]

案例 4-7

华为以"三化一稳定"加速供应链质量变革，坚守中国制造口碑

为实现"让华为成为 ICT 行业高质量的代名词"的目标，华为创新实施供应链"质量优先"管理策略，建立了供应链质量管理架构。华为通过学习德国，要求供应商以提升质量、提升效率为目标，以信息化、自动化、智能化技术为手段，建立不依赖人的主观判断的生产质量控制系统；并吸收日本精益生产理念，以"三化一稳定"（管理 IT 化、生产作业自动化、人员专业化、关键岗位人员稳定）为要求，全面牵引供应商能力提升。华为在采购全流程（认证、选择、绩效、组合、协同、发展）中，全面贯彻"质量优先"策略。其中，在供应商选择阶段，质量权重提升至 15%~25%；在供应商绩效评估阶段，质量权重提升到 20% 以上。供应商年度质量风险等级 D 类不能成为 S、P 类供应商，坚定不移地淘汰低质供应商；对质量好的供应商给予质量溢价激励等措施。华为利用世界级水平的供应链管理和交付能力，推动华为成为消费者市场上的领先品牌。根据 2020 年 BrandZ™最具价值中国品牌 100 强排行榜，华为公司品牌价值为 373.98 亿美元，列第五位。[②]

三、以追求可持续发展的质量管理巩固品牌精神价值基础

影响产品质量及其形成全过程的节能减排、环境保护、资源节约与综合利用、职业健康安全、组织社会责任等相关因素，对品牌价值也将产生

---

① 新华网：《飞鹤溯源体系助推乳业透明化 尽显国产奶粉品质自信》，2021 年 2 月 7 日。
② 搜狐网：《华为供应商"三化一稳定"推进要求》，2020 年 8 月 28 日。

直接或间接影响，并且这些影响因素将延展到产品的供应链并覆盖产品全生命周期。企业建立健全可持续发展管理体系并使之有效运行，可以使其产品质量能更加充分地满足顾客及利益相关方的需求和期望，让用户获得精神层面的责任感、愉悦感，感受到品牌的环境效益、可持续理念、社会责任、公益性等附加价值，使公司品牌价值得以维持。[①] 例如，作为联合国可持续发展目标先锋企业，国网杭州供电公司获央企首个大型活动可持续性管理体系认证，该公司将通过±800千伏特高压直流输电、源网荷储"即插即用"、能量路由、市场化碳交易等多种方式，保障第19届亚运会全部场馆用上绿色电能，这在亚运史上将是首次。此举让用户感知到国家电网品牌的可持续理念，为用户提供归属感和认同感，巩固品牌精神价值的基础。

案例4-8

乐高以可持续的质量管理赋予用户身份认同感，增强品牌竞争力

作为享誉世界的知名玩具制造商，乐高产品风靡全球140多个国家，曾两度被赞誉为"世纪玩具"。2020年，乐高集团进一步加强可持续发展管理体系，发起可持续发展计划，承诺为儿童传承一个更加美好光明的世界做出应有的贡献。计划包含使用纸袋替换产品包装盒中的一次性塑料袋、使用耐用材料提倡将玩具"祖传下去"等，鼓励用户一起"乐造新世界"，赋予用户身份认同感。乐高集团一直尽其最大的努力，对千百万玩乐高的小朋友及其父母、对环境、对社会积极履行其责任和使命。对乐高来说，质量不仅意味着优秀的产品质量，更是高标准的道德价值观，正是这两方面帮助乐高和消费者之间建立起了相互信任的关系。这种外界寄予乐高的信任，来源于乐高集团对品质的执着追求和不妥协，无论是对产品质量，或是对其员工、客户、供应商、消费者及对环境。这也让乐高品牌价值得

---

① 刘平均：《品牌价值发展理论》，《中国品牌》，2017年第1期。

以永续发展。①

第四节 感知质量——企业品牌价值的成长命脉

感知质量是人们对品牌的直接感受,是建立品牌信任的前提,而品牌信任是提升品牌价值的基础。品牌信任强调的就是一种可靠性,以达到消费者"买了称心,用着放心"的心理效果。总体来说,感知质量的提升不能仅靠产品质量的提升来实现,应该同时包含质量文化和顾客体验等优化受众体验方法。

一、以超越预期的感知质量巩固品牌功能价值基础

产品质量是满足用户功能需求、提高顾客感知质量、建立品牌声誉的基础和前提。一旦产品质量出现问题,必将深刻影响顾客的感知质量。因此,企业必须首先保证充分实现产品承诺的功能,在这个前提下,再不断提高顾客感知质量,满足甚至超越用户的产品质量预期。产品质量是企业质量管理长期积累的结果,也是在市场上可以直接与竞争对手进行比较和竞争的保障。企业如果在客观质量上达到业界领先水平,将非常有利于塑造一个独特的卖点,树立独特的质量形象。例如,作为最佳服务的标志,IBM 的服务及其可靠性是无与伦比的,它能够调动全球资源,在 24 小时内解决用户的任何疑难问题。IBM 依靠以客户为导向的服务解决方案,超越用户预期,

---

① 梅花网:《乐高集团的可持续发展承诺》,2020 年 9 月 25 日。

增强用户对品牌的依赖感，巩固了品牌的功能价值基础。

案例 4-9

小米以感动人心的好产品超越"米粉"预期

一直以来，小米坚持做感动人心的好产品，前提就是必须保证产品高品质、远超用户预期。从小米成立开始，上到雷军，下到普通员工，所有人都始终在追求超越用户预期。小米以用户为中心，以"互联网+"赋能产品质量升级，同时坚持倾听反馈，借助论坛等渠道了解用户评论，第一时间解决质量问题，争取给用户带来更好的体验。以小米生态链企业打造的米家扫地机器人为例，在研发改进过程中，技术团队针对用户对同类产品的吐槽点，"对症下药"，最终做出品质颜值俱佳、超越预期的产品。根据中国消费者协会发布的 20 款扫地机器人比较试验结果，其中米家扫地机器人对地板、边角、宠物毛发等清洁能力几乎全部获得 5 颗星，综合排名第一。①

案例 4-10

以航天品质激发用户民族自豪感，打响航天品牌

神舟飞船、嫦娥探测器、北斗导航卫星、高分系列卫星，这些家喻户晓的名字，都与一个企业有关——中国航天科工集团。中国航天科工集团传承航天精神，始终坚持"质量第一"的方针和"零缺陷"的理念，形成了具有中国航天科工特色的"预防型"质量文化，把质量管理思路从重"事后把关"转换为"事前预防"。在科研生产和经营活动中，航天科工始终贯彻"预防为主"的思想，通过强化质量预防意识，积极培育重心前移、

---

① 中国质量新闻网：《小米集团以"互联网+"赋能质量管理赢得用户信赖 让"米粉"参与到质量提升中来》，2019 年 4 月 30 日。

系统预防的文化氛围，使质量预防思想成为全体员工的共同信念及行为准则，力求在型号研制生产中体现落实"严慎细实"的作风，达到"预防为主，源头控制，一次成功，零缺陷"质量管理的要求。"预防型"质量文化帮助中国航天科工赢得用户信赖，树立了良好的品牌形象。根据世界品牌实验室发布的 2019 年中国 500 最具价值品牌，"中国航天科工"品牌价值首次超过 1000 亿元，达到 1216.69 亿元，同比增长 30%。[①]

二、以体验满分的感知质量巩固品牌情感价值基础

用户体验是企业与消费者交流感官刺激、信息和情感要点的结果，可以触发消费者的内心感受和感情，是将高质量转化为高感知质量的关键。通过体验，品牌得以与客户直接接触，以互动的方式传递质量信息、交流情感，带给客户个性化的、丰富的感知，使其对品牌产生高质量联想。具体到质量场景，在大多数情况下，最为关键的质量要素也往往是最难判断的。解决办法就是寻找质量要素的相关信号或指标。研究表明，一个看得见的关键要素可以对其他一些难以判断但又更为重要的要素的感知产生重要影响。例如，购车者也许会认为耐久性是核心特征，但没有判断耐久性的直接方法，而汽车关门声音越响亮会让购车者认为工艺越精良，车身也越安全。企业应发现和传递有效质量线索，减少受众搜索成本，促进高质量转化为高感知质量。[②] 北京汽车始终践行"以用户为中心、以质量为魂"的造车理念，为助力自主品牌研发 2.0 转型升级，成立静态感知质量能力提升 TFT 小组，从 APEAL（汽车性能、运行和设计调研，即整车魅力质量）中的静态

---

① 《中国日报》：《夯实"零缺陷"基石 航天科工二院落实质量制胜战略》，2020 年 8 月 10 日。

② 大卫·阿克：《管理品牌资产》，吴进操、常小虹译，机械工业出版社，2017 年 10 月。

指标着手优化设计方案,通过精细化设计给消费者带来超出预期的感官体验,以满足最"挑剔"消费者的需求,巩固品牌情感价值的基础。[①]

案例 4-11

苹果以极致体验拉近用户距离,实现品牌价值全球领先

身处苹果零售店之中,无时无刻,无处不能感知到颠覆和创新的魅力所在,所接触到的每一件商品,所面对的每一个身穿苹果制服的员工,无一不在给你传递苹果难以复制的感官体验。首先,相比传统零售店,苹果零售店反其道而行之,所有门店都是 iPhone、Apple Watch、iPad 和 Mac 电脑四大品类,且每个品类的产品更是首开先河,完全形成了市场准则。比如 iPhone,不管是哪一代,都只是提供两个选择:不是普通标准型,就是 Plus 型,二选一让消费者更容易做出购买选择。其次,苹果利用自己独有的五步服务法,将产品最有益的功能特征和人们的个人生活连接起来,通过礼貌而有逻辑的引导语言探询客户内心真实的需求,并为顾客提供一个足以让他安安心心回到家里的解决方案,并鼓励用户再次光临。这里不仅能让顾客感知更好的品牌体验,甚至会改变顾客的消费意见,甘愿购买一台之前没有预计购买的苹果电脑,或者购买一台超过原有预算的 iPhone 手机,增加用户的购买意愿,增加品牌资产。最后,苹果还鼓励用户在当地创建苹果用户群,向用户提供各种机会,如学习更多的计算机知识、分享观点、建立和苹果用户之间的友谊,以及资助特殊的活动和社区服务等,增强用户对品牌的社区归属感,实现品牌忠诚。根据 Interbrand2020 年全球品牌榜,苹果品牌位居全球第一名。[②]

[①] 360 文库:《技术宅丨汽车静态感知质量——Perceptual Quality(PQ)》,2020 年 6 月 4 日。

[②] 36 氪:《探索苹果零售店,带你秒懂苹果的品牌体验法则》,2020 年 6 月 24 日。

案例 4-12

耐克建立社群塑造圈层文化，蝉联全球最有价值服饰品牌

根据英国品牌价值公司 Brand Finance 针对全球服饰品牌发布的最有价值排名榜，来自美国的耐克品牌价值成长 7%，持续蝉联冠军宝座。作为全球知名运动装备品牌，耐克营销的是一种生活方式、一种运动激情、一种"想做就做"的态度，顾客不仅穿耐克，他们还体验耐克。耐克利用前沿的数字和社交媒体营销工具，与顾客互动建立在线社群。例如，"Nike+"帮助耐克成为全球数百万消费者日常健身的一部分。耐克能量梯(Nike+Fuel Band)将用户的每一种运动转化为耐克能量值。用户可以在耐克社群中与从事不同运动的人或在不同地方的人分享和比较成绩，让用户关注自己的进步，获得额外的动力继续运动，并与朋友保持联系，激励更多人投身于运动。耐克在品牌与其顾客之间建立了崭新的社群归属感和亲密关系。不仅仅是购买的商品，耐克再次成为顾客生活的一部分。高度紧密和深刻的品牌——顾客关系带来强大的竞争优势，耐克再次与顾客非常接近。耐克从一家传统运动装备制造商进化为世界上伟大的跑步俱乐部，建立身份认同感，凝结成圈层文化，实现品牌价值的迁越。①

三、以价值共鸣的感知质量巩固品牌精神价值基础

1. 塑造适应社会发展的质量价值观

质量价值观是质量文化的核心内容和最高境界，也是质量文化建设的内涵与核心。企业高层领导应结合企业的发展战略和经营方针，以创造用

---

① 新浪财经：《耐克 E+战略：一场社群革命》，2019 年 10 月 24 日。

户价值为中心,确定与其使命愿景相协调的质量价值观,积极适应社会进步并体现顾客和其他利益相关方的需求,赋予用户社会认同感,除了促进重复购买,还可以促使用户有意愿购买品牌旗下其他品类产品,增加品牌竞争力。例如,作为我国核电事业的开拓者和引领者,中国核电始终将核安全置于优先地位,深入推进核安全文化建设,确保运行机组三道安全屏障完整,不发生国际核事件分级表(INES)一级及以上运行事件,坚守安全生命线,助力重塑国际发展核能信心,让中国核电被国际社会所接受,打响中国核电品牌。[①]

案例 4-13

沃尔沃以质量价值观赋予用户身份认同感,获得高额品牌收益

诞生于瑞典的沃尔沃汽车对生命和赖以生存的自然有着发自内心的尊重和敬畏,将"以人为出发点"作为品牌理念。2013年8月29日,"沃尔沃精英车主俱乐部"在中国成都正式成立。该俱乐部以"汇精英·行公益"为宗旨,汇聚了一群具有独特品味,高度重视健康安全,具有较高社会责任感的精英人士,来为身边的人群营造安全、健康的生存环境。该俱乐部成员的价值观,与沃尔沃汽车倡导的安全、健康、高品位的生活有着高度的共性:他们愿以身作则来影响身边的人。同时,他们热衷于投身自己力所能及的公益事业,为社会带来更多正能量和幸福感。沃尔沃汽车通过建立精英车主俱乐部这个平台,集结与沃尔沃拥有共同价值观、责任感的精英车主的影响力来带动更多的人,一同承担公益使命,履行社会责任,最终也让俱乐部成员成为沃尔沃的忠实用户,为沃尔沃带来可观收益。[②]

[①] 《中国电力报》:《中国核电安全质量部主任朱洪涌:高质量守护核安全》,2020年6月29日。

[②] 沃尔沃官网:《沃尔沃俱乐部》。

2. 以品牌故事传播企业质量价值观

品牌故事象征公司的理念和愿景，质量故事将企业的质量价值观深度融入，并创造一个概念清晰、简短易懂、兼具曲折又可信的故事，将品牌与顾客的经验或回忆进行连接，在用户心智中建立价值认同，增强用户社群归属感，让顾客为购买而自豪。彰显质量基因的品牌故事，可以在用户心中建立高质量品牌联想，除了可大幅度提升顾客对产品质量及品牌的认知，更能强化企业质量形象。例如，扬子江药业从1971年创建以来，始终把"为父母制药、为亲人制药"作为自己的宗旨，成功地将质量文化理念运用到制药实践中。如同海尔"砸冰箱"故事，扬子江药业也有自己的"烧药品"故事——2014年，扬子江药业曾经一把火烧毁了几百箱不合格的药品，不让一颗问题药流入市场。"烧药品"故事让扬子江药业的质量价值观深深印在消费者心中，巩固了品牌的精神利益。[1]

案例 4-14

海尔以质量故事响应用户价值追求，引发用户追随

从1985年中国企业界传奇的"砸冰箱"故事到今天，在转型升级和消费升级的浪潮中，海尔的世界脚步越走越快，在全球互联网传播的时代，海尔也独辟蹊径在全球讲述着彰显质量基因的品牌故事。自2016年10月份以来，无论从网络视频上，还是全国各地的线下活动中，都能看到海尔在运行的洗衣机上竖硬币活动，面值5角钱的硬币，以各种造型立在运转的洗衣机上，而硬币不会倒，从"凯旋门"到"广州塔""泰国大皇宫"，令人惊叹；2017年2月更是在新西兰卖场掀起立硬币海外风潮。立硬币活动跨越1/3个地球，所立起的硬币数量和造型不断升级，海尔洗衣机安静平

---

[1] 搜狐网：《风雨50载坚守27年 质量文化支撑扬子江药业砥砺前行》，2020年4月14日。

稳的产品性能也获得了全球消费者的认可,在用户心智中留下海尔品牌可靠可信赖的独家烙印。①

第五节 质量维护——企业品牌价值的延续基石

当品牌的知名度达到一定水平,就有可能遭受近似、假冒产品的侵权,给消费者和企业的合法权益带来损失,对品牌产生不可估量的危害。因此,企业要在品牌发展中不断寻求打假治劣的措施,与消费者共同保护品牌,延续品牌的寿命,让中国品牌得到全球市场的认可。

一、以捍卫正品的质量维护巩固品牌功能价值基础

企业要通过开展捍卫正品的质量维护,积极实施防伪打假,用法律手段保护用户合法权益,避免"劣币驱逐良币"现象的发生,解决消费者生命财产安全无法保障的问题;另一方面,通过营造"零假货"的市场环境,减少消费者甄别产品真伪所需的时间和金钱成本,增加品牌认知度和联想度,为用户增加产品购买理由,巩固品牌功能价值的基础。例如,华润饮料委托专业公司对制假售假源头进行调查取证。针对严重危害品牌发展的制假源头,华润饮料充分利用已掌握的信息,有计划地处理相关案件,通过防伪打假切实保护消费者合法权益,巩固品牌的功能价值基础。

---

① 品牌网:《伟大的品牌怎么讲故事?看这三个就够了!》,2019年12月30日。

二、以注重互动的质量维护巩固品牌情感价值基础

企业应基于品牌与消费者的双向互动关系，通过扫描产品包装二维码、招募打假志愿者等手段，激励消费者亲身参与防伪打假，以注重互动的质量维护增强消费者的代入感，刺激消费者的认知和感官，激发消费者对品牌及其背后理念的兴趣；另一方面，企业应借助质量维护为消费者提供沉浸式体验，给用户造成直观而强烈的情感冲击，打动用户心灵，增强用户安全感，巩固品牌情感价值基础。例如，可口可乐在业内首先启用"防伪营销码"，依托二维码防伪防窜溯源营销系统，在防伪防窜溯源的基础上进行二维码营销，打造"扫二维码领现金红包、现金抵扣券"等营销活动，激励消费者共同参与防伪打假，让消费者产生对品牌的信赖感，巩固品牌的情感价值基础。[①]

三、以追求品质的质量维护巩固品牌精神价值基础

企业要通过质量维护所彰显的品质理念与消费者价值观相互吸引，彰显用户的正品信仰，让用户为自己的选择感到骄傲和鼓舞，实现价值共鸣；另一方面，通过追求品质的质量维护，为品牌融入高质量内涵，让品牌成为信仰品质的用户群体的象征，培育消费者的归属感和自豪感，巩固品牌精神价值基础。例如，众所周知，耐克鞋不仅仅是一种时尚、一种潮流，更是一种文化象征。面对假鞋泛滥、品牌内涵受到侵蚀的问题，耐克依托区块链技术开发了 Cryptokicks 系统，该系统能生成一个"CryptoKick ID"，其中记录了用户球鞋的材料、所属系列、具体型号等信息。耐克和用户都

---

① 简书社区：《可口可乐等饮料行业防伪营销码，二维码扫码领奖营销方式》，2019年5月24日。

可以通过此系统追踪产品所有权,并验证其真伪。耐克借助区块链技术防伪,加速假鞋成为历史,让耐克成为信仰正品的用户群体的象征,让用户真正为购买耐克产品感到自豪,巩固了品牌精神价值基础。①

案例 4-15

茅台利用防伪打假保护用户权益,坚守高端白酒领先品牌形象

现代市场竞争激烈,营销不仅销售的是产品,还有公司的信誉、口碑等,所以在假货横行的今天,防伪打假也成为营销的一部分。贵州茅台是中国白酒行业的标志性企业,聚焦于高端及超高端白酒市场。近年来受高额利润驱使,越来越多的不法商人和企业从事假冒茅台酒的生产与销售活动。制售假酒不仅对贵州茅台合法权益造成影响,而且对消费者的身体健康产生巨大威胁,让消费者对茅台品牌有负面评价,极大地伤害着茅台的品牌形象,因此贵州茅台防伪打假势在必行。茅台将防伪打假和营销合二为一,建立了覆盖瓶装酒生产、仓储、流通、消费环节的电子追溯体系,通过采用 RFID 防伪溯源等先进防伪技术,将防伪设计融入产品包装,让每位消费者都成为酒水假冒伪劣稽查员,不仅解决了产品防伪难题,同时也能安抚消费者心理。通过防伪营销,茅台切实保护了消费者合法权益,提升了品牌认可度和美誉度,增强了品牌价值。根据 2020 年 BrandZ 最具价值中国品牌 100 强榜,茅台以 538 亿美元的品牌价值位列第三,同时荣膺 2020 年最高端中国品牌称号。②

---

① 虎嗅网:《耐克试水区块链,奢侈品巨鳄和独立品牌都没坐住》,2020 年 1 月 7 日。
② 童裳慧:《茅台:打假是剑防伪为本》,《中国防伪报道》,2005 年第 3 期。

案例 4-16

劳力士防伪打假守住用户归属感，维护高端奢侈品牌地位

一个多世纪以来，劳力士已成为全球公认和流行的奢侈品牌之一，劳力士的名字就是质量的同义词。一直以来，劳力士手表保持最高质量、经久耐用，并维持着自创建以来的威望。由于劳力士手表价格昂贵，被仿率居高不下。一块假冒劳力士手表只需 25 美元，而真正的劳力士手表价值 1 万美元。假冒伪劣的劳力士手表已经成为一个成熟的产业，其年销售额超过 18 亿美元。因此，与其他手表企业相比，劳力士在打击高仿、假冒伪劣上花了更多的时间与金钱。劳力士为了防伪打假开发了一系列独门的防伪设计，包括劳力士的多数表款会在其面盘与表壳接触的立面刻有"ROLEX、ROLEX"的循环字样和皇冠小标记的防伪内圈，成为劳力士防伪杜假的有效手段，并强化了产品本身的特色。通过防伪打假，让劳力士用户的社会精英形象不被假冒伪劣产品损害，保住了用户的社区归属感和自豪感，让劳力士的高端手表品牌形象不受侵害。[1]

---

[1] 凯文·莱恩·凯勒：《战略品牌管理（第3版）》，卢泰宏、吴水龙译，中国人民大学出版社，2014年10月。

品牌价值可持续增长的灵魂——创新

第五章

第一节 品牌创新的内涵及其对品牌价值的影响作用

一、品牌创新内涵

品牌创新是指随着商业环境和消费者需求的变化，品牌的内涵和表现形式也必须持续变化发展，其实质是赋予品牌要素新的价值创造力，增强品牌活力。

品牌创新的概念有狭义和广义两种。狭义的品牌创新是指围绕品牌视觉系统、品牌名称、品牌延伸、品牌理念、品牌形象、品牌战略与策略等的创新行为。广义的品牌创新是指通过运用新的技术，采用更科学的生产和服务方式，借助新市场的开拓和新型组织形式的引入，新的品牌延伸、新的品牌理念的融入，或品牌的重新定位或新的品牌战略的实施，来增强品牌的核心竞争力，以及对品牌内外部资源的控制力，从而达到累积品牌资产的各种创新行为。[①]

二、创新推动品牌价值可持续增长之道

品牌是时代的标签，无论是品牌形式，如名称、标识等，还是品牌的内涵，如品牌的个性等，都是特定客观社会经济环境条件下的特殊产物。社会的变化、时代的发展要求品牌的内涵和形式不断变化。如果一个品牌缺乏创新，

---

① 杨海军：《品牌学案例教程》，复旦大学出版社，2009年5月。

必然会给人以落伍和死气沉沉的感觉，并可能带来品牌市场份额被其他品牌侵占的风险。所以说，品牌创新是品牌自我发展的必然要求，是克服品牌老化，使品牌生命不断得以延长的唯一途径。

品牌发展是一个渐进的周期性循环过程，一般会经历导入期、成长期、成熟期和衰退期四个阶段。从表面上看，这是一个实力逐步积累、规模不断扩大的过程，表现为品牌各方面能力不断提高的过程。同时，也是企业创新能力发展、变化的过程。在导入期，企业因理念、技术、市场、组织形式等的创新而建立；在成长期，原有市场的扩大或者新市场的发现、企业规模的扩大和变革正是制度创新、技术创新、资源配置创新的具体表现；在成熟期，由于拥有较丰富的内外部资源，企业逐步在市场中占有相对竞争优势，但这个时期如果缺乏进一步的创新，那么，企业将进入生命周期的衰退期。相关研究表明，企业一旦进入成熟期，其创新能力将明显早于其经济状态而首先开始下滑。在衰退期，企业的经营状况出现停顿和下滑，这是企业创新能力不足的表现。只有通过持续不断的创新，才能为品牌价值增长提供正确的方向和源源不断的动力。产品生命周期如图 5-1 所示。

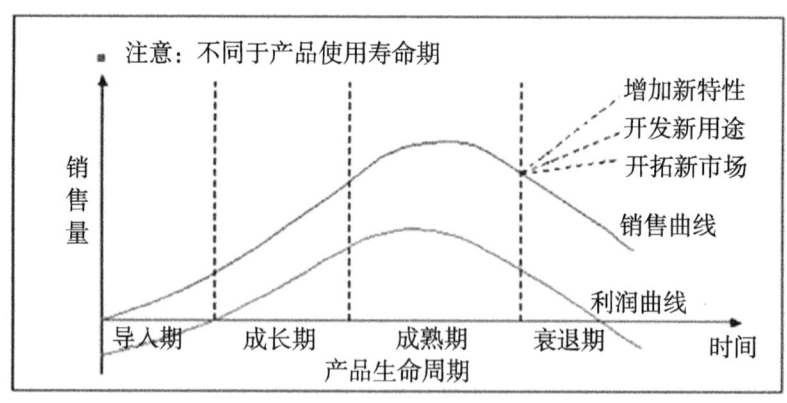

图 5-1 产品生命周期

创新是品牌价值持续增长的灵魂，提供了品牌价值持续增长的方向和动力。品牌的形成、发展壮大始于创新，品牌的发展离不开持续不断的创新。

品牌的生命周期也终止于创新的停滞,一旦创新停止了,品牌就死亡了。[①]创新是提升品牌竞争力的重要战略能力,率先实现创新的品牌,往往能迅速建立品牌优势,获得较大品牌溢价。其次,创新也是品牌持续发展的关键。企业只有不断进行创新,才能保持产品更新换代和品牌活力,规避品牌经营风险。

激烈的市场竞争要求企业建立并时刻保持自己的竞争优势,创新是推动品牌价值形成与发展的第一驱动力。

企业品牌是一个系统概念,是企业各方面的优势,包括其经营管理优势、产品质量优势、技术开发优势、销售服务优势等方面的综合体现。产品和企业所具有的各方面的优势,构成了企业的知名度和可信度。而所有这些优势,归根结底,都是通过创新创造出来的。波特在《竞争优势》中阐明了企业三大竞争战略:低成本竞争战略,产品差异化战略和目标聚集战略,这三大决定企业竞争成败的战略实现的核心问题也是创新。[②] 通过创新,企业能够在竞争市场中处于领先地位,从而在市场中形成竞争优势。企业的成功来自创造竞争优势,而有效管理竞争优势能创造价值。当公司的资源以新的方法进行整合,提高这些资源潜在的生产力,满足用户功能价值、情感价值、精神价值时,价值也被创造出来了。因此,创新的过程,也是企业实现品牌价值增长的过程。

1. 品牌创新能够持续完善品牌的功能价值

随着经济社会发展,人民生活水平的持续提高,人民对美好生活的需要日益增长,消费者对产品的功能要求也在不断升级。消费者需要享受更多的使用价值为他们带来的利益和欢乐。通过品牌创新,一方面与竞争者

---

① 刘平均:《品牌价值发展理论》,中国标准出版社,2017年3月。
② 李媛、关士续:《品牌价值与创新的时间过程模型》,《生产力研究》,2007年第3期。

品牌区分，提供差异化选择，提升产品和服务性能、扩展多种功能，切实为用户解决问题；另一方面节约客户差异化选择的时间、金钱、精力，同时通过技术升级，降低产品成本，节约用户资源，以品牌的创新持续跟进市场要求，跟进消费者的使用要求，持续获得消费者的认同。

2. 品牌创新能够持续强化品牌的情感价值

随着经济的发展，社会的进步，消费者的价值取向和审美品位也都在发生着变化。品牌如果一成不变，就会失去许多潜在消费者以及动摇品牌的忠诚者；如果品牌长时间不与消费者沟通，没有向消费者传播新的信息，不能给消费者带来一点新鲜感，那么，消费者很快就会将这个品牌淡忘。通过品牌创新，一方面可以满足消费者日益变化的需求和消费习惯，并通过更靓丽的外观、更响亮的口号等带来新鲜感，刺激用户感观；另一方面可以以与时俱进的品牌内涵激发用户情感，以更温情的表达传递品牌情感，保持与用户心理变化的统一节奏，激发用户的情感共鸣。

3. 品牌创新能够持续激发品牌的精神价值

这是一个个性日益彰显的时代，消费者购买产品不仅仅是满足于物质层面，而更重要的是看重品牌的价值观和品牌的个性，希望通过购买产品来展示自我、表达自我。通过品牌创新，一方面以更负责任、更可持续的品牌形象彰显用户价值追求；另一方面以更具活力、更具个性的品牌形象彰显用户个性表达。

创新因素的品牌价值分析如表 5-1 所示。

表 5-1 创新因素的品牌价值分析

创新	功能价值		情感价值		精神价值		对公司的利益	
	解决问题	节约资源	使思维与感官愉悦	提供温暖人心的感受	体现个人信念和希望	培育归属感和独特性	实现销售	支持销售
品牌定位创新	与竞争者品牌产品或服务区分，提供差异化选择	节约客户差异化选择的时间、金钱、精力成本	强调产品或服务优势，匹配用户需求空白点	与时俱进的品牌内涵激发与受众的情感共鸣	领先品牌属性彰显用户价值追求	独特品牌个性彰显用户个性表达	吸引消费者关注和购买，进而对该品牌产生依赖行为，增强品牌认可度和忠诚度	塑造产品差异化定位，适应消费者消费风格和时代特色
品牌技术创新	提升产品和服务性能、扩展多种功能	技术升级，降低产品成本	满足消费者日益变化的需求和消费习惯	创新出更加人性化、智能化的产品或服务	面向国家重大需求、面向人民生命健康的技术创新	满足人民对美好生活的向往，吸引忠实用户	加强企业市场地位，增加消费者满意度和留存率，使企业品牌获得消费者的认同	升级产品线，提供更贴合用户需求的服务
品牌形象创新	更体贴、更实用，方便用户使用	更明晰、更醒目，方便客户查找	用更靓丽的外观、更响亮的口号等带来新鲜感，刺激用户感官	更温情的表达传递品牌情感	更负责任、更可持续的品牌形象符合客户价值追求	用更具活力、更具个性的品牌形象响应用户价值表达	获得用户持久青睐，实现用户持续购买，促进品牌资产持续增长	吸引用户持续关注，获得用户支付溢价

4. 依托定位创新重构品牌内涵，塑造品牌价值生命力

在功能价值实现方面，品牌定位创新能与竞争者品牌产品或服务区分，

提供差异化选择，节约客户差异化选择的时间、金钱、精力成本；在情感价值实现方面，品牌定位创新强调产品或服务优势，匹配用户需求空白点，与时俱进的品牌内涵可激发与受众的情感共鸣；在精神价值实现方面，品牌定位创新可打造领先品牌属性，彰显用户价值追求，独特的品牌个性可彰显用户个性表达。

5. 依托技术创新重建品牌内核，塑造品牌价值驱动力

在功能价值实现方面，技术创新可提升产品和服务性能、扩展多种功能，还可实现技术升级，降低产品成本；在情感价值实现方面，技术创新可满足消费者日益变化的需求和消费习惯，创新出更加人性化、智能化的产品或服务；在精神价值实现方面，面向国家重大需求、面向人民生命健康的技术创新，可满足经济社会要求和人民对美好生活的向往。

6. 依托形象创新重塑品牌外延，塑造品牌价值感染力

在功能价值实现方面，形象创新更体贴、更实用，方便用户使用，更明晰、更醒目，方便客户查找；在情感价值实现方面，形象创新可打造更靓丽的外观、更响亮的口号等，可带来新鲜感，刺激用户感观，更温情地表达和传递品牌情感；在精神价值实现方面，更负责任、更可持续的品牌形象符合客户价值追求，更具活力、更具个性的品牌形象则可以响应用户价值表达。

创新的本质在于价值创造，在各个层次上进行的创新，都将提升品牌的价值。无论是开发利用品牌，还是维持品牌的价值，都需要创新的支持。在品牌建设中，创新是提升产品性能和质量、提高产品附加值和美誉度的根本途径，也是企业加强品牌建设的底气和品牌价值可持续增长的灵魂所在。

第二节 定位创新——拓展企业品牌价值增长的空间

随着中国经济的快速繁荣，市场竞争不断加剧，企业要扩大自身的影响力、提升企业品牌价值，不仅要在产品质量上打好基础，还需要运用科学的营销方式提升品牌知名度。品牌定位作为传达品牌承诺和品牌核心价值的有效方式，应根据市场状况变化、消费者习惯和风格的转向及品牌发展态势的调整，对品牌定位进行创新，使企业及其产品在消费者心目中的形象得以更新，获得更强的生命力。品牌定位创新是企业适应经营环境、市场竞争的需要，也可为企业品牌价值增长拓展新的空间，开拓品牌价值提升的蓝海。

一、品牌定位的基本概念

美国定位理论和营销战理论的奠基人和先驱杰克·特劳特，在1981年出版的《定位——争夺用户心智的战争》一书中提出了定位的思想："所谓定位，就是令你的产品和企业与众不同，形成核心竞争力；对受众而言，即鲜明地建立品牌。"[1]艾·里斯说："定位就是在顾客头脑中寻找一块空地，扎扎实实地占据下来，作为'根据地'，不被别人抢占。"品牌专家凯文·莱恩·凯勒认为，定位是在顾客群的心智或者细分市场中找到合适的"位置"，从而使顾客能以合适的、理想的方式联想起某种产品或服务。[2]

---

[1] 艾·里斯、杰克·特劳特：《定位——争夺用户心智的战争》，邓德隆等译，机械工业出版社，2020年4月。
[2] 董大海等：《品牌战略：创建世界一流竞争力企业》，人民出版社，2018年7月。

定位理论最初应用于产品定位，然后发展到品牌定位。特劳特伙伴公司全球总裁邓德隆认为，定位就是让品牌在消费者的心智中占据最有利的位置，使品牌成为某个类别或某种特性的代表品牌。这样当消费者产生相关需求时，便会将定位品牌作为首选，也就是说这个品牌占据了这个定位。布莱恩·施特恩塔尔认为，一个品牌的定位应该能清楚地表达出顾客通过使用该品牌所要达到的目标，并能清楚地解释相对于其他达到该目标的手段来说，为什么该品牌是最佳的。[①]

由此看出，品牌定位主要是通过给自己的品牌规定一定的市场地位，培养产品或者服务在消费者心目中的特色和形象，以满足消费者的某种偏爱和需要。品牌定位的本质就是抢占顾客心智资源。

那么，什么是心智？心智就是一个人心理的总"内存"和"计算能力"，包括记忆力、逻辑力、创造力等智力，以及喜欢、厌恶、热爱、依恋等情感。因为消费者的购买行为要调用和消耗心智，所以，心智决定了消费者的行为。因此，品牌定位时，核心的任务是探寻、抢占消费者优异化心智的机遇，以获取行业的竞争优势。[②]成功的品牌定位能使自身品牌在消费者的脑海中"独树一帜"，帮助企业扩大知名度，建立美誉度，提高竞争力。

二、品牌定位创新的内涵

品牌定位并非一劳永逸，而是一个动态发展的历程。品牌定位创新是对品牌进行重新定位，根据不同时期其特定的目标消费者的变化而进行再定位，旨在摆脱困境，使品牌获得新的增长与活力。[③]品牌定位创新不是对原有定位的一概否定，而是企业经过市场锻炼后，对市场的再认识，对原有品

[①][②] 董大海等：《品牌战略：创建世界一流竞争力企业》，人民出版社，2018年7月。
[③] 乔春洋：《品牌应不断定位创新》，《企业文化》，2008年第12期。

牌战略的一次扬弃。因此，品牌定位创新需要在深入细致分析品牌特点与市场需求变化等方面的基础上，恰当地把握时机，实现重新定位的理想目标，确保品牌的优势与稳定消费群体。

当今社会，品牌定位创新的驱动因素来自市场、竞争对手、消费者的变化以及品牌原有定位的缺陷。具体来说，品牌定位创新的原因主要有四个方面。一是企业发展新态势推动定位创新。在企业发展过程中原有定位可能会成为制约因素，阻碍企业开发新的市场，限制品牌价值的进一步增长。二是竞争对手促使品牌创新。如果竞争者的品牌和企业自身的品牌定位相同或相似，且占据一部分市场份额，那么企业就要考虑对品牌定位进行调整。三是消费需求的改变促进品牌定位创新。为了维护消费者的忠诚度，企业有必要根据消费者需求的变化，替换某些不妥当的定位点，或新增一些新的定位点，适时创新品牌。四是时代特色的变化也要求品牌定位创新。不同时代有不同的消费风格和消费习惯，消费风格在很大程度上反映了消费者的倾向和审美趣味。品牌要满足消费者需求，就要重新定位品牌以适应这种消费风格，彰显出时代特色。[1]例如，GE集团从20世纪30年代开始，对品牌定位调整了四次，为了呼应时代旋律，紧随公司战略，品牌定位从最初的"电气让生活更美好"到20世纪60年代的"进步是我们最重要的产品"及20世纪80年代的"生活因我们而美好"。2003年又将品牌重新定位为"梦想启动未来"，将GE创新的行事风格推广到公众，成为GE在新世纪表达自我的新方式。[2]

三、定位创新对品牌价值的作用

品牌定位创新通过实现消费者的功能利益、情感利益、精神利益，让

---

[1] 乔春洋：《品牌应不断定位创新》，《企业文化》，2008年第12期。
[2] 仁达方略管理咨询公司：《央企集团品牌建设之道》，企业管理出版社，2014年9月。

消费者产生有关品牌的认知、偏好，进而转向实际的购买支持行为，使企业获得市场竞争优势，进一步作用于企业品牌价值的增长。

1. 定位创新匹配消费者差异化需求，革新品牌的功能利益

品牌定位的本质是占有消费者心智，只有以满足消费者个性化、差异化需求为出发点的品牌定位才能被消费者牢牢记住。通过品牌定位创新，高露洁实现了"没有蛀牙"，沃尔沃实现了"安全"，苹果手机实现了"智能"的功能利益，获得了消费者的广泛认可和支持。企业对自身品牌的产品或服务重新定位，保持企业品牌产品或服务的差异性和独特性，与潜在消费者心中的需求空白点进行择优匹配，从而与竞争对手区分开，有助于节约消费者差异化选择的时间、金钱和精力成本，并且为自己的品牌塑造令人耳目一新且为之心动的品牌形象，增强品牌竞争力。

2. 定位创新激发消费者情感共鸣，强化品牌的情感利益

品牌定位创新以市场环境、消费风格、时代特征这些变化为基础来更新企业自身品牌，丰富或拓展与时俱进的品牌内涵和个性，展现产品或服务的优势之处，更加贴合新兴时代的消费者心理，激发与受众的情感共鸣，吸引消费者关注和购买，进而对该品牌产生依赖行为，增强品牌认可度和忠诚度。

3. 定位创新更加贴合消费者价值追求，激发品牌的精神利益

企业按照新的观念将品牌进行重新规划和定位，展现自身优势和承诺的核心利益，更新消费者对企业品牌的印象和认知，让消费者明确、清晰地识别并记住品牌的内涵与个性，产生积极的品牌联想，更加贴合消费者的价值追求，彰显消费者个性表达，让企业品牌永葆青春并持续焕发生命力，

进一步提升品牌价值。

案例 5-1

"国潮"定位带动李宁品牌价值增长

自创办以来,李宁公司经历了数次定位之变。2010年,李宁公司将品牌定位调整为"酷""时尚""国际感",希望重塑个性与形象,获得90后一代的青睐,走向国际化。围绕品牌的新定位,发布全新的Logo,将彼时人们耳熟能详的口号"一切皆有可能"改成"Make The Change"(让改变发生)。但由于此次品牌定位的创新只注重了消费者的个性表达利益,未同时满足功能利益和情感利益,因此并未带来品牌资产的增加。

2014年年底,李宁确立了"提供李宁品牌体验价值"的目标,由体育装备提供商转型为"互联网+运动生活体验提供商"。2018年,以"国潮"的新定位推出了系列与中国文化和设计相关的产品,在实现运动产品的功能利益基础上,不仅传递出国家自豪感的情感利益,而且以类似于"中国李宁"这样的个性化表达,成功吸引年轻人群的注意力,使得李宁品牌在国内竞争环境中突出重围,并进一步打开了海外市场。到2019年,李宁品牌已成功升级,提到李宁品牌,消费者更多联想到的是"时尚""潮流"等。

2018年,李宁公司营业收入增长18.45%,净利润增长39%,首次实现营业收入100亿元。[1]2020年,李宁的市值成功突破了800亿港元。在2020年发布的BrandZ最具价值中国品牌100强中,李宁以8.48亿美元的品牌价值排名第99位,这也是李宁继2013年首次上榜后,7年后重新上榜。[2]

---

[1] 搜狐网:《李宁重新崛起,告诉我们品牌创建要避开哪些"坑"》,2019年8月16日。
[2] 新浪财经:《2020年BrandZ具价值中国品牌100强排行榜发布》,2020年10月15日。

四、品牌定位创新,开创品牌价值的新蓝海

1. 以更优异化的定位提升品牌功能价值

消费者所选择的总是那些能给他们带来最大价值的产品和服务,希望产品或服务具有所期望的功能、效果和效益,这就要求企业在竞争中要更好理解消费者的需要和购买过程,挖掘自身产品或服务的优势和差异点,准确传播给潜在消费者,在消费者心中留下深刻印象。

品牌的优势和差异点是指消费者能强烈联想到的、给予积极评价的、竞争性品牌不具备的品牌特质或利益。[1] 很多产品具有多重功效,定位时向消费者传达单一的功能还是多重功能并没有绝对的定论,但由于消费者的心智资源有限,能记住的信息是有限的,往往只对某一强烈诉求容易产生较深的印象。同时,由于企业的资源有限,应把有限的资源集中于产品或服务的某一功效、性能及品质上,形成优势化和差异化的品牌定位,以更突出品牌独特的功能利益,准确将鲜明的品牌信息传达给消费者,使得目标消费者了解、知道、熟悉、认同、喜欢和偏爱本企业品牌,加深消费者对企业品牌的印象。比如在洗护产品系列中,潘婷的定位是"健康亮泽",飘柔是"柔顺",海飞丝是"去头屑",[2] 舒肤佳则强调"有效去除细菌",都获得了目标消费者群体的认可,品牌知名度大幅提升。

最典型的案例是"王老吉"的品牌定位创新。自王泽邦 1828 年创建"王老吉"的 190 多年来,它在消费者心中一直被视作一种中药凉茶,因此消费者把"王老吉"当作药品而不经常饮用,只是在上火时才会购买和饮用,这也束缚了其市场的扩大和品牌的发展。后来,"王老吉"打破原有的定位,

---

[1] 王海忠:《高级品牌管理》,清华大学出版社,2014 年 8 月。
[2] 张世贤、李易洲:《品牌战略管理》,经济管理出版社,2017 年 8 月。

定位于"预防上火的饮料"。通过重新定位,"王老吉"从治疗上火的药品转变为预防上火的饮料,跳出了药品类别,潜在市场进一步扩展。同时,"怕上火,喝王老吉"的新的定位宣传,强化了"降火"的功能利益,避开了与其他竞争对手的过度竞争,使得"王老吉"品牌价值得以增加,稳稳占据"降火饮料"的市场优势地位。[1]

2. 以更感性化的定位提升品牌情感价值

产品同质化越来越严重,独特的销售卖点越来越难寻觅,这个时候需要与消费者建立情感链接,只要品牌的情感诉求被消费者认同,消费者就会忽略产品的同质化,甚至对价格的敏感度也会降低,从而达到创建品牌、提升品牌精神价值的目的。

感性化定位就是寻找品牌与众不同的差异点,将消费者的关怀、牵挂、思念、温暖、怀旧、爱等情感内涵融入品牌,使消费者在购买、使用产品的过程中获得这些情感体验,从而唤起消费者内心深处的认同和共鸣,最终获得对品牌的喜爱和忠诚,使品牌获得万众瞩目的能力,以较低的成本提升销量和品牌资产,进一步实现品牌的情感价值。像哈雷—戴维森(Harley-Davidson)的情感定位于"开阔的道路,个性自由和叛逆",还有浙江纳爱斯的雕牌洗衣粉,借用社会关注资源,在品牌塑造上大打情感牌,其创造的广告宣传片,就是较成功的情感定位策略,"妈妈,我能帮您干活啦"的真情流露引起了消费者内心深处的震颤以及强烈的情感共鸣,自此,纳爱斯雕牌更加深入人心。[2]

试图使用感性化更新品牌定位的企业,首先要充分了解目标消费者可能期望品牌传达什么价值观和情感。在提炼情感价值的时候不能闭门造车,可以通过组织深度访谈、座谈会等方式有效地激发消费者畅谈态度、信仰、

---

[1] 董大海等:《品牌战略:创建世界一流竞争力企业》,人民出版社,2018年7月。
[2] 张世贤、李易洲:《品牌战略管理》,经济管理出版社,2017年8月。

性格、理想、价值观、对产品和品牌的看法、对竞争对手的评价等。在分析归纳整理这些信息的基础上，洞察消费者的内心世界，了解他们的渴望、审美偏好、价值观和未被满足的需求，提炼出品牌可能的情感取向。然后进行筛选，留下适合由本企业的产品类别传达的情感价值。比如钻戒被大家所熟知的是坚贞不渝的象征意义，并形成了以钻戒作为结婚信物的传统，但市面上的珠宝企业多数注重的是钻石的品质或钻戒的款式。而珠宝企业 Darry Ring 将自己的钻戒品牌定位为"一生·唯一·真爱"，男士凭身份证一生仅能定制一枚唯一的戒指，赠予此生唯一挚爱的女子，以示"一生只爱一人"的承诺，赋予了一枚钻戒以情感。[1] "一生""真爱"等理念区别于其他珠宝企业的品牌定位，也更加贴合女性向往"恒久真爱"的情感诉求，提高了消费者对 DR 钻戒的品牌忠诚度和向往度，打造了 DR 品牌的知名度和美誉度。

3. 以个性化的定位提升品牌精神价值

品牌所以区别于产品，是因为品牌有着深刻的内涵，代表了企业的理念、文化、价值观念，通过对品牌内涵和品牌个性的升级，让品牌成为消费者表达个人价值观、审美情趣、自我个性、生活品位、心里期待的一种载体和媒介，[2] 使消费者获得满足的感觉，激发品牌的精神价值，为品牌发展提供更宽之路。品牌内涵可以从文化、个性两个方面进行丰富和升华。[3]

在文化方面，品牌是一种文化的载体，其所选用的符号本身是一种显在文化，它可使人们产生同其文化背景相应的各种联想，从而决定其取舍。充分融入时代特征和企业特色，使企业品牌具有鲜明、独特的文化内涵，可以激发品牌与受众的情感共鸣，增加品牌的认可度和美誉度。

---

[1] 资料来源：Darry Ring 官网。
[2] 张世贤、李易洲：《品牌战略管理》，经济管理出版社，2017 年 8 月。
[3] 代碧波：《基于品牌内涵的品牌定位策略研究》，《商业经济》，2010 年第 3 期。

在个性方面，好的品牌应具有鲜明的个性特征，它不仅在表现形式上能使人们感到独一无二，新颖突出，而且会使人们联想到某种具有鲜明个性特征的人或物。品牌个性的创新，能满足消费者对原有产品或服务等更高价值的追求，形成独特的品牌结构和品牌主张，引起消费者情感的共鸣，以建立品牌偏好和品牌忠诚。

第三节 技术创新——企业品牌价值的新发优势

从"中国制造"到"中国创造"到"中国品牌"，对于中国企业来说，既是挑战也是机遇。在品牌建设中，技术创新促使企业形成独特产品和服务，并进一步提升产品性能和质量、提高产品附加值和美誉度，是形成品牌的根本。

一、技术创新的概念及分类

1. 技术创新的概念

20世纪初，约瑟夫·熊彼特通过对经济学的相关研究，首先提出了"创新"的概念。他指出，创新是对生产要素的重新组合，通过此方式，企业从中获取潜在的利益，进而推动经济向前发展。[1]

美国经济学家曼斯菲尔德认为，一项发明，当它被首次应用时，可以称

---

[1] 高玉碧：《企业科技创新对品牌价值影响机理研究》，硕士学位论文，西安理工大学，2018年。

之为技术创新，技术创新是一种新产品或工艺被首次引进市场或被社会所使用的过程。①弗里曼则认为，技术创新在经济学上的意义只是包括新产品、新过程、新系统和新装备等技术向商业化实现的首次转化。澳大利亚学者唐纳德·瓦茨认为，技术创新是企业对发明或研究成果进行开发并最后通过销售创造利润的过程。②

清华大学的傅家骥教授认为，技术创新是包括科技、组织、商业和金融等一系列活动的综合过程，它表现为企业家抓住市场的潜在盈利机会，以获取商业利益为目标，重新组织生产条件和要素，建立起效能更强、效率更高和费用更低的生产经营系统，从而推出新的产品，新的生产方法，开辟新的市场。③

中共中央、国务院在《关于加强技术创新，发展高科技，实现产业化的决定》中指出，技术创新是指企业应用创新的知识和新技术、新工艺，采用新的生产方式和经营管理模式，提高产品质量，开发生产新的产品，提供新的服务，占据市场并实现市场价值的过程。企业是技术的主体，技术创新是发展高科技、实现产业化的重要前提。2012年，党的十八大提出实施创新驱动发展战略，强调科技创新是提高社会生产力和综合国力的战略支撑。

广义的技术创新概念，是以技术为手段、以实现经济效益为目的的活动，覆盖从研究开发到市场实现的全过程，所发生的一切相关创新行为都可以包含在广义的技术创新中。技术创新具有多要素组合特征，是一个跨越多组织的活动过程，核心是技术与经济的结合。④

---

① ③ 云治：《技术创新视角下的品牌竞争力提升战略》，硕士学位论文，内蒙古大学，2009年。

② 李青、涂剑波：《我国企业技术创新对自主品牌建设的影响研究》，《北京理工大学学报（社会科学版）》，2008年第4期。

④ 刘平均：《品牌价值发展理论》，中国标准出版社，2016年12月。

2. 技术创新的分类

不同企业因其类型、规模、经营方向以及掌控的生产要素资源的不同，采用不同的创新思路、创新方式和创新路径，导致出现不同的创新类型。一般而言，技术创新主要有自主创新、合作创新、模仿创新、虚拟创新、集群创新五种类型。

自主创新是指创新主体以自身的研发为基础，实现研发成果的商品化、产业化和国际化，获取商业利益的创新活动。合作创新是指企业间或企业与科研机构、高等院校之间联合开展创新的做法，一般集中在新兴技术和高技术领域，以合作进行研究开发为主。模仿创新是指创新主体通过学习模仿率先创新者的方法，引进、购买或破译率先创新者的核心技术和技术秘密，并以其为基础进行改进的做法。虚拟创新是指若干成员为共同获得某一市场优势，依靠信息手段以最快捷的速度进行组合，形成没有企业边界、超越空间约束的临时性动态联盟，市场机遇一旦消失即解散的一种创新形式，其实质是企业间的临时联盟。集群创新是沿着技术自身的发展轨道，在一定时间和空间创新技术成群出现，形成在主导技术基础上衍生系列或相关技术的现象。集群创新的基础是技术积累，体现在不断的探索和通过学习获得新的技术知识、生产技能、经验等方面。[①]

二、技术创新对品牌价值的作用

技术创新不仅是一个国家发展的动力和源泉，也是企业内部综合能力中更为深层次的能力，它反映了企业其他各种能力的关键要素，是企业实现集约化发展、可持续发展的核心，也是实现品牌竞争力的根本。

科技进步是品牌创新的催化剂，只有以强大的科技水平为后盾，企业

---

① 刘平均：《品牌价值发展理论》，中国标准出版社，2016年12月。

品牌创新才能顺利完成，品牌价值才能实现增长。创新对品牌价值的影响主要体现在以下三个方面。

1. 技术创新保证产品性能与服务质量，支撑品牌发展

企业通过持续的技术创新活动开发出新产品和服务，不仅能保证企业产品和服务的质量，还能利用新技术、新方式不断升级产品，使产品的质量进一步提升，性能逐步改进，功能持续拓展。而且，企业研发和应用更高水平的核心技术设备和流程，在降低成本的同时还可提高生产效率，[①]使企业产品的市场地位得以加强、企业的经济效益得以提升，从而支撑品牌发展。

2. 技术创新有助于增加消费者的品牌感知能力

持续的技术创新可以不断向市场推出满足消费者日益变化的消费需求的产品或服务，并通过反馈不断改善产品、改进服务，使得产品或服务更加人性化、智能化，更新消费者对企业品牌的感知能力，使消费者长期保持新鲜感，提高消费者的购买意愿，使消费者对其产品或服务产生一种"认同"，进而形成消费者对品牌的依赖和忠诚，增加企业品牌的附加价值，品牌价值也同时得到提升，加速形成知名品牌的无形资产、有形财富。

3. 技术创新有助于企业品牌获得消费者的认同

企业通过充分考虑国家经济发展和人民生活需要的技术创新，创造出符合社会发展潮流和消费者生产生活需要的产品或服务，并依据时代变化加以改进，有助于让消费者发现人生价值和存在意义，满足人民对美好生活的向往。消费者为这样的企业感到自豪和骄傲，从而吸引更多的忠实用

---

① 高玉碧：《企业科技创新对品牌价值影响机理研究》，硕士学位论文，西安理工大学，2018年。

户去追随和认可企业的品牌，进一步增加企业的品牌价值。

三、技术创新，构建品牌价值增长的新发优势

1. 以更高水平的技术创新提升品牌功能价值

企业品牌影响力的扩大，离不开其产品或服务的市场竞争力，技术创新是产品或服务获得竞争力主要方式之一。消费者对于产品或服务的功效、性能需求，是产品价值中基础的功能价值。产品和服务的不断改进和完善主要依靠企业自身技术创新水平的提高。品牌的影响力和科技力量的支撑，使得企业能够不断研发出新的产品和服务或是创新产品和服务的功效、性能，满足更日新月异、更多消费者的需求，进而不断地提升其品牌价值。

提升企业自身自主创新水平，形成具有自主知识产权的核心技术和关键技术，促进产品和服务更新换代，可培育新的品牌增长点。一方面，应加大技术创新资金的投入。企业作为技术创新的主体，应通过资金投入，进行自主研发或者引进先进技术，创新出独特产品和服务，确保企业处于技术领先的优势地位，实现技术向生产力的转换，提高产品的市场价值，给企业带来经济利益的同时，提高企业品牌的价值。另一方面，应加强科技人才团队的培养。企业进行科技创新的前提条件是拥有大量高素质的人才，特别是具有不断创新能力的高科技人才。企业要用良好的机制、政策、环境吸引、集聚创新型人才，建设属于自己的科技创新人才团队，以便更好地致力于科技创新，建设自主品牌。

案例 5-2

研发黑科技产品，形成戴森效应

提到戴森这个品牌，国内消费者最为熟悉的产品可能就是吸尘器和吹风机，以及拥有其他黑科技的生活用品。作为一家以吸尘器起家的英国科技公司，戴森从1993年成立以来，就一直不断地在家电领域进行研发和探索，并长期进行固态电池、高速数码马达、视觉系统、机器学习及人工智能（AI）等技术的创新。历经27年发展，如今戴森的全球专利及待定专利数已多达10551项，全球员工超1.6万人，其中工程师与科学家达6000多名，研发投入占比已经达到利润的40%。①

从率先在吸尘器使用气旋分离技术，研发出全球第一台无尘袋气旋式吸尘器"G-Force"，到应用气流技术的戴森风扇、吹风机、卷发棒和空气净化器等产品，不仅都在业内掀起一波技术浪潮，而且形成了自身的品牌效应，获得了一批品牌的追随者。例如，在2018年，戴森推出了一款"神奇"的卷发棒，这款卷发棒不仅能够自动卷住头发，还有气流帮你一边吹干、一边定型，对头发的伤害大幅减少，充分满足了多数女性消费者对美发的需求。因此，拥有如此黑科技的卷发棒，在全球发售当天就被抢购一空，消费者以行动证明了戴森品牌的号召力。戴森的每一款行业开创性产品的背后，不仅是对用户健康需求的用心和思考，更有着数千名工程师及专家对创新技术的持续打磨、研发和探索。就是依靠这些不同于其他品牌的技术，戴森公司2018年利润达到11亿英镑（约合人民币96.5亿元），营业额比上一年同期增长28%，至44亿英镑。②

---

① 微信公众号文章：《探访戴森背后的黑科技！创新性无叶风扇和吹风机，花式玩转气流技术》，2020年10月21日。

② 知乎：《戴森产品这么贵 为什么还会有这么多人买单？》，2020年7月18日。

2. 以更具温度的技术创新提升品牌情感价值

随着科技创新技术的日新月异以及"信息时代"的全面到来，满足人们在吃、穿、住、行等方面基本物质需求已经不再是主要问题，各种各样个性化的知识信息需求、精神情感需求逐渐形成新时期的消费风格和消费习惯。消费者不仅仅追求产品和服务的质量及性能，对产品和服务的使用体验和个性化特征也提出了更高的要求，因此企业要想在激烈的市场竞争中获得竞争优势，提升品牌知名度和美誉度，就必须不断地适应市场和消费者的情感需求，实现产品和服务创新中的个性化、人性化、智能化设计。如多媒体技术满足了人们多维感官立体互动、把抽象的理论用形象化的艺术融合为一体的要求，虚拟技术满足了人们通过新的实践形式指向未来、主动探索的要求。

人性化的技术创新追求个性化与大众化、商业目标和社会使命之间的平衡，将科学技术注入感知能力和情感，充分考虑人的需求及个性化差异以及弱势群体的利益。企业通过创新研发出人性化、智能化的产品与服务，使消费者在使用的过程中更加便捷和舒适，感受到企业的"温情"，获得良好的产品使用和服务体验满意度，同时也能感受到产品和服务在研发过程中对于人性的尊重和关怀，进而提升对于产品或服务和企业的认同感，进一步实现企业品牌的情感价值，提高企业品牌效益和企业综合竞争力。

3. 以满足美好生活向往的技术创新提升品牌精神价值

科学技术既是人类社会发展的产物，也是推动人类社会发展的决定性力量，促进国家繁荣富强、人民生活美好，离不开技术创新的支撑。因此，企业需要扩展创新的格局，技术创新不应该只满足于自身经济效益的提高，更应该通过持续的技术创新，生产和提供满足国家经济社会发展和消费者高品质生活的产品和服务，让消费者从中体会到生活的意义和人生的价值，对企业品牌感到更深层次的认同,进而提高企业品牌的吸引力,增加企业的品牌价值。

一方面,企业要推动以满足社会需求为导向的技术创新。企业作为服务社会经济发展和保障人民美好生活的一分子,要在创新成果的研发中关注社会需求,贡献社会经济问题的解决,进而促进社会的进步、和谐和文明;另一方面,企业应将满足国家需求和人民需求放在技术创新的首位,要在技术创新中符合国家的核心利益和重大需求,为人民生命健康服务,不断提高人民的获得感,做国家强大和人民幸福的助力者。由此,企业只有通过更具服务力的技术创新满足更广范围消费者对美好生活的向往,才能更有效地促进企业品牌精神价值的实现,为自身创建和经营品牌营造良好的环境,实现品牌价值的提升。

案例 5-3

人民需要什么,五菱就造什么 [①]

2002年11月18日正式挂牌成立的上汽通用五菱汽车股份有限公司,是由上海汽车集团股份有限公司、美国通用汽车公司、广西汽车集团有限公司(原柳州五菱汽车有限责任公司)三方共同组建的大型中外合资汽车公司,其前身可以追溯到1958年成立的柳州动力机械厂。

2020年年初,抗击新冠肺炎疫情成为全世界人民的共同战役。面对突如其来的疫情及防疫物资短缺困难的现实情况,上汽通用五菱提出"人民需要什么,五菱就造什么"的理念,不仅自主生产口罩,而且积极运用自身的创新优势,研发无人物流车、智能移动测温车等防疫黑科技,以令人惊叹的"五菱速度"为疫情防控和保障人民身体健康提供了有力支撑。

此外,上汽通用五菱始终紧跟时代的发展,用持续的产品创新,研发了多款人民需要的产品。秉承"人民需要什么,五菱就造什么"的初心,

---

[①] 五菱微信公众号:《民族品牌典范!五菱获国家级表彰!》,2020年9月8日。

上海通用五菱推出了针对地摊经济所需要的"移动商铺"车辆——五菱荣光售货车。该产品具备车身轻量化、车厢电动化、场景多样化的突出优势,将有力促进地摊经济焕发生机。同时,为积极响应用户出行代步需求,上海通用五菱研发生产了定位为"人民代步车"的宏光MINI EV。面对城市交通日渐拥堵、出行成本居高不下的难题,小巧灵动、兼具便利性及实用性的宏光MINI EV解决了用户城市出行代步的最大难点,[①]体现了五菱为满足人民对于更美好生活的向往以及服务国家经济复苏的巨大贡献。

面向国家和人民需求的技术创新,使得五菱这个民族汽车品牌为更多的消费者所认可,品牌资产进一步增加。根据J.D.Power发布的2020年首期《中国汽车保值率研究报告》,上汽通用五菱以52.9%的高保值率排名自主品牌车企第一。此外,五菱汽车在2020年8月发布的汽车之家CBBV(Customer-Based Brand Value,基于客户的品牌价值)品牌矩阵中,位列民族汽车品牌认知度第一。

第四节　形象创新——焕新品牌价值

一、品牌形象创新内涵

品牌形象是指企业或其某个品牌在市场上、社会公众心中所表现出的个性特征,它体现公众特别是消费者对品牌的评价与认知。品牌形象与品牌不可分割,形象是品牌表现出来的特征,反映了品牌的实力与本质。品牌形象是一个综合性的概念,是营销活动渴望建立的,受形象感知主体主

---

① 五菱官网:《人民的代步车:宏光MINI EV陆续火热下线,开启新能源出行代步新时代》。

观感受、感知方式等影响，而在心理上形成的一个联想性的集合体，品牌形象是一种重要的资产，也应具有独特个性。

大卫·奥格威总结其在广告业实践的经验后，提出了品牌形象论，他认为在产品功能利益点差异越来越小的情况下，消费者的购买行为更多地受到心理的影响，看重的是在使用这个产品的过程中，可以获得的情感上的满足，而形象化的品牌就可带来品牌的心理利益。在营销领域解释心理价值的概念是让渡价值，让渡价值是消费者感知价值和成本的差，是消费者对产品的实际利益和心理利益的总和。由此可以推知，品牌形象论就是使消费者实现让渡价值最大化的理论。品牌能够建立一个风格，类似于人的个性。这个风格与消费者之间价值观相吻合从而影响消费行为，体现在市场上就是企业的品牌形象，因此，形象可以理解为个性。后来，奥格威对这一理论进行了补充解释，他认为产品品质化程度越高，消费者在选择品牌时，就会越少运用理性思考。许多产品彼此之间缺乏明显的实质差异，甚至连基本功能都没有什么特别的差异。厂商只有刻意制造差异，致力于品牌风格，建立最有利的形象，塑造最清晰的个性，才能获取核心竞争力。

良好的品牌形象是企业在市场竞争中的有力武器，对于企业能否吸引到消费者有着至关重要的作用。品牌形象内容主要由两方面构成，一方面是有形的内容，另一方面是无形的内容。品牌形象的有形内容又称为"品牌的功能性"，即与品牌产品或服务相联系的特征。从销售和用户的角度来讲，"品牌的功能性"就是品牌产品或服务能满足其功能性需求的能力。品牌形象的这一有形内容是最基本的，是生成其形象的基础。品牌形象的有形内容把产品或服务提供给消费者的功能性满足与品牌形象紧紧联系起来，使人们一接触品牌，便可以马上将其功能性特征与品牌形象有机结合起来，形成感性的认识。品牌形象的无形内容主要指品牌的独特魅力，是营销者赋予品牌的，并为消费者所感知、所接受的个性特征。随着社会经济的发展，商品丰富，人们的消费水平、消费需求不断提高，对商品的要求不仅包括了商品本身的功能等有形表现，也逐渐地把要求转向商品带来的无形感受、精神寄托等。在这里品牌形象的无形内容主要反映了人们的情感，显示了人们的身份、地位、心理等个性化特征。[1]

品牌形象就像人的脸，必要的脸部生动化，可以使品牌充满新意和活力。品牌形象必须具有相对的一致性，这是品牌经营和品牌资产积累的内在要求。但是，企业经营所面临的外部环境每时每刻都在发生着急剧的变化，品牌形象必须对外部环境的变化做出积极的回应。当品牌形象无法反映外部环境的变化时，就必须进行变革与创新。品牌形象创新是指对品牌形象所包含内涵和外延的创新，它是品牌创新中对消费者最直接的影响部分。综观世界各著名品牌，无一例外地都在不断地进行着品牌的形象创新，以确保自身的领导地位和消费者的品牌忠诚度。在产品、价格乃至广告同质化趋势加剧的今天，单凭产品的独立优势赢得竞争已非常困难，必须通过持续的品牌形象创新，才能产生差异化的竞争优势。

二、为品牌"正名"，为价值证明（品牌名称创新）

品牌的名字就好像人的名字，是品牌最直接最原始的符号，对品牌的影响终其始终。[2]品牌名称不仅是一个代号，它有象征意义，更蕴含了企业对自身发展的美好期盼。具有广泛影响力的品牌命名能极大提升产品乃至企业知名度，充满文化内涵的品牌命名能增强公众的认同感，提升品牌宣传力。

虽然品牌名称相较于其他元素不容易进行改变，但是，如果品牌最初命名时考虑不周，或由于市场发生变化，企业经营战略和品牌战略发生转变，发现品牌名称已不能很好诠释品牌的内涵，那么就有必要进行更新。

---

[1][2] 张世贤、李易洲：《品牌战略管理》，经济管理出版社，2017年1月。

1. 以更清晰的名称提升品牌功能价值

品牌更名，一是要指向性强。品牌命名并非简单的贴标签，而是运用词语的感染力召唤客户行动，召唤品牌价值。"赶集好车"更名为"瓜子二手车直卖网"，自此瓜子二手车的名号深入人心，既保证母品牌赶集网的品牌浓度，也体现出了自身的专业性，体现了较强的指向性。

一个负面的例子是丰田对其在中国的品牌和产品进行了全线更名，凌志改为雷克萨斯，陆地巡洋舰改为兰德酷路泽，霸道改为普拉多，佳美改为凯美瑞。召唤，是词语的能动性。它能将品牌的价值召唤出来，如陆地巡洋舰能将其价值召唤出来，兰德酷路泽不能。

品牌更名，二是要降低成本。品牌更名应当有利于降低传达成本、传播成本、营销成本，从而降低用户的发现成本、使用成本。如阿里巴巴，不仅暗示着有文化资产，而且是叠音韵律节奏，有更强的表现力和传播效率。阿里巴巴的命名，嫁接了人类文化的巨大财富，"一千零一夜""阿里巴巴""芝麻开门"传达了企业的价值——让天下没有难做的生意，打开财富之门。[①]

2. 以更亲近的名称提升品牌情感价值

品牌名称创新应该遵循"好读、好记、好听、好意义、好传播"的五好原则。品牌名称要符合简洁、上口、易记、符合风俗习惯等要求，体现企业最新的战略和时代的特色，以反映品牌已经革新的形象，进而提升品牌的知名度和培养品牌的美誉度。如可口可乐的饮料产品"sprite"，英文原意是幽灵、鬼怪的意思，而可口可乐公司考虑到"幽灵鬼怪"在中国有很大争议，很多中国人反感这个名字，于是创新将其翻译为"雪碧"，给人以清凉、纯净、透明的感觉。[②]金利来最早进入的是香港市场，当时他们的中文名字是用英

[①][②] 华杉、华楠：《超级符号就是超级创意》，江苏凤凰文艺出版社，2019年12月。

文直译的（Gold Lion）金狮。金狮的"狮"和粤语"输"音相似，所以很不吉利，改名为"金利来"后大获成功。

3. 以更具内涵的名称提升品牌精神价值

品牌名称要适应时代经济生活的明快节奏，提高响亮度。如龙头名酒品牌取"白兰地"，给人以自然纯净、春花飘香之感，高雅而庄重，浪漫又温馨；字词简练，声韵有序，朗朗上口。早前，很多国外进口的品牌都是港台翻译过来，奔驰刚刚进入中国，被音译成"本茨"或"平治"，甚至一些地方念成了"笨死"，销量一直不好。后改为"奔驰"之名，给人一种欢快之感、宽广之情，让人联想到骏马腾起，所向披靡，决胜千里。同样，宝马刚开始也被称作"巴依尔"，给人一种内蒙古草原的感觉，后选用辛弃疾"宝马雕车香满路"的意境，豪车的气质就回来了。

三、勾画新标识，获得新价值（品牌标识创新）

品牌标识（Logo）作为品牌的重要组成部分，包含符号、图案或明显的色彩和字体，与品牌的易辨性、易记性息息相关，是企业的形象浓缩和外在视觉代表，也是企业核心竞争力的间接传达。

1. 以更易识别的标识提升品牌功能价值

标识的本质是降低成本，即降低品牌识别、记忆和传播的成本。若经过一段时间的使用，发现品牌标识未能达到简洁醒目、留存消费者记忆中这种程度或者无法跟上时代的要求、未能体现企业的经营理念，则需要及时予以更新。那么，如何创造一个低成本、高效率的标识，让标识回归本质、发挥价值？这其中有一个标准，那就是要"一目了然"。

2. 以更具活力的标志提升品牌情感价值

要想让品牌更具魅力，就必须寻求品牌标识新的发展和突破，提高品牌的适应性，为品牌标识融入更多情感元素，使品牌永葆青春和活力。作为全球领先的支付公司，万事达对万事达信用卡（MasterCard）Logo进行创新，保留了其标志性的圆环图案和色彩，主要在文字的字体和排版上下功夫，简化了老文字样式，修饰并更换了新字体，使Logo更具现代感和简洁之美。更重要的是，更加简洁清晰的设计，体现了Logo在更多电子设备中应用的优势。[①]

3. 以更独特的标识提升品牌精神价值

优秀的标识，应该针对重大政策、重大活动、特殊事件、特殊日期，以视频、平面、动画、游戏等形式对品牌标识进行再创作，抓国际热点、发时代强音，传递品牌深层次价值。

案例5-4

负责的品牌表达

疫情期间，为了呼吁人们保持社交距离，以麦当劳和可口可乐为首的一众品牌，调整各自的品牌Logo，金拱门的M变成了分开的两个"n"，可口可乐的户外广告每个字母都保持距离，大众、奥迪也将它们的Logo拉开了距离。

这种充满温情的幽默化表达，传递的是倡导公众保持距离、更好地预防新型冠状病毒传播的负责任态度，瞬间获得了受众好感。毕竟，大家都被迫宅在家里好几个月，正愁没有打发时间的途径，而这种著名品牌的Logo

---

① 搜狐网：《当我们考量Logo的优化升级时，我们在思考什么？》，2017年6月29日。

分离宛如一场趣味游戏，让大家有了亲身参与的机会，极大地拉近了品牌受众和品牌之间的距离。这种拿自己"开涮"的品牌Logo创意行动，能让利益相关方感知品牌的平易近人，而选择与当下疫情防控需求贴近的主题，更能引起利益相关方的情感共鸣。当然更重要的是，这种形式是"我关心你的健康"的具象化表达，巧妙地表达了企业在特殊时期依然不变的社会关切，因而赢得了受众的广泛认同和好感。①

四、包装焕新升级，价值再升级（品牌包装创新）

包装是产品的外部表现形态，也是消费者与品牌进行沟通的媒介，是品牌"无声的推销员"，被称为营销的第五个P（前四个P分别为价格、产品、地点和促销）。② 简单地说，包装就是充分利用技术，以一种或多种物质材料将另一种物质或产品包起来的形式。包装设计通常包含四个要素：包装材料的设计、包装结构的设计、包装造型的设计以及包装装潢的设计。

随着现代社会价值观念的多元化和审美要求的提高，包装也成为传递品牌信息的一种媒介，影响消费者的认知和选择。

包装更新是赋予品牌新形象的最直观手段。包装创新应当遵循的原则是：表现品牌时代感，体贴消费者需求，配合产品更新，传达品牌新主张等。③

1. 以更适用的包装提升品牌功能价值

要使产品包装获得成功，一是要实用。包装最基本的作用就是保护商品，

---

① 林波：《疫情下品牌的可持续发展路径》，《可持续发展经济导刊》，2020年第7期。
② 菲利普·科特勒：《营销管理（第14版）》，王永贵译，中国人民大学出版社，2012年4月。
③ 张亚萍、张树庭：《品牌传播管理第二版》，经济管理出版社，2014年6月。

避免商品在储存、运输过程中受到损坏、污染。通过创新品牌包装，可提供更实用的功能价值。如百草味品牌"每日坚果"系列采用创新"鲜锁"（Fresh Lock）包装方法，解决坚果与水果干如何在混合包装中保持坚果新鲜和松脆的问题。这项创新包装采用热封条，分为两个不同的部分，将干燥和潮湿的成分分开。与传统的混合坚果包装相比，这种干湿分离的包装方式更能保持新鲜度和口感。它可防止坚果吸收水果干中的水分，影响口感。此外，这款包装也易于撕开，使消费者在食用前，可以轻松拆封包装以及混合分开的坚果和水果干。

二是要简约。切勿包装过度，耗用材料过多、分量过重、内部容积过大、体积过大、装潢过于奢华、成本过高等。大大超过保护、美化商品的要求，不仅给用户造成一种品牌名不副实的感觉，而且也增加了受众在实际购买中的负担和消费成本。

案例 5-5

包装小更新里的大文章

番茄酱是日本人最爱吃的一种调料，然而市场竞争也非常激烈。可果美与森永两家公司可谓众多经营者中的佼佼者，不过尽管森永比可果美在质量、包装、价格上都不逊色，广告宣传甚至比可果美还投入的多，但是长期以来，可果美的销售量是森永的两倍。森永的老板百思不得其解，于是发动公司员工出谋献策。有一个推销员提出：将番茄酱包装瓶的口改大，大到足以把汤匙伸进去掏。老板觉得这一建议很有道理。森永过去的番茄酱瓶与其他公司一样，使用类似啤酒瓶形状的包装瓶，由于瓶口太小，消费者使用时得将瓶子倒过来用力摇，番茄酱才能慢慢流出来，使用起来很不方便。于是，森永的老板立刻采纳了这条建议并投入生产，结果非常成功，森永番茄酱的销售量直线上升，没过半年时间就超过了可果美，一年后它占有了日本大部分市场。[1]

2. 以更亲近的包装提升品牌情感利益

产品包装的诀窍，一是要更美观。包装设计要外形新颖，色彩明快，具有装饰性和观赏性，使顾客看后有美的感受。要善于通过创新包装设计中的色彩、形象、文字、材料等传递产品的质感、功能、档次，并综合作用于消费者的视觉、触觉，乃至嗅觉等多种感官，吸引消费者的注意。如厨邦酱油的包装设计，一个绿格子的整体包装，在货架上创造了鹤立鸡群的优势。

二是要更温情。要善于以富有温情的包装设计表达品牌的温度，如斯利安把包装的版式由原来的横版变成竖版，放大了"孕妇小红人"在包装上的陈列面积，根据"空白配色最显红色"原则，把包装的颜色由原来的渐变粉变成白色，既增强了包装的专业感和提升了美感度，又更显温暖。

3. 以更可持续的包装提升品牌精神价值

对企业来说，包装除了满足产品体验或市场竞争的需求以外，其所具有的文化特性与社会属性可以使品牌与社会资源链接并成为延伸价值的重要路径，同时可以帮助企业与社会建立品牌价值共识，在推动商业文明发展中发挥主导性作用。企业应高度关注和充分发挥可持续包装在品牌创新中的社会价值。通过包装表达产品价值和品牌诉求，企业不能仅回应环境问题，还应考虑到消费者所关注的诸多社会问题，如贫困、性别平等、教育公平、动物保护等，这些更能拉近与消费者的距离，为产品建立可持续品牌共鸣创造更好的条件。为此，企业首先要做的是运用自身力所能及的资源，通过推出创新的可持续包装解决方案，针对当前迫切需要解决的社会问题向

---

[1] 全球品牌网：《品牌形象更新——让青春永驻》，2019年4月14日。

消费者及社会公众表明负责任的态度并做出承诺。同时,号召消费人群参与到可持续消费中来,借此构建有利于可持续品牌发展的社会环境。[①]

案例 5-6

可持续包装在品牌创新中的价值

当前一些更具前瞻性的企业已开始将可持续包装视为品牌创新的机会,并将其推向市场最前端和消费者面前,抢先发出可持续品牌的声音。比如一家美国婴幼儿公司,与国际爱护动物基金会(IFAW)建立合作,包装采用了100%可回收材料,并在包装上以动物拟人化的故事形式,将动物的美丽及其处于危机中的栖息地情况展现在孩子们面前,有效激发了孩子们保护动物的意识;肯德基在欧洲推出了一款以威化饼为材料且可食用的咖啡杯,不仅激发了顾客们的好奇心,还向社会用行动表明改善包装污染问题的承诺。

五、唱响新口号,畅想新价值(品牌口号创新)

品牌口号(Brand Slogan)是用来传递有关品牌的描述性或说服性信息的短语,常出现在广告中,有一些品牌也会将口号放在包装上。品牌口号对一个品牌而言起着非常重要的作用,如品牌口号可以宣传品牌精神、反映品牌定位、丰富品牌联想、清晰品牌名称和标识等。品牌口号是品牌在市场行销时的主张、承诺,可以克服零乱的信息,向消费者展示品牌在情感及功能方面的利益点。品牌口号也应把握时代脉搏,结合经济社会发展和企业定位创新持续优化,赢得消费者的共鸣。

[①] 搜狐网:《为了在商品中脱颖而出,很多企业纷纷这样做……|包装链接可持续未来》,2020年9月29日。

1. 以更清晰的口号提升品牌功能价值

在产品日益趋于同质化的今天,要想让消费者认可,使自己在行业中出类拔萃,那么,口号的创新,就一定要降低用户发现成本、记忆成本、购买决策成本,特别是要形成冲动,如"人头马一开,好事自然来"创造了使用体验。

2. 以更温情的口号提升品牌情感利益

品牌口号创新要突出品牌给消费者带来的情感利益,具有较强的情感色彩、赞誉性和感召力,目的是刺激消费者。如西贝莜面村把"我爱你——I love you"嫁接为"I love 莜!",服务员在客户进门时齐喊"I love 莜,西贝欢迎您"让顾客备感亲切。

案例 5-7

百年可口可乐的年轻口号

可口可乐之所以历经百年沧桑,却仍旧吸引年轻人,是因为其拥有活力、激情的品牌个性,而其中品牌口号的不断创新更使可口可乐青春永驻,活力四射!

一百多年来,可口可乐留下了无数经典的品牌口号[①]:

1886 年请喝可口可乐。

1904 年新鲜和美味满意——就是可口可乐。

1907 年可口可乐——带来精力,使你充满活力。

1911 年尽享一杯流动的欢笑。

1935 年可口可乐——带来朋友相聚的瞬间。

---

① 全球品牌网:《品牌形象更新——让青春永驻》,2019 年 4 月 14 日。

1945年充满友谊的生活 幸福的象征。

1955年就像阳光一样带来振奋。

1964年可口可乐给你虎虎生气，特别的活力。

1972年可口可乐——伴随美好时光。

1980年一杯可乐，一个微笑。

1989年挡不住的感觉。

1993年永远是可口可乐。

2003年抓住这感觉。

2004年要爽由自己。

2009年畅爽开怀。

2016年品味感觉。

3. 以更有情怀的口号提升品牌精神利益

提炼和形成负责任的理念口号，更具家国情怀，更能传达企业对经济社会发展的关注、对解决社会问题的思考。例如，中国五矿的"珍惜有限，创造无限"，中粮集团的"忠于国计，良于民生"，国家电网的"你用电，我用心"，中国石化的"每一滴油都是承诺，为美好生活加油"，南方电网的"万家灯火，南网情深"。

品牌价值可持续增长的核心——用户需求

第六章

第六章 品牌价值可持续增长的核心——用户需求

在广义上，品牌价值是综合反映企业创新能力、运营能力、竞争优势、市场地位、财务业绩、社会责任的综合指标。在狭义上，品牌价值可以从财务和用户两个角度来定义。从财务角度上看，品牌价值是品牌未来在市场上带来收益的折现值。从用户角度看，品牌价值是指品牌在用户心目中的综合形象，代表着品牌能够为用户带来的价值。

如何实现品牌的价值增值呢？那就需要不断满足用户的需求。

第一节 满足用户需求是提升品牌价值的核心

人们常常会把"用户的痛点""用户的需求""用户的想法""用户的问题""自己的想法""自己的假设""自己的需求""产品的需求""用户的解决方案""产品的解决方案"等各种说法混为一谈。什么是用户的需求[①]？我们可以先将用户的需求定义为：通过对目标用户群体的行为进行观察，或者深度访问，得出目标用户的群体特征以及与之相关的用户场景。这种目标用户群体特征和用户场景背后产生的最底层的原因就是真正的用户需求。

举个例子说明什么是用户需求。婴儿爱哭这件事情，很让人头疼，尤其是夜晚哭闹，定是要闹得全家都不得安宁的。但是，止哭药是需求吗？如果有卖止哭药的，用户可能会买。但是请注意，止哭，这只是用户要的一个结果，而不是需求。假设婴儿是目标用户，那么哭就是用户行为，我们通过这个用户行为看到，他可能存在的三种需求，分别是：要吃了，要拉了，要抱了。

---

① 人人都是产品经理：《深度解析：用户需求的底层逻辑》，2018年12月3日。

这三种需求又分别不一样，吃和拉是生理需求，是刚需、不可改变的，他如果没有吃饱拉完是不会止哭的。而抱抱则不同，抱抱不是刚需，但却可以转化成刚需，要抱抱是一个表层的迷惑需求，转化成真正的需求是安全感。因此除了抱抱，模仿婴儿在羊水里的状态同样也能产生安全感，从而达到止哭的结果。摇篮、摇椅车等产品便是满足婴儿安全感这个需求的。当用户有了某种需求，并且这种需求可以通过购买某种商品来得到满足时，品牌与用户之间就有了相关性。

消费者从购买产品到消费产品有一个完整的心理周期，即从需要产生、心里紧张、动机产生、购买行为、使用产品、满足需要到新需要产生的一个循环过程。一切购买行为或者购买决策产生最初都是因为需要。

需要就是因为生理或心理上的缺失而引起紧张，为了减少这种不舒适的紧张状态的一种反映。需要产生有两个条件：存在刺激物和个体对缺失状态的认知。刺激物表示触动受众心弦，符合其生理需求或心理需求的产品或产品的某一方面，这方面可以是外观、颜色，也可以是满足受众好奇、地位感的某情感需求，也可以是先进技术或牢固的质量。而一旦受众发现自己的某项价值需求和自己现有情况不相符合时，就会产生对缺失状态的认知，即意识到刺激物所带来的缺失感，需要也由此产生了。可以看到，品牌或者品牌的载体（产品），各个要素都可以成为消费过程中的刺激物而使受众产生需要。NIKE以美观时尚的产品外观和舒适的使用状态作为生理刺激物，又通过聘请当红体育明星为形象代言人来强调运动活力的品牌形象作为心理刺激物使受众感到购买使用NIKE的产品就像一个前卫时尚的体育明星一样。既然产品或品牌形象各要素都可以成为刺激物，那它就可以在消费行为和品牌之间建立联系。

需求是客观的，需要是主观的。根据心理契约理论，企业与品牌系统成员间存在着心理契约，品牌价值的形成需要契约双方对相互的责任有所知觉。品牌是通过不断地理解和满足价值需求来与用户保持沟通的。对于用户而言,只有当心理预期得到满足,对品牌的满意度才会持续提升,也才会对品牌价值提升起到促进作用。①

东京理工大学教授狩野纪昭(Noriaki Kano)② 发明了一种用于对用户需求分类和优先排序的有用工具——Kano 模型,模型分析用户需求对用户满意的影响为基础、体现用户需求满足程度和用户满意之间非线性关系。Kano 模型中,根据不同需求与用户满意度之间的关系,将用户的需求分为五类。Kano 二维属性模型如图 6-1 所示。

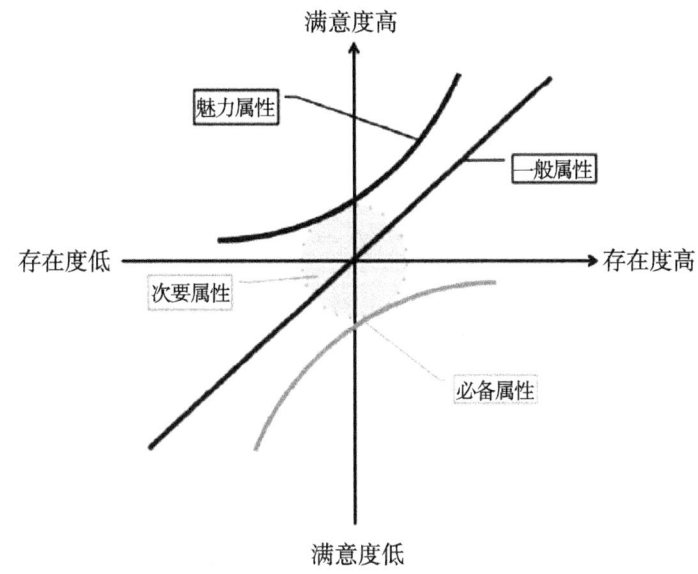

图 6-1　Kano 二维属性模型

一是基本型需求:产品功能必须满足的用户需求。当该需求满足不充分时,用户很不满意;当该需求充分时,对用户满意度没有多少影响,用户充其量是满意。例如,网络社交产品的加友功能、音乐产品的听歌功能。

---

① 王秋红:《基于利益相关方视角的品牌价值决定研究》,经济科学出版社,2016 年 12 月。
② 搜狐网:《用户需求分析常用的三个理论》,2019 年 8 月 25 日。

二是期望型需求：用户满意度随着此类需求的满足程度而线性提升或下降。当此类型需求越得到满足则用户满意度越高，反之则用户满意度越低。例如，音乐类产品的歌曲越多越好。

三是兴奋型需求：是一种完全出乎用户意料的属性或功能。如果提供此因素，用户会感觉惊喜，满意度大幅提升，但如果不提供此需求，用户满意度也不会随之降低。

四是无差异型需求：这类需求无论满足与否，用户满意度都不会受其影响，用户对此因素并不在意。例如，产品的简介。

五是反向型需求：用户没有此需求，提供后满意度适得其反。例如，产品付费功能。

Kano模型对用户的不同需求进行区分处理，可以帮助企业了解用户不同层次的需求，是识别用户需求、设计产品功能至关重要的切入点。使用Kano模型，通过对用户的深度了解和对产品的主动把控，可全面提升产品的用户体验，从而提高品牌价值。

品牌的竞争关键是品牌核心价值的竞争，它是品牌存在的目的与意义，品牌能向消费者提供什么样的价值，在精神上和观念上得到消费者的认同与拥护，是消费者对品牌的核心需求，也是消费者忠诚于品牌的根本理由。

认知品牌核心价值必须要站在消费者的立场来确定，一定要细致入微地洞悉消费者的内心世界，了解他们的价值观、审美观、喜好、渴望和未满足的需求等。当一个品牌核心价值能够贴近消费者的内心需求，体现出对消费者的细致关怀时，它就一定能拨动消费者心弦，让他们心灵受到感染、震撼，从而获得消费者的认同、喜爱和忠诚。

第二节 强化品牌，满足用户的多样化需求

品牌是一个与客户和品牌拥有者（企业）都相关的价值实体（或）名称。如果没有人愿意购买这个品牌，这个名称就没有太多的市场，这样的品牌也就无法给企业或者客户提供任何价值。用户的需求是客观存在的，我们需要了解到用户可能存在的需求类型，决定产品能否实现助力企业的品牌价值的关键，则是产品能否诱发用户满足需求的动机。需求是动机的根源，动机是造成行为的原因，企业在设计产品时需要准确地把握用户的动机。真正的用户需求分析，是需要挖掘用户产生这个愿望时，其心里是什么在驱动着用户。围绕着用户背后的需求来做产品做内容做服务，就能有机会为企业品牌创造更大的价值。

品牌价值是品牌利益相关方在品牌系统演化过程中价值共创的结果，在其价值形成过程中利益相关方发挥着决定性作用。用户作为品牌价值形成过程中的核心利益相关方，其心理预期满足程度对品牌价值的形成起着举足轻重的作用。用户对品牌的期望不仅可以提高品牌价值，同时可以让公司获得更多经济和社会效益。而良好的品牌期望又会推动品牌价值的提升，形成一种良性循环，并带来品牌资产的整体提升。[①]

客户需求和竞争的市场是不断变化的，如何提升品牌价值？公司在提升策略中，一般通过营销行为来持续强化品牌的形象，提高品牌的利益。

[①] 王秋红：《基于利益相关方视角的品牌价值决定研究》，经济科学出版社，2016年12月。

品牌价值也是品牌在用户心目中的综合形象,不同品牌利益的实现也形成了不同的品牌形象。结合美国学者 C. W. 帕克的《品牌崇拜:打造受人爱戴的商业帝国》一书中的理论,本书总结出了满足不同需求条件下,不同的品牌类型图。图 6-2 是功能需求、情感需求和精神需求得到不同程度的满足,所形成的八种品牌类型。

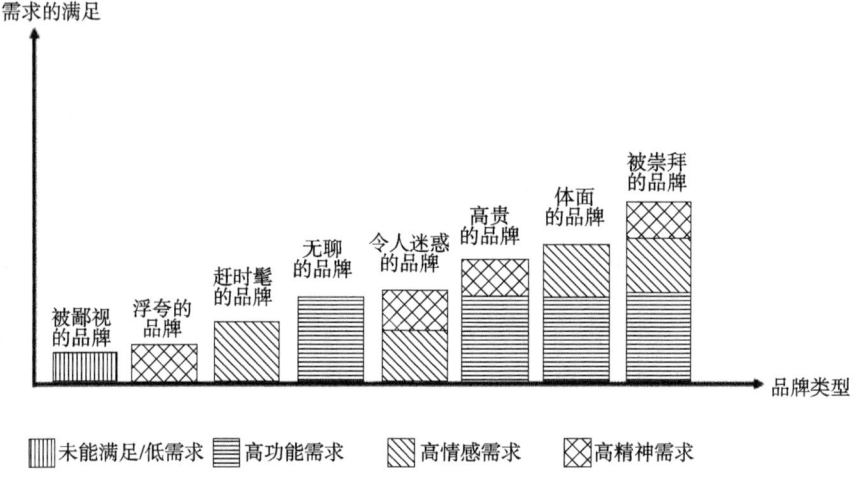

图 6-2 用户需求与品牌类型关系

首先,公司可以通过改善或增加一个或多个重要的利益对用户进行功能、情感、精神价值的赋予,从而操控品牌利益。或者,公司还可以删除一些客户认为不重要以及与强化品牌不相关的利益。①

其次,公司可以改变一个或者多个利益的重要性权重。公司可以增加某个品牌表现强劲的利益的权重,也可以降低其他品牌表现更好的利益的权重。

最后,公司可以创造一个新的参照对象或者改变现有的参照对象,从而使品牌在与其他参照对象比较时更具竞争力。这个参照对象可以来自同一个产品类别的品牌、不同产品类别的品牌、公司现有品牌或者是消费者

---

① C.W.帕克、黛博拉·麦金尼斯、安德烈亚斯·艾森格里奇:《品牌崇拜——打造受人爱戴的商业帝国》,周志民、张宁译,华夏出版社,2019 年 1 月。

根本不会购买的品牌。

基于此,企业强化品牌主要的策略包括:增加、改进、删减品牌利益(功能利益、情感利益和精神利益),改变不同利益(功能利益、情感利益和精神利益)的重要性,构建品牌被比较的对象。要想提高品牌价值,我们可通过不断满足的功能、情感和精神需求来实现[1]。用户需求因素的品牌价值分析如表 6-1 所示。

表 6-1 用户需求因素的品牌价值分析

方式		功能价值	情感价值	精神价值	对公司的价值
调整品牌利益	改进	改进产品的功能,如延长产品保修期等,以更好地满足用户功能需求	改进产品的情感利益,如提供更加友好和令人愉快的服务、更优的服务体验,以实现与用户的"共情"	改进产品的精神利益,如强调产品的真实性,品牌的故事性,与用户产生精神层面的共鸣	提高用户对产品的满意度
	增加	增加新的产品功能,如在应用软件中增加新的功能选项,为用户创造新的功能价值	增加产品新的情感利益,强化品牌联想的作用,提升品牌情感价值	增加产品的精神利益,为用户提供个性化、定制化服务,强调其独特性,以满足用户与众不同的精神需求	丰富企业产品种类,增加用户群体数量,扩大用户群体覆盖面
	删减	删减用户需求低、不必要的功能利益,或放弃使用率较低的功能利益	淘汰、删减不能为用户带来情感价值的利益,如减少昂贵但不实用的原材料的使用	对于特定群体,放弃使用没有价值的精神利益,如不再使用动物试验产品	降低运营成本,提升品牌价值

---

[1] C.W. 帕克、黛博拉·麦金尼斯、安德烈亚斯·艾森格里奇:《品牌崇拜——打造受人爱戴的商业帝国》,周志民、张宁译,华夏出版社,2019 年 1 月。

续表

方式	功能价值	情感价值	精神价值	对公司的价值
改变品牌价值重要性权重	提高或降低功能利益的权重，如提高产品安全性对用户的重要性	提高或降低品牌在情感利益方面的重要性感知，如增加产品亲和力、舒适度的重要性，从而弱化其他元素的重要性	提高或降低品牌精神利益的重要性，如提高产品原创性的权重，降低制作工期的权重，强调这一精神利益对用户独一无二的价值	增强企业品牌竞争力
创造/改进参照对象	通过提供新的参照对象，进而改变用户评估产品功能的维度，如借助品牌，推动用户将对现有产品的信任和喜爱转移到新的产品（参照对象）上	创造新的参照对象，满足用户情感利益的需求，为用户带来归属感、尊重感	创造新的参照对象，改变用户在精神利益层面的感知，让用户体验到与众不同的差异性	改变产品竞争策略，获得差异化竞争优势，可助力企业实现弯道超车

一、改进品牌利益[①]

2001年，韩国现代集团在制造业发起了新的生产质量改进活动，同时在设计和工程上改进它的模型。此外，它还给消费者提供一个10年期、10万英里（约为16.09万千米）的保修。这个保修标准远远超过了行业标准的3年期保修，几乎保证了顾客在汽车的预期使用年限内无须承担高昂的维修费用。这些改进的利益使现代汽车在声誉上大为改观。

亚马逊改进了高级会员的服务，除了享受免运费服务外，高级会员还可以听音乐和观看视频。此外，在高级会员日的时候，高级会员可以享受全网会员专卖和促销价格。通过提供这些利益，亚马逊高级会员已经覆盖了25%的美国家庭，预计很快覆盖率会达到50%。

---

① C.W.帕克、黛博拉·麦金尼斯、安德烈亚斯·艾森格里奇：《品牌崇拜——打造受人爱戴的商业帝国》，周志民、张宁译，华夏出版社，2019年1月。

美国克利夫兰诊所提供改进的情感利益，消毒剂的气味被四星级连锁酒店所青睐的香水味所替代。病号服由黛安·冯美丝汀宝（Diane Von Furstenberg）设计，既适合病人的身材，同时又能保护他们的尊严。所有的员工都要遵守10-4法则："当离病人10英尺（约为3米）的时候，要对病人微笑并交流眼神，当离病人4英尺（约为1.2米）的时候，要称呼病人的名字向他问候。"医院的环境比较可怕，但富有同情心、友好、愉快以及保持尊严的体验对病人的福祉和舒适感有很大的帮助。

Zappos网上鞋店意识到，打电话给公司（无论什么原因）的顾客，其终身价值是那些从来不打电话的顾客的5倍到6倍。因此，Zappos通过提供友好的服务温暖顾客的内心来提高消费者与公司联系的机会。Zappos在其网站的每一个页面都列出了电话号码，鼓励顾客如果有问题或疑虑，可以给公司打电话，让顾客能够很容易地联系Zappos，这是为顾客带来功能价值。同时，通过友好和令人愉快的服务来温暖人心，这是为顾客带来情感价值。与此形成鲜明对比的是，消费者在很多电子商务网站上常常找不到公司的客服电话。

在这个充斥着连锁超市所销售的大众化产品的世界里，一些消费者更想买到有历史传承和质量保证的产品。CAPiTA滑雪板公司通过强调它的品牌真实性来改进为消费者提供的精神利益。它在网页中讲述了品牌的传承和最初作为滑雪板行业"古怪公司"的卑微起源，强调创始人克服疲倦并与破产做斗争来实现梦想的故事。它还分享了CAPiTA公司对制造责任的承诺以及它全新的滑雪板"母舰"（The Mothership）工厂的信息。该工厂零二氧化碳排放，并且100%通过水力发电来驱动。强调品牌的独一无二、丰富的历史以及专注于制造责任，使得CAPiTA更加明确地将自己定位为"真正的野生动物饲养者"，同时可以与那些具有共同信念的消费者产生共鸣。

用户的功能需求，除了基本的产品本身功能及售后服务之外，就是对安全健康的追求。企业要善于给用户画像,从解决用户痛点入手来研发高科技产品,最大限度贴近实际生活场景,实现与用户的"共情"。除了改进产品原有的功能外,企业可以通过增加或延伸产品功能,改进品牌利益,增加产品价值。

案例 6-1

蓝月亮唤起用户的新需求

如今一提到洗衣液,大多数用户脑中第一反应就是蓝月亮。从 2008 年率先在国内推广洗衣液开始,蓝月亮逐步改变了大众的洗涤习惯,同时,通过"用量更少、效果更好""更加轻松、方便、节省和环保"等功能的发掘,唤起用户的新需求,逐渐引领了国内日化清洁用品的高端市场成形。

2008 年,针对肥皂容易交叉污染,不能用于机洗,洗衣粉又难漂洗、碱性强、伤衣伤手,也不环保的问题,蓝月亮推出深层洁净洗衣液,开创国内洗衣液时代。去除陈旧的洗涤观念、挑战大众的使用习惯,并非易事。比如,要告诉大众洗衣液不是用量越多清洁效果越好(用多了会浪费),不是泡泡越多效果越好(低泡是发展趋势),也不是看起来越黏就洗得越干净(黏度其实跟浓度没有关系)——这就很颠覆大家的认知。通过新的市场教育和消费习惯培养,蓝月亮成功地引导了用户的认知转变。

在产品多样化方面,蓝月亮洗衣液推出了手洗专用、宝宝专用、旅行专用等适用于不同场景的洗衣液,洗手液在大众所熟知的芦荟抑菌洗手液之外,还有针对厨房除油腻的野菊花清爽洗手液、针对手部干燥的维 E 滋润洗手液、针对小孩喜欢泡泡的儿童洗手液等,通过构建多维度的品牌架构,满足不同层级用户的需求。[1]

---

[1] 凤凰新闻:《再创佳绩 蓝月亮坚持以消费者为核心打造增量场》,2020 年 6 月 23 日。

二、增加品牌利益[①]

除了改进原有的利益之外,公司还可以通过增加新的利益来提升他们的品牌价值。新秀丽推出 Geo TrakR 系列行李箱的新产品线,它包含了源于蜂窝技术的行李追踪系统,解决了一个令旅客和航空公司非常苦恼的问题——寻找丢失的行李。梅西百货最近宣布将增加 10 家百思买商店,提供梅西百货之前所没有的电子产品。这样做的好处是什么?梅西百货的消费者现在能够在店里购买到一个全新的产品系列(即电子产品)。

韩国爱敬集团(AeKyung Corporation)旗下的化妆品牌爱纪二十(Age 20's)一直通过家庭购物频道来直观展示品牌在润肤和保持皮肤柔软方面的实力。例如,一段视频拍摄了水从一位使用精华粉饼套装粉底的女性皮肤上滴下来的画面,强有力地展示了品牌卓越的保湿能力。2015 年,爱纪二十售出 1199066 件产品,较 2013 年最初发布的 54867 件有了大幅的提升。

星巴克通过投资员工的大学教育为它的员工增加利益。在美国,任何一个在星巴克每周工作 20 小时以上并拥有亚利桑那州立大学入学许可成绩的员工都可以享受公司的大学计划。入学者可以学习他们喜欢的任何科目,并且他们离开星巴克时不需要偿还公司已经为他们支付的学费。此外,星巴克正在实施一项新的举措,以便为生活在低收入地区的 16~24 岁的年轻人提供更多的机会。人们赞赏星巴克的理念和它的社会公益事业,也认同它的社会良知行为。此外,星巴克还在不断地给员工,甚至是兼职员工增加一些与众不同的利益,如职工股票期权和医疗保险。Gravity Payments(一家信用卡处理公司)31 岁的执行总监最近决定将公司 120 名员工的最低年薪标准调整为 7 万美元,他通过削减自己的年薪来实现这一点。这个举动

---

① C.W. 帕克、黛博拉·麦金尼斯、安德烈亚斯·艾森格里奇:《品牌崇拜——打造受人爱戴的商业帝国》,周志民、张宁译,华夏出版社,2019 年 1 月。

给那些生活艰难和靠微薄收入支付账单的员工带来巨大的改变,它引起了世界各国人民的热情关注与支持,人们为他挑战收入不均做出的努力而鼓掌喝彩。

案例 6-2

巴塔哥尼亚尊重消费者,对自然之爱赢得用户忠诚度

巴塔哥尼亚为一家顶级户外登山运动品牌,其材料科技极其高端,同时价格昂贵。从创立之初,品牌便希望在创造最好产品的同时避免一切可能造成环境伤害的因素。1980 年前后,巴塔哥尼亚主营产品中的粗棉服饰广受消费者好评。但是由于粗棉在给穿戴者带来潜在影响的同时,还对环境产生负面影响,巴塔哥尼亚决定开展高昂的实验探索,成为无杀虫剂棉花的主要使用者与倡导者,促进加利福尼亚州有机棉花工业不断发展。

正是这种尊重消费者、尊重环境的举措,使得巴塔哥尼亚在消费者心目中地位不断上升。对于绝大多数消费者而言,在消费时他们并不会深入理解企业社会责任的种种细节,但是巴塔哥尼亚却清楚地知道公司战略将会造成什么样的影响。对消费者的尊重、对环境的尊重体现在公司每一步战略发展中。也正是通过些举措,巴塔哥尼亚提高了自身道德标准,最终赢得了目标客户的忠实支持。[①]

三、减少不必要的品牌利益

营销人员还可以淘汰那些不能给予消费者功能价值的利益[②]。有时候,

---

① Oufside 实验室:《巴塔哥尼亚,一个真心做环保的户外品牌》,2018 年 1 月 15 日。
② C.W.帕克、黛博拉·麦金尼斯、安德烈亚斯·艾森格里奇:《品牌崇拜——打造受人爱戴的商业帝国》,周志民、张宁译,华夏出版社,2019 年 1 月。

少即是多。这种类型的价值提升战略还能够削减公司的成本。消费类电子产品功能越来越多有时候反而使最终用户感到困惑，因此删减一些功能可以提高功能利益。在承诺顶级产品性能和噪声控制的同时，美诺（Miele）通过删减某些功能来提高洗衣机的价值。更少的功能意味着更简单易用，并且需要更少的维修。有趣的是，沃尔特·艾萨克森（Walter Isaacson）所著的《史蒂夫·乔布斯传》中提到，最令乔布斯兴奋的消费类电子产品是美诺洗衣机，这归功于美诺品牌简约优雅的设计。

营销者可以删减那些不能给予消费者情感价值的利益。汉堡王将冷饮从儿童菜单中撤掉，软饮料仍然可以选择，但是不会出现在"小王子"菜单上。儿童菜单上取而代之的是脱脂牛奶、100%的苹果汁以及低脂巧克力牛奶。这种父母认可的举措增加了父母带孩子去汉堡王的意愿。瑞士手表品牌斯沃琪（Swatch）放弃使用昂贵的不锈钢腕带，而选择有趣的、色彩斑斓并且更便宜的塑料腕带。这个策略节约了成本，并且让斯沃琪能够提供许多不同风格和颜色的腕带，成为一个备受喜爱的时尚产品。

新百伦在它的一些跑鞋中去掉了皮革，因为使用皮革制品违背了一些消费者保护动物的信仰。同样的，岚舒和美体小铺不销售使用动物做实验的产品。事实上，岚舒声明只从不做动物试验的公司采购原料。删除某些不能为消费者提供精神价值的利益（如使用动物试验产品）使得岚舒在市场上脱颖而出，同时还使认同品牌价值观的消费者成为该品牌的拥护者。

营销人员可以提高那些在功能、情感和精神方面相对有优势利益的重要性感知，或者他们可以降低对竞争品牌更具优势利益的重要性感知。有时候，改变某个利益的重要性权重能够将一个消极的利益转变成积极利益。

四、改变对品牌利益重要性的感知[①]

华纳—兰伯特公司（Warner-Lambert）在早期将李施德林（Listerine）浓烈和令人不快的口味视为杀菌和消除口臭效果的显著证明。因此，该品牌弱化产品口感的重要性，而强调了杀菌对消费者的重要性。事实上，通过使用不佳的口感李施德林证明了自身在清除细菌和口臭方面效果极佳。一些产品热销的公司如雅趣（Enjoy）公司不仅提供同样的当日送达服务，还通过一些附加服务应对亚马逊公司的竞争。雅趣公司派专业员工亲自运送高科技产品并帮助顾客安装他们的新设备。同时，雅趣的销售人员还会帮助客户将数据从旧的智能手机转移到新的手机上，解释如何在Sonos音频系统上添加音乐，这些服务都不收取额外的费用，但提升了消费者对售后服务重要性的感知。

大众甲壳虫汽车的经典广告"想想小的好"对当时"大就是好"的魔咒形成冲击。这个广告让小型汽车看起来很酷。当其他制造商都在速度、尺寸和马力竞争的时候，大众将它的小型汽车与先进的引擎节油性、可靠性和亲和力联系起来。事实上，大众在它的"想想小的好"这一平面广告上表现出令人惊讶的坦诚，它公开声明"大众甲壳虫汽车的速度不会超过72英里（约为116千米）小时"。但是大众公司也让顾客了解到，一辆小小的甲壳虫汽车"能够随意违反国家任意一个限速法律规定"。大众公司因此弱化了动力和速度的重要性，并且改变了人们的感知，从而使得小型汽车意味着亲和酷炫和有趣。

大多数顾客认为产品交付的等待时间是消极的。这对于爱马仕等一些公司来说是很不利的，因为爱马仕的顾客必须等待6个月或者更长的时间才能买到它的凯莉或者铂金手提包。爱马仕将这个潜在的负面问题转化成它

---

① C.W.帕克、黛博拉·麦金尼斯、安德烈亚斯·艾森格里奇：《品牌崇拜——打造受人爱戴的商业帝国》，周志民、张宁译，华夏出版社，2019年1月。

的优势,将等待时间与寻找最高品质的原材料以及手工制包的熟练工匠所要求的精准加工联系起来。顾客应该为拥有如此稀有和经过辛苦加工的手提包而感到骄傲。同样地,从20世纪60年代开始,德国制造的凉鞋品牌勃肯（Birkenstock）就凭借其不起眼但是十分舒适的鞋内底吸引了美国顾客的注意力。对一些人来说,勃肯的鞋子会与嬉皮士联系在一起,会使顾客的脚看起来很大。但是,现在这个品牌定位为帮助顾客表达自我,从而降低了顾客对鞋子外观重要性的感知。

案例6-3

古驰联合中国新锐设计师,聚焦消费者个性化需求

许多消费者将奢侈品作为品位与身份的象征,通过购买、使用奢侈品实现"自我炫耀"。古驰等国际知名奢侈品便为消费者提供了精神的渠道。

作为国际知名奢侈品品牌,古驰多次与中国本土新锐设计师进行深度合作。在原有经典设计基础上,设计师们用更加青春、原创的设计解构传统设计,重新诠释品牌经典元素。通过经典的设计、高端定制以及个性化服务,帮助消费者彰显个性。

除了彰显自身个性,购买奢侈品也体现消费者满足"悦己性"的特性。随着市场更加多元,国际知名品牌购买更加便捷,消费者也不再满足于国际知名品牌带来的标签化的"合群感",而是不断探索品牌所传达价值观与自身个性结合点,通过个性化的选择完成对于"本我"的探索。

抓住上述需求,古驰在满足了消费者"身份炫耀"的同时,更是为消费者提供支持本土设计师的机会,展现中国消费者对于国家的认可与身份认同,体现使用者独特品位。①

---

① 搜狐时尚快讯:《中国新锐设计系列隆重发布》,2020年7月16日。

五、创造（改变）参照对象[1]

在20世纪90年代初，佳得乐在韩国推广时是将它与水比较而非与其他的解渴饮料品牌比较。其诉求点是：佳得乐能更快地补充身体水分。尽管佳得乐刚进入韩国的时候比较艰难，但韩国却是佳得乐人均消费最高的国家之一。

安飞士早期在它的租车服务中使用了那个著名的口号——"我们是第二，所以我们更努力"。它将自己定位为"第二（继赫兹国际租车之后）"，以使消费者相信它仅次于赫兹国际租车，并且相信它正在努力做到跟赫兹国际租车并驾齐驱。安飞士引起了消费者的共鸣，他们认为安飞士是一个暂居下风的公司，它对自己和消费者是真诚的。这个暖心的广告也提高了安飞士的竞争地位，当时许多租车公司彼此竞争，并且赫兹国际租车显然是行业的领导者，安飞士成功地将自己定位为市场第二的品牌，而不是市场中第三或第四的品牌，这让消费者甚至不再考虑从其他竞争品牌租车。

自2000年以来，韩国的17个主要城市每年冬天都会举办一个仪式——树立一个爱的温度计之塔。爱的温度计的温度每上升一度，就表示当年所筹集的基金提升了1%。韩国人民每天都可以追踪他们城市的捐赠进展。当活动的目标实现时，爱的温度计就会达到100度。利用爱的温度计所带来的成功募捐给人们留下了深刻印象。自从2000年开始，使用爱的温度计所带来的形象使得捐赠活动突破了年度的资金募集目标。

在实现产品情感价值时，品牌可以通过预约用户感官与思维，从而满足情感需求。企业要通过品牌让用户轻松地了解到产品和服务能够为他们带来直接的满足感、沉浸感、愉悦感，以及一系列积极向上的情感体验。

---

[1] C.W.帕克、黛博拉·麦金尼斯、安德烈亚斯·艾森格里奇：《品牌崇拜——打造受人爱戴的商业帝国》，周志民、张宁译，华夏出版社，2019年1月。

品牌为用户带来的始终如一的满足感、归属感、尊重感，也使得用户对品牌更加忠诚，愿意探索品牌旗下的其他产品。

例如，四季酒店通过为用户营造精美的环境、奢华的寝具、丰富多彩的娱乐项目，愉悦客户感官。品牌亦可通过温暖人心，唤醒感激、温情等字眼，将产品与生活中的特别时刻连接起来。例如，任天堂利用知名IP超级马里奥、精灵宝可梦等，挖掘用户对于童年的温情回忆。品牌还可通过培养用户尊重感，收获忠实顾客。当消费者购买和使用的产品所具备的信念与他们的价值观、道德、公正等信念相匹配时，消费者就会感受到自己非常真实，并感受到自己被尊重。通过多种途径，品牌可以满足用户情感需求，提升顾客对品牌的信任与尊重。

除了通过培养归属感外，品牌还可通过尊重消费者而收获消费者尊重，收获情感利益。消费者在生活中时常被提醒他们尚未变成自己理想中的那样，例如消费者经常会发现他们的行为与自己的价值观不一致。

在这个过程中，消费者对于情感利益变得愈发敏感。品牌则可通过尊重消费者，在产品中表达消费者向往的价值观，尊重消费者选择，给消费者放心的产品。长此以往，消费者感受到个人受到品牌尊重后，也会更加愿意选择相应产品，并尊重品牌。品牌通过尊重消费者，收获了消费者的尊重，实现了双赢。

在满足用户自我实现需求上，企业的产品和服务需要从用户角度出发，走在用户前面，设身处地为用户着想。品牌可以关注其独特性从而满足用户的精神利益。消费者期待传达自己与其他人相比是与众不同且独特的，这种对于独特性的追求同时促进了品牌进行个性化定制与差异化发展的趋势，并满足消费者从不同品牌中找到最契合自身特性的品牌进行自我展示。品牌正是要满足用户自我实现需求，企业的产品和服务正是要替用户想到他们没想到的问题，并贴心地为他们解决问题，才能收获用户的认可。

消费者总是习惯性地相信他人会根据社会身份和个人成就来评价与尊

敬他们，包括处世风格、样貌、职业成功、艺术造诣等。用品牌来实现自我独特性的宣传也早已得到大家的认可，使用一定的品牌，标志一个人的地位及所属群体。

第三节 延伸品牌，提升品牌价值

对于用户的多样化需求，企业可以以形式多样的方式强化品牌来满足需求。除此之外，还有哪些方式可以满足用户需求从而提升品牌价值呢？企业可以通过延伸品牌来实现。

那么什么是品牌延伸呢？品牌延伸指的是企业把原有的品牌用到新产品上，以此来降低新产品的营销成本，并尽快促成新产品推广成功的策略。品牌延伸是对品牌资源的深度开发与利用，可以强化品牌的利益，并拓展与之相关的产品类别（和收益），从而使得企业获得最大利润。

雀巢、飞利浦、娃哈哈、海尔、维珍等都通过品牌延伸迅猛发展，成为同业翘楚。雀巢通过咖啡率先进入中国打响品牌，随后延伸到奶粉、矿物质水、巧克力、冰激凌、糖果、麦片等产品上，每种产品的销售都不错，反过来促使雀巢品牌的整体市场影响力日益强大；靠冰箱起步的海尔延伸到空调、洗衣机、电热水器等产品，如今海尔是一个威望很高的综合电器品牌。雀巢与海尔可以说都在同一个行业（食品饮料和电子电器行业）内延伸，而维珍却延伸到了根本不搭界的行业，如化妆品、航空、唱片、餐厅、可乐、手机、信用卡，也都取得了很大的成功。[①]

总体上，企业的品牌延伸策略主要包括：一是基于联合消费的品牌延伸，

---

① MBA智库文档：《看国际大品牌如何延伸品牌战略（一）》，2014年7月3日。

即与母品牌联合使用以强化品牌的三种利益的延伸（功能、情感、精神）；二是基于交替消费的品牌延伸，即提供与母品牌一样的利益，但产品在不同情境中使用的延伸，能够强化品牌的功能、情感、精神利益；三是基于替代的品牌延伸，即代替原有产品，作为技术淘汰时后备选项的延伸，通常发生在基于技术的市场里，新的解决方案是用来回避原有产品被淘汰的风险的；四是基于特征的品牌延伸，即共享产品某个卓越特征的延伸，能够强化关键产品的特性；五是基于理念的品牌延伸，即拓展品牌所代表意义的延伸，将一个被广泛知晓、高度评价且与品牌识别捆绑在一起的理念，沿用到一个具有相同理念的不同产品的类别中。[①]

一、善用品牌延伸，促进品牌资产提升

品牌延伸对品牌资产的正面影响主要体现在以下方面。

（1）有助于品牌资产的提升，创建大品牌。

在一定的预算下，集中宣传一个品牌比分散推广多个品牌，更能打响品牌，并给消费者大品牌的感觉。其实，在中国很多行业首先是品牌知名度和品牌领导地位的较量，远未到品牌个性等高级品牌资产的竞争阶段。所以，绝大多数行业，适合先采用品牌延伸战略，等到行业竞争到了高级阶段，品牌个性成为决定胜负的主要因素的时候，再发展多品牌。

（2）通过品牌延伸对品牌联想进行渐进微调，进一步提升品牌延伸力。

娃哈哈原来是童趣很强的品牌，经过延伸到纯净水、果汁、茶饮料后，在消费者的心智中，娃哈哈的童趣在淡化，而"快乐、健康、活力"的联想在强化，进一步提升了品牌的延伸力，使娃哈哈具有了食品饮料综合品牌的资产。

---

① C.W.帕克、黛博拉·麦金尼斯、安德烈亚斯·艾森格里奇：《品牌崇拜——打造受人爱戴的商业帝国》，周志民、张宁译，华夏出版社，2019年1月。

（3）为品牌注入新鲜感与活力感。

品牌延伸过程中新产品、新的传播能给品牌注入新鲜感，防止品牌老化，而品牌老化是品牌的大敌。联想在 DELL 一流商业模式的压力下，PC 市场的占有率有所下降，部分消费者认为联想是一个走下坡的老品牌，联想可以通过手机、数码相机等时尚数码产品的成功来反哺母品牌，为品牌注入活力和新鲜感，提升联想品牌对 PC 市场的拉力。

（4）提升品牌威望和尊崇感。

同一品牌麾下的不同产品各自在市场上取得成功的美誉相互呼应声援，在终端中的集体陈列形成强大的气势，有助于拔高品牌形象。例如，海尔、三星的不同产品的广告，不同产品在周边的家庭、办公室和人们的手中出现，会让消费者对品牌的强势产生景仰感；走进大商场，海尔、三星的各大畅销产品陈列在一起阵容可观，给人以很强的震撼力，内心对海尔与三星的推崇油然而生。[①]

合理的品牌延伸除了能够依靠原品牌的影响力，使消费者减少购买决策中的风险预期，节约新产品市场导入的成本，使新产品更快打开市场，其丰富的产品线，能够给消费者带来完整的选择，从而提升顾客满意和顾客价值。但是，品牌延伸也有其风险性，有时将一个已有的品牌名称运用到新市场也许会损害母品牌及新产品。

因此，要成功地实现品牌延伸，就必须综合考虑多种情况，把握好相关原则，科学评估和使用相关策略。比如，品牌核心价值与品牌个性、延伸产品与原有产品的特性、延伸产品的市场前景如何、延伸产品的竞争状况、企业财力与品牌推广能力等，其中最重要的是品牌的核心价值一致性。

首先，品牌延伸原则一：新的产品与品牌的价值一致。

一个成功的品牌有其独特的核心价值，一般来说，如果这一核心价值

---

① MBA 智库文档：《看国际大品牌如何延伸品牌战略（一）》，2014 年 7 月 3 日。

使延伸产品与产品属性不相冲突，就可以大胆地进行品牌延伸。

皮尔·卡丹从服装延伸到饰物、香水、家具、食品、酒店、汽车等，同样登喜路、都彭、华伦天奴等品牌麾下的产品一般都有西装、衬衫、领带、T恤、皮鞋、皮包、皮带等，有的甚至还有眼镜、打火机、手表、香烟、钢笔等价格相差很大，但产品之间又没什么关联的产品，都共用一个品牌。因为这些产品虽然用法相差甚远，但都能为消费者提供共同的利益，即都是身份的象征、尊贵的标志，能让人获得高度的自尊和自我满足感。

定位于"男人的世界"的金利来，其男士衬衣、腰带、皮包在高收入的男士群体中都非常畅销。金利来也曾一度推出女士皮具，却收效甚微，这是因为延伸产品与原有品牌核心价值相背离。

其次，品牌延伸原则二：新旧产品的关联性大。

产品的关联性是指延伸产品与原有产品属性具有相关性。一般来说，以档次、身份及文化象征为主要卖点的品牌，很难兼容中低档次产品，就如皮尔·卡丹、华伦天奴，虽然旗下有数千元的服装，也有几十元的小饰品，但在其同类产品中，都属于高档次的产品，因此不会影响其品牌形象。

在第二次世界大战之前，美国的豪华车并非凯迪拉克而是派卡德。派卡德是当时全球最尊贵的名车，是罗斯福总统的座驾。然而，在20世纪30年代中期，派卡德推出被称为"快马"的中等价位车型，尽管销路非常不错，但派卡德丧失了王者之风、高贵形象，从而走向衰退。

海尔的品牌延伸能够较好地遵守产品关联性原则。海尔以冰箱起家，向同类别的家电延伸，再以家电为核心，向移动通信等相关领域拓展，其延伸过程基本遵循了产品的关联性原则。但海尔涉足医药领域，这就与其原有的产品属性产生抵触，再加上该领域竞争非常激烈，即使专业的医药品牌也颇感力不从心，海尔与本身属性并不相关的延伸产品，无法说服消费者，不仅很难立足，还损害了品牌形象。[1]

---

[1] 道客巴巴：《娃哈哈品牌延伸战略的问题与对策》，2019年5月23日。

二、善用品牌架构体系,发挥品牌延伸的正向作用

在市场竞争日益激烈的情况下,要完全打造一个新品牌,是非常困难的。通过品牌架构体系来延伸被崇拜的品牌,能够为企业提供全新而有效的创收机会,从而促进品牌价值增长。

品牌架构,是企业根据整体战略确定的企业品牌、产品品牌之间的组合形式结构,通过科学合理的组合使企业的各个品牌形成一个有机协调的整体框架。企业的品牌架构管理,就是从战略的角度,全面规划安排品牌家族中每一个品牌的角色、地位和作用,发挥"1+1＞2"的效力,取得品牌价值的更大效益。

如今的企业靠一个品牌出来单打独斗进行市场竞争已经越来越困难。大部分成功的企业都是推出多个品牌进行兵团作战,因此建立这些品牌之间的相互协作关系就至关重要。每个品牌在品牌的组合中扮演什么角色、承担哪些职能、对家族中的其他品牌起什么作用,如果事先有了明确的规划和界定,各个品牌在竞争中既各自占领一个市场阵地,又互相呼应、相辅相成,就能产生决定性的竞争合力,协同作战,发挥集团效应,取得整个企业竞争的胜利。

企业推广品牌的成本非常高昂,每一个品牌对于企业的业绩贡献并不是完全相同的,有的品牌获利高,有的获利低,有些品牌甚至处于亏损状态。在这种情况下,一视同仁,让所有品牌平分企业的各种资源显然不合理,有些亏损的品牌不仅占用企业有限的资源,更侵蚀和削弱了企业原本应该投放到更有发展潜力的品牌上去的资源。通过品牌组合管理,可以明确各个品牌的战略角色,实力强的或者未来有发展潜力的品牌得到更多的资金扶持,而有些确实无利可图的品牌则可以果断放弃,使之不再占用企业宝

贵的品牌建设资金。企业通过对品牌优化组合，有效配置资源，可使企业资源得到更充分合理的利用，品牌建设工作也能更加有序合理。

在企业的经营过程中，市场时时都在发生着变化，如何面对竞争者的品牌进攻，就需要品牌管理者利用品牌的有机组合，提高企业"品牌军团"的机动能力。通过建立一个优化的品牌组合家族，众多品牌各有特色、各具才能，将大大提高整个企业市场竞争的机动能力，使企业面对竞争对手的各种营销手段都能游刃有余、灵活应对。

一个企业之所以会拥有多个品牌，是因为不同的品牌产品具有不同的特点，可以满足不同的用户需求。每个品牌都有自己的目标市场。企业只有对自己所有的品牌进行有效的组合营理，才可以使每个品牌都明确其品牌定位。只有每个品牌都各自承载其自身的品牌内涵和品牌信息，用户才不会出现对品牌信息认知的混乱，才能准确了解不同品牌之间的差异，从而找到满足自己需求的品牌。

企业在战略发展的过程中经常面临推出新产品甚至进入新行业的战略选择，如果一味在原有品牌上进行修修补补，不仅会使原有的品牌形象模糊、品牌内涵混乱、品牌核心价值被稀释，而且还不能适应瞬息万变的市场变化。而通过品牌组合管理，管理者可以在品牌库中随时根据需要，增加新品牌、子品牌，与原有家族中的品牌形成呼应或对接，使企业的发展战略稳定而有序。构建品牌架构时要考虑很多战略性的问题，包括品牌延伸的广度和深度（指该品牌架构下应容纳的产品线的数量，以及每个产品线中产品的数量）。

参考凯文·莱恩·凯勒的品牌—产品矩阵（见表6-2），企业可以梳理品牌—产品矩阵，评估企业现有品牌战略广度（品牌—产品关系）和深度（产品—品牌关系）。

表 6-2 品牌—产品矩阵

	产品 1	产品 2	产品 3
品牌 A			
品牌 B			
品牌 ...			

合理的品牌组合以及架构,有助于实现企业品牌策略的两个重要目标:平衡品牌资产和通过在不同环境中传播品牌以实现品牌协调与增值。合理的品牌组合以及架构还有助于合理配置企业的资源,清晰理顺企业、业务、产品之间的相互关系,在企业战略的指导下,确定品牌梯次发展的优先顺序以及相应的资源投入。企业品牌架构类别如表 6-3 所示。

表 6-3 企业品牌架构类别

类别及定义	特性	代表品牌
单一品牌（又称统一品牌）。指企业所有产品都使用同一个品牌	优点:企业可以集中资源打造一个强势品牌,在推出新产品时,能够借助母品牌的影响力,以最低成本迅速占领市场。同时品牌符号在用户视线里反复出现,可以有效提高品牌的市场能见度,有助于提高用户的认知度以及品牌知名度,有利于品牌价值的不断累积和提升 缺点:由于品牌涵盖产品太多,容易稀释品牌个性,一个品牌也难以充分展示公司旗下不同产品各自的优势和特点,不利于品牌产品建立起在行业中的专业形象。同时,存在一旦某个产品出现问题,会波及并损害母品牌及其他产品声誉的问题	雀巢公司生产的 3000 多种产品包括奶粉、咖啡、牛奶、冰激凌、柠檬茶、药品、化妆品、调味品等都使用雀巢这一个品牌 日本佳能公司生产的照相机、传真机、复印机等产品也都统一使用"canon"这一个品牌

续表

类别及定义	特性	代表品牌
主副品牌。以一个成功的品牌作为主品牌，涵盖系列产品，同时又给不同产品起一个生动活泼、富有魅力的名字作为副品牌，以突出产品的个性	主副品牌架构能够弘扬产品的个性和特色。一个主品牌不可能把旗下每个产品的个性都充分展示出来，而副品牌正好可以弥补它的不足。副品牌可以栩栩如生地展示产品的个性、功能和利益点，让用户一目了然。主品牌和副品牌同时使用既可以保持各种产品在用户心中的整体形象，又可以传达不同产品特色、功能等各方面的个性信息，两者相得益彰，使品牌形象更加丰厚、富有立体感 主副品牌架构能够建立与用户的紧密关联。副品牌一般会选用生动形象的名字，赋予产品浓郁的感性色彩，所以往往能贴近用户的审美观念，给产品注入新鲜感和兴奋点，从而引发用户美好的联想，吸引情感性消费。通过给新产品增加副品牌不仅能够确保企业主品牌的稳固地位，还能为企业的品牌多样化发展提供条件	海尔集团拥有多个子产品品牌，例如，帅王子冰箱、小小神童洗衣机、卡萨帝高端家电系列等。一系列子品牌通过生动的命名，补全了海尔家电全系列产品线。同时，海尔主品牌也帮助副品牌推广，为早期品牌发展背书。例如，海尔集团推出的卡萨帝系列家电产品，已然在主品牌的帮助下成为中国高端家电的代表
背书品牌。企业品牌出现在产品广告或包装的不显著位置，告诉用户该企业是产品品牌的制造商或核心技术与元件的供应商。对独立的产品品牌起到背书、担保或支持的作用，以此获得用户的信赖	背书品牌战略中，也存在着"一荣俱荣、一损俱损"的风险。产品品牌做得好可以起到反哺担保品牌的作用，担保品牌由此更加光辉靓丽；反之，如果被担保的品牌出现失误，也会株连到起担保作用的原有品牌的声誉 产品品牌是主角，企业品牌或家族品牌是站在它身后给它撑腰、给它支持的配角；而主副品牌战略中企业品牌或家族品牌是主角，指代产品的副品牌是配角，对产品起到进一步补充说明的作用 背书品牌架构能够对产品品牌进行品质保障。通过企业品牌在一定领域内的信誉和影响力，向用户担保承诺其旗下产品品牌在品质、技术和信誉上的可取性，使用户感觉到既然该产品品牌出自名门，品质当然会有可靠的保障，从而增强产品品牌的权威性，提高用户的信任度	"华润医药"是企业母品牌，在品牌体系中统领所有企业品牌以及产品、服务品牌。东阿阿胶作为被保留打造的独具特色的企业品牌，通过对产品品牌桃花姬、海龙胶口服液等进行背书，增强产品品牌的权威性，提高消费者的信任度。当下，产品品牌越做越好反过来又对东阿阿胶企业品牌起到了反哺作用，进一步提高了华润医药母品牌声誉和影响力

续表

类别及定义	特性	代表品牌
联合品牌。两个知名品牌利用各自品牌的优势进行合作，从而产生一个全新的品牌	优点：利用双方本身经营已久的品牌知名度，能在短期内立刻实现资源聚集，使得新品牌快速走入市场，并拥有两批高质量的粉丝群体 缺点：联合品牌后，很可能出现双方意见不统一、无法精准定位双方需求的情况，从而使得产品无法精准定位用户需求，变得"四不像"	阿迪达斯和保时捷合作，推出联名款运动鞋Bounce S4 Lux。新产品通过3D打印制作，将保时捷跑车中的高科技碳纤维材料融入其中，提供顺畅且平稳的缓冲，提升用户体验。两大知名品牌的合作，使得这双鞋在饱受好评的同时，变得极具收藏价值
独立品牌。一个企业同时拥有两个或两个以上相互独立的品牌	采用多品牌战略的企业将许多不同的品牌投入市场中，满足用户的差异化需求，从而最大限度占领市场。多品牌战略有一品一牌、一品多牌两种形式。 优点：能够凸显品牌个性，满足用户差异化的需求，增强品牌竞争力。能够降低企业经营风险，当某个品牌遭遇危机时不会株连到其他品牌。同时有利于鼓励企业内部竞争，实现共同发展 缺点：采用多品牌战略后，企业内部各品牌之间会存在互相争夺资源的竞争关系。品牌一旦过多，产品间的差异就模糊不清，增加了管理的难度	宝洁公司，旗下有几百个小品牌，80多个独立大品牌，其产品覆盖洗发护发、美容护肤、个人清洁、妇女保健、婴儿护理、家居护理等诸多领域。宝洁的洗发水就有飘柔、潘婷、海飞丝、沙宣、伊卡璐五大品牌。宝洁形成了一个庞大的多品牌家族

企业一方面可以结合企业的行业特性、企业特点，形成符合企业实际的品牌架构，同时结合不同层次用户的需求，建立基本不同品牌定位的产品和服务品牌，以实现用户更高层次需求和利益的满足。另一方面，精心打造的品牌架构有助于企业打造高效、强势的品牌，合理配置品牌资源，产生品牌协同效应，使得产品和服务的品牌个性更加清晰，也为企业的品

牌价值提升提供了空间。①

案例 6-4

华润构建多元化品牌架构，满足用户多元化需求

华润是一个多元化的企业，业务特点和市场竞争也决定了其必须是多元品牌的组合。品牌架构的设置是为了在"华润"企业母品牌下培育和发展符合市场竞争规律的产品和服务品牌，它们各自按照其目标客户和细分市场的不同进行品牌定位和传播策略的设定，最终希望每个品牌都具有强大竞争力，形成受人尊重的华润品牌家族。

华润的产业都和人民的生活息息相关，处于充分竞争领域。华润旗下拥有诸多用户耳熟能详的品牌，如雪花、怡宝、三九、东阿阿胶、万象城等。华润的策略是每个产品和服务都要找到精准的品牌定位，塑造清晰的品牌形象，产生品牌溢价，促进华润品牌内涵的丰富，扩大华润的影响力。

华润旗下的产品和服务品牌一旦由"华润"来命名或背书，用户也自然会把对"华润"品牌的信赖和喜爱赋予它。当然，被"华润"命名和背书的产品和服务品牌，它们的任何作为也会对"华润"这一母品牌造成直接的影响。

品牌延伸有助于充分使用品牌资产，通过提高品牌在不同环境下的知名度并制造关联，从而产生协同效应。②企业通过运用品牌延伸策略能够强化品牌及其所属产品类别的品牌联想，同时拓宽用户从品牌中联想到的利益（功能利益、情感利益或精神利益）。

---

①② 大卫·阿克、埃里克·乔基姆塞勒：《品牌领导》，耿帅译，机械工业出版社，2019年1月。

案例 6-5

娃哈哈增加副品牌，延伸产品线

娃哈哈为了确保其品牌在顾客心目中的形象，及时采取了在其主品牌不变的前提下，为延伸品牌增加副品牌的策略来固化其品牌地位，防止品牌个性淡化。娃哈哈向市场推出的系列产品大多以"娃哈哈"为商标，在保证其品牌核心价值不变的前提下给产品冠以其他名称。例如，在系列饮料中使用"爽歪歪""乳娃娃"等品名，这两种儿童乳饮料也以其富含的多种营养元素赢得了广大儿童的喜爱。这两个品名已经被广大儿童接受，也进一步增强了娃哈哈主品牌的市场影响力。在主品牌效应下，这两种产品已经成为该企业在乳饮料系列中最有影响力的副品牌。[①]

案例 6-6

迪士尼多元化延伸产品线，超越用户期待

迪士尼将受众界定为三个层次：少儿—青年—成年人；玩偶—授权商品—奢侈品；动画片—真人电影—迪士尼乐园。迪士尼通过准确界定受众需求，打造受众所需的各类产品，刺激受众更大的消费需求，使产品线不断延伸扩充，也使得自己成为世界独一无二的快乐大本营，无论在人生的任何一个阶段，都有迪士尼的品牌产品满足相应的需求。这就是迪士尼品牌成功的重要基石。

迪士尼的品牌延伸分为两大方向：一是向娱乐传媒业的延伸，二是跨行业的延伸。第一次延伸是1955年迪士尼主题公园的开业，主题公园依然用"迪士尼"命名，这既是对提出建造主题公园的华特·迪士尼的尊重，

---

① 道客巴巴：《娃哈哈品牌延伸战略的问题与对策》，2019年5月23日。

更是因为主题公园建造支出的核心理念"世界上最快乐的地方"与华特创造出的"给观众带去欢乐"的米老鼠不谋而合,且迪士尼瞄准于家庭娱乐的定位也与迪士尼整个公司的品牌定位一致。由电影制作品牌向娱乐业主题公园品牌的延伸,是迪士尼发展的里程碑事件。相继,迪士尼开发了迪士尼游轮、迪士尼度假区(酒店)等品牌。

在向传媒业延伸方面,迪士尼先是在1956年成立了迪士尼唱片公司,从开始主要负责发行少儿歌曲和音乐以及迪士尼电影原声带长片,后来逐渐发行电视剧原声带及其他唱片。为了构建更庞大的传媒网络,迪士尼于1983年成立Disney Channel这一品牌,将触角延伸到有线电视领域。

在跨行业的延伸上,主要指以迪士尼命名的消费品的销售,包括迪士尼出版的儿童读物、电子学习产品以及迪士尼直营店。[①]

[①] 张羽:《迪士尼公司的品牌管理研究》,硕士学位论文,黑龙江大学,2015年。

品牌价值可持续增长的关键——影响力提升

第七章

第七章 品牌价值可持续增长的关键——影响力提升

第一节 影响力内涵解读

影响力是指品牌开拓市场、占领市场，并获得利润的能力。影响力是品牌存在的基础，如果品牌没有影响力，也就失去了存在的基础。首先，如果消费者不知道品牌，就不可能选择品牌，如果消费者对品牌没有好感，也不可能选择品牌，如果品牌有一定的知名度，但是影响的范围不够广泛，则消费者选择品牌的可能性就会大大降低。因此，影响力是顾客选择商品的重要因素。

如何让品牌更有影响力是企业品牌管理中的最重要问题。企业可以从扩大知名度、提高产品或服务质量以及加强公共关系建设等方面进行改进，对于几类和品牌影响力直接相关的利益相关方，比如，员工是品牌的创造者，可能也是品牌的第一消费者，品牌在他们中的影响力决定了品牌是否能存活下来；政府是品牌是否优质的最强有力的支持者，他们的认可是品牌扩大影响力的最重要支持；媒体是品牌的放大器，甚至可能影响品牌的生死存亡。对于这三类利益相关方来说，品牌同样有着赋能、赋情和赋意的三个功能。从赋能的层面，品牌可以为员工提供薪酬福利和发展空间，可以为政府提供优质产品和服务，为媒体提供新闻报道素材；从赋情的层面，品牌可以通过周到贴心的关爱让员工对品牌有温暖感、认同感，通过高品质产品和服务让政府认可，通过积极主动沟通让媒体对品牌有好感；从赋意的层面，企业价值观被员工、政府和媒体所认可，员工视之为事业的归宿，为在此工作而自豪，政府视之为国家或地区的象征，媒体视之为高尚受尊敬公司的代表，政府的认可让公司品牌受到信赖。对于品牌自身来说，当在这三方面的利益相关方群体中有了影响力，员工的忠诚度提升，降低用人成本和风险，增强企业竞争力；政府的认可是品牌影响力的强有力的支撑，媒体的良好口碑和宣传能提升品牌美誉度，极大促进品牌的市场表现。影响力因素的品牌价值分析如表7-1所示。

表7-1 影响力因素的品牌价值分析

影响力	功能价值		情感价值		精神价值		对公司的价值	
	解决问题	节约资源	使思维与感官愉悦	提供温暖人心的感受	体现个人信念和希望	培养归属感和独特性	实现销售	支持销售
员工	为员工提供薪酬福利和发展空间	通过提供基本待遇和发展空间，减少用户在人才市场上四处求职消耗的时间、精力成本	通过办公室装修、便利设施的提供、员工服装及胸卡等设计，让员工获得思维和感观的愉悦	通过关爱员工的举措，让员工感受到贴心的关爱，得到温暖人心的感受	通过企业价值观与员工价值的高度衔接，让员工感受到工作的价值和意义，对公司产生崇拜感和依赖感，提高员工忠诚度	员工视之为事业的归宿，为在此工作而自豪	员工直接消费	影响员工身边的人消费，员工为顾客服务时让顾客如沐春风，从而直接促进消费
政府	为政府提供优质产品和服务	通过提供优质的产品降低政府对其他产品的期待，减少政府选择政府采购产品的时间和购买选择的机会成本	通过高品质产品和服务让政府在高端会议中使用产品	通过品牌和政府官员之间的故事传达品牌的感情和温度	政府认为企业的价值观和标准体现了国家的形象和尊严，在国事活动中主动推荐产品	政府视之为国家或地区的象征	促进政府采购	增加潜在的销售

续表

影响力	功能价值		情感价值		精神价值		对公司的价值	
	解决问题	节约资源	使思维与感官愉悦	提供温暖人心的感受	体现个人信念和希望	培养归属感和独特性	实现销售	支持销售
媒体	为媒体提供真实可靠的新闻报道素材	减少媒体被假新闻、不实新闻蒙蔽的时间	通过主动和创新的沟通方式让媒体对品牌产生好感,获得愉悦感	与媒体的常态化良好沟通让媒体产生对品牌的温暖感	企业价值观和品牌理念得到媒体的认可	媒体视之为高尚受尊敬公司的代表	提升品牌美誉度,实现直接销售	提升品牌美誉度,增加潜在的消费者

没有影响力,就没有品牌,有影响力的品牌要进一步成长为强势品牌,也需要在赋能、赋情、赋意三个层面做出更多的努力。美国著名品牌理论专家大卫·阿克认为,强势品牌之所以有强大影响力,为企业创造巨大利润或价值,是因为品牌资产是由高度的知名度、良好的知觉质量、稳定的忠诚消费者(顾客)群和强有力的品牌联想(关联性)等核心特性所组成的结构。扩大品牌影响力只有创建具有鲜明的核心价值与个性、丰富的品牌联想、品牌知名度、品牌忠诚度和高感知价值感,才能累积丰厚的品牌资产。善用利益相关方对品牌的心理,方可增强消费者的购买信心。

一个强势品牌成长的过程就是品牌与利益相关方之间关系不断沟通与发展的过程,品牌知晓度、品牌知名度、品牌美誉度和品牌忠诚度这四个方面的相互关系的建立与发展,是品牌影响力提升的关键:品牌知晓度与品牌知名度主要解决如何认知品牌的问题,品牌美誉度与品牌忠诚度主要解决消费者心中对该品牌体验与偏爱的问题。品牌之所以有影响力,能为企业创造巨大利润,是因为它在消费者心中产生了广泛而高度的知名度、良好且与预期一致的产品知觉质量、强有力且正面的品牌联想(关联性)以及稳定的忠诚用户(消费者)这四个核心特性,因此,品牌影响力的提升是一个不断地维系企业与顾客及其他利益相关方关系的过程。

发展品牌与用户和其他利益相关方的深度关系,就是要了解品牌是如何与用户及其他利益相关方的自我观念、生活方式及个性等所发生联系的。只有不断地维系品牌与用户和其他利益相关方的关系,增强品牌体验,品牌影响力才会不断上升。

第二节　让品牌拥有最忠诚的员工

世界上最受崇拜的品牌拥有世界上最忠诚的员工。就用户而言,员工对品牌的作用是不可替代的。美国学者贝里(Berry)和兰波(Lampo)在2004年所做的一项消费者调研中发现,人员服务决定了顾客对品牌的喜好程度。当被要求用语言描述他们最喜欢和最不喜欢的品牌时,所有的受访者描述的都是服务人员的行为,而其他品牌要素,如广告、设施、便利性或价格,却没有受到如此的重视。这表明,员工行为往往是形成顾客品牌感知的重要源泉,"如果品牌传递给顾客的信息得不到员工行为的一致支持,品牌的可信度就会降低"。[1]

要满足员工在品牌中工作的基本需求,给员工以温暖、良好的感觉,才能让员工保持对品牌的热情,建立对品牌的崇拜。这三个层面的利益达到了,才能激发员工的亲品牌行为,比如员工对品牌忠诚,想要为品牌效劳,而不愿意离开它;对品牌有一种主人翁精神,以品牌的成就和成功为己任;更容易原谅品牌的过错;将品牌融入自己的生活之中,甚至是家庭生活之

---

[1] 邱玮、白长虹:《国外员工品牌化行为研究进展评介》,《外国经济与管理》,2012年第6期。

中；对威胁品牌的竞争者行动保持警惕。

崇拜品牌的员工同时也是品牌的拥护者，他们是品牌坚定的、真正的捍卫者。为了用户的福祉和品牌，他们会做职责范围以外的工作。他们保护品牌使其免受指责；他们会鼓励其他员工关注品牌，而不是关注内部政治或其他负面的公司行为；他们也会公开地展示与品牌的联系，比如在T恤衫、器具等物品上印上品牌的标识……这些行为不仅仅能够鼓舞员工的士气，还可以降低员工招聘和留任成本，并强化员工留任和知识沉淀。员工品牌化行为是指员工在接受企业的相关培训和企业文化熏陶后，理解并认同企业愿景中的品牌形象，并将该品牌形象传递给顾客和企业其他利益相关方的过程。员工品牌化行为是员工达到的一种工作状态及其表征，是员工与品牌价值相联系的动态行为，如"建立共享的品牌认知""员工品牌化""品牌支持行为"和"活出品牌"。

对于员工，可以通过赋能、赋情和赋意三种方式来增强品牌的影响力，这个过程也就是内部品牌化的过程。

1.赋能员工：满足员工的基本需求，让员工接受品牌

为员工提供富有竞争力的薪酬福利，同时让员工参与品牌使命的建立和开发，这能让员工更支持和信任一个自己在其开发过程中具有发言权的使命，使得其具有更强的主人翁精神。因此，品牌所有者应该主动邀请员工参与使命的制定过程，这样品牌就可以积极地管理使命宣言体验，让员工参与公司使命的开发和传播，使得员工更加周密地制定、全力维护和执行它，并且真心地和外部客户分享它。

在很多企业，企业员工是企业品牌的第一个使用者，没有什么比员工的直接使用和评价更具有说服力。如果员工都不愿意使用自己的品牌，那怎么能让其他的消费者使用这个品牌？员工的使用，意味着员工对于品牌的质量、安全有了第一步的认可，这对于外界来说，也具有很大的传播作用。

案例 7-1

飞鹤奶粉：员工是最好的品牌代言人

黑龙江飞鹤乳业有限公司副总裁魏静表示，全体飞鹤员工愿意自己的孩子去食用公司生产的奶粉，这是对飞鹤品牌最大的一种诠释，同时员工将使用过的心得体验告诉给更多的人，这就是品牌传播。飞鹤几万人的员工团队，包括员工亲属的认可，是对品牌最大的宣传。

飞鹤多年以来，只专注于婴幼儿配方奶粉，是当前中国乳企唯一做婴幼儿配方奶粉的乳企，整个集团销售的 96% 以上都来自婴幼儿配方奶粉。飞鹤在制定品牌传播战略和品牌传播计划之前，首先针对中国宝宝的体质进行深度的使用习惯、行为习惯的分析，专注于中国婴幼儿配方奶粉的研发、研究、生产、传播、销售，不断收集和扩大中国母乳数据库，研究中国母乳与外国母乳之间的差距，根据中国宝宝成长曲线合理匹配营养成分，挤奶到加工 2 小时，用新鲜生牛乳（鲜奶）制作，天然含有 OPO，更适合宝宝娇嫩肠胃吸收。飞鹤是首家年销售额突破百亿的国产婴幼儿奶粉企业，并连续五年荣获世界食品品质评鉴大会金奖，一年超 1 亿罐销售，潜心打造"更新鲜、更适合"的高品质奶粉。

员工在工作的时候需要感觉到被赋予能力和被授以权力。比如，星巴克员工会接受大量的培训，员工会感觉到公司在他们身上投资，并且帮助他们获得成功。这一信息有助于减轻员工的焦虑感，因为员工不知道公司的行为是否以员工核心利益为准绳。它同时也能建立员工的自我效能感，使得他们坚信品牌关心他们。

管理者事必躬亲会导致效率低下，甚至会侵蚀员工的信任，为了避免这些，要鼓励员工去做那些他们认为对消费者最有利的事情。

案例 7-2

海尔智家股份有限公司：保障员工薪酬福利

海尔智家股份有限公司为员工提供有竞争力且激励性的薪酬体系。基于人单合一的用户付薪的薪酬激励模式，根据每位员工为用户创造的价值大小，提供具有差异化的以短期、中长期和超级激励为组合的多元化薪酬。公司严格按照国家法律、法规要求和相关政策规定，提供包括五险一金、企业年金及法定休假在内的法定福利。同时，在2019年度职代会上，通过决议，进一步丰富员工福利体系。

在健康关爱方面，为员工提供商业保险、年度体检；海尔爱心援助基金为困难员工提供帮助。在补充养老方面，提供青岛企业年金，保障员工退休收入。在补充假期方面，除法定节假日外，提供海尔年假、学生家长会假等，全力保障员工工作生活平衡。在生活关爱方面，无论是集团创业纪念日、重大节假日，还是结婚、生日等每一个人生重要节点，都会送上慰问与关怀。[①]

员工也能以另一种方式被赋予能力，如为员工支付学费，灵活上班时间，当工作地点很灵活，允许员工在家办公或自行安排工作时间的时候，他们也能感觉被赋予能力，员工会感到较少的压力，因为他们能自行安排工作和生活时间。谷歌公司不要求员工必须到公司上班，这种灵活的工作方式并不会让他们不努力工作，反而，他们会将工作完成得很好。公司也可以提供临时儿童看护服务和心理支持等额外福利，从而使员工感觉到更少的压力和资源约束。

---

① 海尔智家股份有限公司：《海尔智家2019年社会责任报告》。

案例 7-3

苹果公司致力于为员工提供释放能量、实现价值、改变世界的舞台

苹果公司为员工提供沟通、人力资源、管理技能、运营等专项培训，让他们在各个领域都能大有所为。苹果公司设立了 Apple 大学，面向全体员工开展"领导力调色板""Apple 之所以为 Apple"等培训项目，面向管理层开展 Apple 文化管理、Apple 在中国等培训项目。

Apple 大学关注两个方面：支持新员工融入 Apple 文化以及帮助他们学习在 Apple 发展所需的技能；支持管理层成为卓越的 Apple 领导者和管理者。Apple 零售店员工的成长备受重视。Apple 提供多样化的培训，使员工有能力为消费者带来更好的产品体验及售后服务。Apple 通过不同学习主题的教育咨询中心提供灵活的学习方案，帮助员工提高沟通技能、管理水平，更好地发挥创新能力。Apple 还设立教育资助计划，鼓励员工在工作之余通过正规教育机构实现自我完善。

Apple 还组织了一系列 Apple 人才开放日活动。Apple 副总裁、大中华区董事总经理葛越走入校园和同学们分享她的职业历程和个人经历，激励了许多学生更好地思考个人未来的职业发展；组织 Apple 的各大高校校友，通过访谈会的形式，用他们的亲身经历帮助同学们更好地链接校园和职场；也通过每一场活动中职能部门以及职位介绍，帮助同学了解所学的专业技能与 Apple 的连接。①

2. 赋情员工，促进品牌挚爱

大多数人真心希望爱上他们的工作和他们为之工作的品牌，因此，公

---

① Apple：《Apple 中国企业责任报告 2019—2020》。

司在内部营销过程中为品牌使命赋情非常重要,感官愉悦和感人行动都能够增强员工对品牌使命的挚爱。

首先,通过感官诉求来赋情。

和品牌使命相关的视觉、听觉、触觉诉求可以帮助员工快速、欣然地理解和接受使命,并对此阐述浓厚兴趣。

例如,品牌的Logo、制服等,被员工穿在身上,成为品牌的象征,员工自豪自己身为该公司的员工,这就是一种感官层面的诉求。

很多品牌接触点,如建筑的外部设计和内部装潢、办公室的氛围、品牌标识和员工制度等都会有意无意地影响员工,办公大楼赏心悦目的外部和内部设计给员工带来的感官愉悦远远超出最初的预想。这是因为员工在工作的每一分钟都会暴露在这些工作环境下,办公室氛围对员工的感受有很大的影响。穿着赏心悦目的员工制服也能赋予员工好心情,每天看见员工穿着漂亮的制服也会积极、正向地影响个人对品牌的感知愉悦度。相反,如果员工制服让员工感觉拉低档次,他们就会感觉到不舒服。

案例 7-4

谷歌办公室:最富设计感的办公室

谷歌整个办公室区域充满了设计感与科技化的装饰、躺椅、按摩床、洗浴区、健身房、游戏区,办公区内有免费的食物,吃不完的美食餐厅、零食区,甚至还有麦当劳、电影院,等等。

这里就像是一个迷你城市,你甚至可以在这里找到生活上的另一半,不出办公室就能够满足你生活的全部需求。

当然,谷歌这么做就是想让自己的员工能够充分地自由发挥自己的想象力与主动性,让员工最大限度地增加自己工作的满意度以及在办公室驻留的时间。[①]

其次,通过贴心的关爱来赋情。

使命宣言可以通过感人的诉求得以鲜活,从而为员工赋予感情。讲故事是一种可以让使命变得有趣和感人的方式,能够激发品牌信仰及与使命之间的联系。员工可以讲述自己和使命吻合的故事和个人经历。除了讲故事之外,公司使命还可以通过私人交往来传递,比如在篝火晚会上交谈。品牌传记是关于品牌如何从卑微发展到今天的成功故事,它对于员工和顾客都极具吸引力,尤其是当品牌传记讲述的是一个品牌如何克服重重障碍从最初的失败走向成功的故事。

从有礼貌、提供支持的同事那里获得尊重、情感和关心,也会令员工感动。这包括为员工提供暖心的礼物,或是为员工提供带薪休假等。

案例 7-5

佳能(中国):营造温暖的职场氛围

佳能(中国)关心员工的需求,竭诚为每一位员工服务,切实解决员工的问题,并将关爱延伸至员工家人,营造温暖的职场氛围,以真诚之心与员工共建幸福、温暖的大"佳"庭。

在关爱女性员工方面,佳能(中国)充分尊重和保护女性员工权益,为女性员工提供平等的成长和发展机会。针对女性员工开展全方位、多形式的帮助工作,用绵延真情传递关怀。例如,佳能珠海、佳能苏州为怀孕女员工开设了无噪声、无气味的孕妇生产线,并在厂区内设置专用通道和专用座椅,确保怀孕女员工的工作健康和安全。2020年,佳能珠海10人进入孕妇生产线工作,产假后返岗率100%。佳能(中国)在每个楼层都设置

---

① 中关村在线:《完全没法比:76张图带你走进谷歌办公室》,2014年3月10日。

母婴室，佳能苏州更新改造妈妈驿站，为哺乳期女性员工提供便利。

在帮扶特殊员工方面，佳能（中国）及在中国大陆地区生产企业主动雇佣残障人士，为他们提供平等的就业机会，并积极开展相关帮助和支持活动，进一步促进就业平等。2020年，佳能大连雇佣残障员工57人。与此同时，佳能（中国）切实关心每一位困难员工，通过资金及物资帮扶、工会探访等形式，解决员工面临的实际问题和困难，让员工感受到佳能大家庭的温暖。[①]

3. 赋意员工，升华工作的价值

公司的品牌理念得到员工的认同，员工从品牌理念中能够看到他们的个人信念并且受到鼓舞，这些宣言充分表达了员工在组织中该如何做好自己，组织和员工想要往哪个方向发展，以及作为一个组织想共同营造怎样的工作环境。这些宣言为员工赋意并能激发员工，将员工之间以及员工与品牌之间的距离拉近，让员工认为自己的工作富有价值，充满责任感。

例如，一些品牌的社会责任项目能够激励那些信任该社会责任项目和公司承诺的员工，有些公司鼓励员工去做志愿者，为社会带来一些改变，给员工提供带薪假期以做公益活动，这些工作能让员工感觉到他们不仅有时间为世界做些好事，并且他们的行为也能为公司的形象增光添彩。

要提高员工对于使命的尊重，使命就必须能鼓舞员工，反映他们的核心信念和原则，通过证实品牌使命与员工的信念和原则之间存在着紧密联系，公司可以让使命变得鼓舞人心。

---

① 佳能（中国）有限公司：《佳能（中国）2020—2021社会责任报告》。

案例 7-6

招商银行：让员工做自己的主人

招商银行提出"让员工做自己的主人"。以"金融科技银行"为未来定位，紧跟时代步伐，对企业文化进行重新梳理和升级。在奉献和追求卓越的核心价值观基础上，招行坚持"以人为本"，运用内部反馈等评价体系创新出"后备人才库""弹性福利""城际列车"等人力资源产品，在了解员工需求的同时让每个人参与人力资源决策。

在对行内员工的关注和培养上，招商银行聚焦"让员工做自己的主人"，推出众多人力资源系列产品，如"双通道"和"后备人才库"，让每一位员工可以规划自己的招行职业生涯；推出的"海豹计划""海贝计划""雏鹰计划"等机制，满足员工的自我学习和自我成长；"弹性福利"则可以让员工定制个性化的福利制度。招商银行期望让每位员工都有机会可以参与到人力资源的决策中；让每一位员工都可以在这样开放、自由的平台上锻炼和成长。

2019年1月9日，在《财经》杂志举办的"2019可持续发展金融峰会暨《财经》长青奖颁奖典礼"上，招商银行荣获2018年"长青奖"——"年度最佳客户体验银行"。2019年7月10日，《财富》中国500强榜单揭晓，招商银行以2485.55亿元的营业收入位列第38位。2019年7月22日，《财富》世界500强榜单正式发布，招商银行连续8年强势入榜，名列第188名，较2018年上升了25个位次。2019中国年度最佳雇主100强中，招商银行跻身前5强。[①]

---

① 招商银行：《招商银行获评"中国年度最佳雇主"》，2017年12月21日。

第三节 让政府成为品牌最有力的支持者

政府是发挥品牌引领作用,为推动供给结构和需求结构升级保驾护航的重要力量。国务院办公厅2016年6月10日发〔2016〕44号文《关于发挥品牌引领作用推动供需结构升级的意见》,提出政府应净化市场环境,建立更加严格的市场监管体系,加大专项整治联合执法行动力度,实现联合执法常态化,提高执法的有效性,追究执法不力责任。同时,政府应制定激励政策,积极发挥财政资金引导作用,带动更多社会资本投入,支持自主品牌发展。鼓励银行业金融机构向企业提供以品牌为基础的商标权、专利权等质押贷款。发挥国家奖项激励作用,鼓励产品创新,弘扬工匠精神。

政府的认可对于企业品牌影响力的正面作用是巨大的。企业应积极纳税、响应政府政策,积极参与政府举办的品牌活动,关注政府对企业的期望。及时跟政府进行有效的沟通,可以极大地提升品牌的影响力。

对于政府来说,品牌建立好和政府的关系,能体现出功能、情感和精神三个层面的价值。

(1)品牌满足政府采购需求,实现功能价值。

政府采购是指各级政府为了开展日常政务活动或为公众提供服务,在财政的监督下,以法定的方式、方法和程序,通过公开招标、公平竞争,由财政部门以直接向供应商付款的方式,从国内、外市场上为政府部门或所属团体购买货物、工程和劳务的行为。其实质是市场竞争机制与财政支出管理的有机结合,其主要特点就是对政府采购行为进行法制化的管理。

成为政府采购产品对于品牌来说具有示范效应,政府采购既直接给予品牌经济利益,同时也能起到间接背书的作用,对于品牌的影响力提升具有重大影响。统计显示,2019年全国政府采购规模为33067亿元,占全国财政支出和GDP的比重分别为10%和3.3%。

联合国是全球最大的国际组织,也是世界上最大的经济技术交流平台,具有很高的权威性。2018年,联合国在全球的采购金额约为182亿美元,此外,大多数联合国成员国在进行政府采购时也使用联合国注册供货商名单,据不完全统计,由此带来的贸易机会高达数千亿美元。中国企业要实行"走出去"参与国际竞争与合作,这是一个最好的互动平台。

2006年,中国联合国采购促进会成立,是经国务院批准、民政部登记注册的具有独立法人资格的全国性社团组织,主管单位是中央和国家机关工作委员会,受中华人民共和国商务部指导。中国联合国采购促进会的工作宗旨是促进我国企业积极参与联合国采购,帮助我国企业利用联合国的全球网络开拓多元化的国际市场,加强我国同世界各国,尤其是发展中国家的经济技术合作,在更大范围、更广领域和更高层次上参与国际经济技术合作与竞争。截至2020年,中国在联合国新增供应商数量有很大的跃升,注册的联合国基础级中国供应商数量已经超过6500家,全球排名第二。

案例 7-7

苏宁大客户平台覆盖了 98% 的政府类采购群体

2020年12月,由《中国政府采购报》、中国政府采购新闻网主办的"2020年中国政府采购高峰论坛"在北京举行,作为深耕政府采购30年的苏宁大客户(苏宁易购集团B2B公司),连续五年蝉联了"采购人喜爱品牌"奖。

数字化采购是政府采购改革的重要方向,全面推进数字技术应用可提高政府采购绩效和质量。近年来,苏宁大客户一直在为推进政采数字化改革努力。2020年,在新冠肺炎疫情期间,苏宁大客户推出了"无接触采购"

方案。苏宁专属商城、API商城、易企购三大电商化采购解决方案，助力政府类（包括政府单位、监狱、医院、高校等垂直领域单位）客户快速实现电商化采购变革，采购人可以自主下单，在线审核，使用电子发票，实现采购全程无接触，保障政府采购更安全。

苏宁大客户数字化采购方案的优势还在于其推出的定制服务。以监狱系统为例，监狱系统具有特殊性，管理起来有其特殊性和复杂性。针对监狱采购当前亟须解决的问题，苏宁提出方案：在品类方面，商品数量基本可满足日常采买需求；提供电子发票，可以极大简化内部采购的流程，提升工作效率；提供可视化数据服务，与江苏、浙江、广东、辽宁省的监狱管理局合作，提供一站式的解决平台，很好地解决了采买复杂的问题；可以根据客户的需求做到专人专车配送，保证了信息安全。

苏宁大客户凭借其数字化采购优势，覆盖了98%的政府类采购群体。[1]

案例 7-8

海尔：成为泰国政府采购家电指定品牌

泰国佛统府政府宣布海尔为"政府采购家电指定品牌"。作为海尔进军东南亚市场的首站，2002年海尔进入泰国之初就选择了自主创牌，并建立了生产基地以及研发中心。在"人单合一"模式指导下，海尔与用户"零距离"交互，赢得了泰国乃至东南亚用户对海尔品牌的认可，也因此成为泰国佛统府的"政府采购家电指定品牌"。海尔在泰国的探索，为中国企业的全球化提供了探索模本。[2]

---

[1] 驱动中国：《数字化采购获行业认可，苏宁蝉联"采购人喜爱品牌"奖》，2020年12月22日。

[2] 东方财富网：《中企在海外创造中国品牌》，2020年9月18日。

事实上，不仅仅大企业可以通过政府采购增强品牌影响力，对于中小企业来说，政府采购也是品牌发展的重要助力。2019 年，全国政府采购授予中小微企业合同金额为 24519.1 亿元，占全国政府采购规模的 74.1%；授予小微企业合同金额为 11922.3 亿元，占授予中小微企业合同金额的 48.6%。[①]

2020 年 12 月 28 日，财政部、工业和信息化部印发《政府采购促进中小企业发展管理办法》（以下简称《办法》）。《办法》明确，在政府采购限额标准以上，小额采购项目（200 万元以下的货物、服务采购项目，400 万元以下的工程采购项目）原则上全部预留给中小企业。

《办法》同时明确，超过 200 万元的货物和服务采购项目、超过 400 万元的工程采购项目中适宜由中小企业提供的，预留该部分采购项目预算总额的 30% 以上专门面向中小企业采购，其中预留给小微企业的比例不低于 60%。

（2）成为政府指定产品，实现品牌的情感价值。

政府宴请等是政府重要的公务活动之一，在这种场合选择的品牌，往往代表着政府心目中对该品牌有着"优质、高档"的愉悦感和认同感，而政府在这种场合使用的产品，也会进而引发消费者心目中的"信任、仰慕"等好感，实现品牌的赋情利益。

例如，各国国宴用酒向来是关注的焦点，如法国国宴的名庄酒拉菲、康帝、玛歌、滴金等，中国茅台、洋河·梦之蓝、汾酒、古井贡酒等，也都是很多重要会议的宴请用酒。

因此，若能成为政府活动或是政府要人的宴请或私人用品，比如酒、茶、汽车、服装等，对于品牌影响力的提升作用都是非常大的。

（3）成为国家或地方的代表，实现精神价值。

在与政府的关系上，品牌能实现的最高层级就是成为政府心目中国家

---

① 搜狐网：《政采资讯/2019 全国政府采购数据公布》，2020 年 9 月 9 日。

或地区的代表，实现赋意价值。

从政府采购中，也能看出政府对于产品方向上的引导：在节能环保产品采购方面：全国强制和优先采购节能、节水产品633.7亿元，占同类产品采购规模的90%；全国优先采购环保产品718.7亿元，占同类产品采购规模的88%。[①]

世界上很多国家的政府用各种方式去支持和帮助他们心目中能体现本国实力的品牌，帮助这些品牌扩大国内和国际影响力。例如，瑞典作为国土面积为45万平方千米的北欧国家，却拥有诸多蜚声海外的强势行业和世界级品牌：以沃尔沃为代表的汽车工业，以利乐为代表的包装工业，以爱立信为代表的通信业和以Skype为代表的互联网行业等。瑞典政府也积极地通过各种行动为本国的品牌崛起提供服务。例如，2004年开始提出"创新瑞典"战略，努力在新兴行业中挖掘下一个国际品牌，并明确政府在其中的作用，由政府设立研究基金，与企业合作出资，设立具体项目，然后把该项目所在产业链上不同的企业和研究机构联系起来。又如，瑞典的沃尔沃汽车享誉全球，如今传统优势不再，他们希望通过创新机制，在智能汽车的安全性能上加大研究力度，同时加强产业和学术研究机构的合作。为了集中优势，瑞典政府出面建立了研究基金会进行融资，集中了来自整个产业链的专家。据悉，政府资助研究的智能汽车SAFER项目已经在车前玻璃红外感应等方面取得了进展。瑞典政府对智能安全汽车的研究，将有望孕育出瑞典下一个汽车领域的国际品牌。

意大利政府规定，从2020年4月16日起，企业可以提交申请，加入"历史品牌"认证名单。意大利经济发展部将根据有关规定负责该名单的管理。拥有超过50年的历史品牌可以申请"历史品牌"，政府此举的目的在于保护那些历史悠久的意大利企业的工业产权与杰出成就，以发扬意大利的高

---

① 中华人民共和国中央人民政府网：《财政部：2019年全国政府采购简要情况》，2020年8月27日。

水平制造业、创新、可持续性、国际竞争力等价值。

第二次世界大战期间，一批军用产品顺势成长为知名品牌，如美国"吉普"（Jeep）是经过注册的专属商标。另外，还有原为保护飞行员眼睛、绿色镜片的太阳眼镜"领航者"，后来发展为知名的眼镜品牌"雷朋"，当年美国五星上将麦克阿瑟戴的就是雷朋。第二次世界大战期间，雷朋镜片被政府定为太阳眼镜的标准。

以上这些例子，都是政府对于品牌的最高层级的认可，意味着政府认为这些品牌能够代表国家形象，因此不遗余力地大力帮助这些品牌提升影响力。

如今，中国也涌现出一个个被称为"国家名片"的优秀企业，如高铁、核电。中国已经成为世界制造业大国，突出优势是处于全球产业链中游，高铁、核电、汽车等一大批产业和装备处于国际先进水平，性价比高，符合很多国家需求和承接能力。

另外，企业在扶贫等方面的贡献，也能得到政府的认可，体现企业的赋意价值。2020年12月12日，由人民日报社指导、人民网主办的"2020人民企业社会责任高峰论坛暨第十五届人民企业社会责任奖颁奖典礼"在北京举行。国务院扶贫办社会扶贫司负责人在讲话中说，企业社会责任已成为衡量企业价值的一杆标尺，成为企业可持续发展的核心议题。助力打赢脱贫攻坚战是当前一个时期企业最大的社会责任；下一步企业社会责任重心将是巩固拓展脱贫攻坚成果，实现与乡村振兴的有效衔接。他建议，要在确保脱贫攻坚圆满收官、巩固拓展脱贫攻坚成果、拓展销售渠道稳定增收、总结宣传企业典型经验、推动企业承担社会责任等方向重点发力。恒大集团有限公司、中国平安人寿保险股份有限公司、百事食品(中国)有限公司、交通银行等企业上榜。

此外，各个地方政府都会采用各种措施支持本地的知名品牌，因为这些本地品牌在政府心目中，也是本地区的代表，体现了品牌的赋意利益，因此地方品牌可以积极关注各级地方政府开展的各种支持本地品牌的活动，积极参与进去，获取相关支持，提升品牌影响力。

第四节　让媒体成为品牌价值持续提升的代言人

在国务院办公厅《关于发挥品牌引领作用推动供需结构升级的意见》中，明确提出鼓励各级电视台、广播电台以及平面、网络等媒体，在重要时段、重要版面安排自主品牌公益宣传。媒体是营造品牌良好社会氛围的重要力量，媒体的宣传有助于凝聚社会共识，支持自主品牌发展，助力供给结构和需求结构升级。同时，媒体的介入还有助于培养消费者自主品牌情感，树立消费信心，扩大自主品牌消费。因此，要坚持正确舆论导向，关注自主品牌成长，讲好中国品牌故事。

当今社会，传媒业的发展越来越快，传媒的方式已经不局限于传统的电视、报纸、杂志、广播，随着网络媒体及其他新兴媒体的出现与发展，使新闻传播的速度能一夜之间传遍全球。网络信息传播方式改变了传统电视、报纸新闻事件的传播速度，第一时间使信息全球化、网络化、透明化。无论是发生在我们周围的大小事，还是发生在地球的每个角落的重大事件，人们都可以通过网络媒体把人们关注的新闻最快地向全球传播。可以说，网络媒体的出现改变了我们的生存方式，使企业处于全球新闻透明化的包围中。因此，企业要实现品牌价值的持续提升，就不可避免地要和媒体沟通，要构建与媒体的良好互动关系，让媒体成为品牌价值持续提升的代言人。当今社会，企业生存在一个透明的媒体舆论的环境里。企业离不开媒体的支持，更应学会处理好与媒体的关系，赋能、赋情和赋意媒体，让媒体对企业从新闻素材提供者、遵纪守法的经营者的印象提升为受尊敬公司的代表。企业和媒体建立良好的通路，有利于企业品牌形象的传播。只有开创品牌和媒体双赢的良好关系，才能为企业的成长创造良好的发展空间。

1. 赋能媒体，积极沟通，为媒体提供报道素材

品牌首先要为媒体提供丰富的报道素材，站在战略的高度看待与媒体的关系。企业与媒体的关系，决不仅是广告和宣传那样简单。品牌的一举一动，都是媒体关注的对象，媒体需要全面客观地了解品牌的动向，品牌需要将自己的最新动态积极提供给媒体作为新闻素材。

在当今媒体传播手段多样化、网络化的时代，不仅仅是品牌的正面事件会得到广泛传播，企业的负面新闻事件，也很容易一夜传遍全国甚至世界。媒体对于企业而言是传声筒、扩音器，能把企业的声音通过放大，传播得更远，知道的人更多。媒体是企业问题的探照灯、放大镜，也能把企业的问题放大。创办一个企业不容易，能成为名牌企业更不容易，但因一次危机事件与媒体的关系没有处理好毁掉一个企业却很容易。太多令人叹息的企业，因为不能正确处理与媒体的关系而破产倒闭。因此，媒体也是生产力。处理好与媒体的关系，可以扩大企业的效益和品牌影响力，处理不好，企业则可能破产、倒闭。企业需要将与媒体的关系也纳入战略体系，媒体通路建设也是一种生产力。

媒体大致可以分为报纸媒体、杂志媒体、电视媒体、电台媒体、户外媒体、直投媒体、网络媒体。还可以分为传统媒体、新兴媒体、有声媒体、文字媒体、视频媒体等。不同类型的媒体，性质不同，定位不同，内容要求不同，发布形式不同，影响大小也不同，所以媒体的重要性就不同。企业要根据自己的实际情况具体制定针对不同媒体的传播策略，对媒体受众做详细的研究，制定媒体投放组合策略，以达到媒体投放的针对性、有效性、受众影响最大化。

2. 赋情媒体，创新沟通方式，获得媒体好感

品牌应积极创造与媒体沟通的机会。企业无法做到让媒体保持沉默、发表看法、影响公众，逃避媒体采访、拒绝媒体采访有时反而会引起媒体和公众的误解。因此，品牌主动沟通，利用采访机会，开展与媒体合作，坦诚的态度反而可以赢得媒体的好感。比如，在品牌的公司成立、战略发布、新品推出、社会责任报告发布、项目签约等具有里程碑性质的事件时，通过主动召开发布会、沟通会等专项行动，来创造和媒体的沟通机会。

发布会、沟通会也是媒体所期待的一种新闻信息获得渠道，几乎100%的媒体将其列为最常参加的业务活动。由于新闻发布会上人物、事件都比较集中，时效性又很强，且参加发布会免去了预约采访对象、采访时间的一些困扰，所以通常情况下媒体都会安排记者积极参加。发布会的功能除了传递新闻信息外，越来越多地在起着提供体验、感受的作用。发布会的主题、主持人的开场白、发言人的演讲煽动力，背景板、灯光、音乐的设计情况，记者问答时的互动气氛等细节，都会向媒体传递企业的品牌形象、价值观和品牌主张。

企业应当善用新媒体，创新品牌传播机会。新媒体包括微信公众号、微博、H5、短视频等运营模式。它也是一种品牌资产，最终目的是为品牌建立和传播做推动服务。如今消费者在消费时更加关注其品牌的符号、内涵、意义，以及文化价值。而新媒体运营的意义，就是把品牌的文化价值和情感诉求一遍又一遍地传播出去。新媒体运营的真正价值更多是在于让你喜欢上这个品牌，而不是让你去购买它。在一次次认识或者接触到某个产品之后，消费者会对品牌产生潜移默化的好感，可能会转发品牌信息、向朋友推荐，在某一天需要的时候，会顺手实现消费行为。

互联网技术的发展，也催生了多样化的品牌传播模式。例如，随着短视频、直播带货等网络营销行业的兴起，这种新业务覆盖用户规模达到8

亿以上，互联网营销从业人员数量以每月 8.8% 的速度快速增长。在数字化信息平台上，运用网络的交互性与传播公信力，对企业产品进行多平台营销推广的直播销售员，已受到广大企业和消费者青睐、认可。2020 年 7 月，人力资源和社会保障部、市场监管总局等部门联合发布了包括"区块链工程技术人员""互联网营销师"等在内的 9 个新职业，"互联网营销师"也就是通常所说的"直播带货"。

（1）通过创新系统化的公众形象赋情媒体。

企业应善于以优质服务、自主创新、绿色发展、关爱员工、诚信合作、奉献社会等为主题，创新策划由视觉主形象、视频形象、品牌口号、传播软文等元素有机组合的系列品牌形象，根据不同时段开展主题式新闻发布，回应不同受众需求，传递公司综合价值，增加品牌冲击力。

此外，还须针对标准化服务、传播场景、品牌口号形成、品牌宣传画展示、网络应用、图片及视频拍摄风格、新闻语境表达等品牌形象，构建应用系统，进行阶段性地统一更新。

（2）通过塑造符号化的形象代言赋情媒体。

品牌代言人是为实现企业目标而提供信息传播服务的特殊人员，其主要职能包括：一方面，在各种媒介传播品牌信息，扩大品牌知名度、普及度；另一方面，参与品牌公关，拉近企业品牌与受众之间的距离，促进企业品牌与受众之间的信息沟通，不断提升品牌形象，帮助企业树立品牌美誉度与忠诚度。品牌形象在某种程度上是一种虚拟的，留存于人们脑海中的对于品牌的印象。品牌形象代言人以其形象化、情感化、个性化的特征，能够使品牌形象深入人心，使品牌形象更具有自己独特的个性，使品牌能够明显区别于其他品牌。因此，选择合适的品牌代言人，对于企业的发展和企业品牌形象的塑造与传播具有重要意义。

企业应结合公司在优质产品、科技创新、绿色发展、公益扶贫等方面的品牌价值诉求，选拔和推出符合企业品牌形象要求、符合时代特征，并具备显著社会影响力和号召力的形象代言人或团队；通过集中高端主题传播、先进事迹多角度推广等方式，拉近受众沟通距离，塑造代言人丰满形象，以代言人个性化特征演绎品牌丰富内涵。

案例 7-9

广州供电局创造"央企网红"

广州供电局 Power Girls 案例从"单向宣传"到"互动宣传"、从"被动接受"到"主动表达"，摒弃了以往的信息传播思路，充分提炼国企品牌中的价值，迎合了当下"全民围观""发生即新闻"的趋势，并在传播中回馈了电网企业既有的中心工作。

2015年，广州供电局推出央企首个员工代言人 Power Girls 组合，第一期 Power Girls 选择 7 名女员工介绍供电局各种用电业务，次年，经过精心策划，克服第一期纯平面的弱点，推出第二期 Power Girls，5 名成员分别代表电网企业内部 5 个不同工种，客户服务人员小瑜、社区经理杨杨、电网调度员琦颖、95598 接线员小纯和变电运行员芸萱。她们是 5 位爱唱爱跳的女孩，用自己清丽的歌声阐释供电员工为用户传递能量的使命，展示供电局一线工人的业务内容与精神面貌。与网易新闻合作开通央企首个网络视频直播间，通过播送 Power Girls 及自制舞台剧，向公众科普节约用电知识。当天累计共有 3.6 万多名网友在网易新闻客户端观看现场直播，与 Power Girls 实时互动。

在几乎没有任何推广费的情况下，Power Girls 掀起的国企品牌风暴持续蔓延，甚至刮到了社交媒体的领域。人民日报客户端将《万家灯火》发布在全球最大的视频网站 YouTube 与全球最大的社交网站 Facebook 的官方账号；在微信朋友圈、微博等渠道传播，大量自媒体转载。网友自发将 MV

上传到 QQ 音乐、酷狗音乐，自发开通知乎问答，设立百度词条。①

（3）通过融合化的跨界传播赋情媒体。

"跨界"即为品牌的跨界营销，指两个或两个以上不同行业的非竞争性品牌，基于市场目的的一致性，以新颖、个性的创意方式联合使用品牌要素，来吸引消费者的注意并引发他们与品牌的互动行为的一种活动。跨界 IP 合作策略被广泛运用在各种年轻品牌当中，在实践中也证明跨界 IP 合作对于提高两个合作品牌的名气有正向作用。

案例 7-10

跨界 IP 合作激活稻香村品牌形象

对于逐步衰弱的老字号品牌而言，解决如何实现老字号品牌激活这一问题已经刻不容缓。稻香村探索出老字号企业进行品牌形象升级与激活的跨界 IP 合作策略。

稻香村 × 东阿阿胶：打造全新养生糕点，贴合趋势改善形象。稻香村通过与东阿阿胶品牌的合作，吸取东阿阿胶产品中的优质材料融入传统月饼糕点，推出了更符合饮食养生观念的阿胶月饼款式，为消费者提供更加符合饮食养生观念的糕点，同时稻香村通过合作借助东阿阿胶养生健康的品牌形象，一定程度上改善了消费者对传统糕点的品牌形象。

稻香村 × 延禧攻略：重现品牌故事，增加使用频率。稻香村通过在剧中自然植入其精细的配料和制作工序，酥皮点心成为清廷公认美食，名声大噪。乾隆特意盛赞"美味不可多得"，使更多消费者在电视剧潜移默化影响下对其产生好感，提升了稻香村整个老字号品牌的形象和品牌赞誉度。

---

① 李燕萍、郝思远：《广州供电局创造"央企网红"》，《企业管理》，2017年第 2 期。

稻香村×剑网3：品牌元素融入游戏，识别被忽略的年轻消费群体。"梦回稻香"月饼礼盒在外包装及月饼的设计上，融入了剑网3中稻香村的游戏场景和游戏玩家熟悉的侠士Q版形象。"梦回稻香"礼盒中加入了众多稻香村的元素，不仅能唤醒人们对游戏中稻香村场景的体验记忆，更能进一步加深稻香村这一糕点类品牌在年轻消费者心中的新奇有趣、活泼的品牌形象，在剑网3的游戏情景中人们便能联想到稻香村的定制月饼，有效增强了稻香村品牌联想的独特性。[1]

员工参与直播带货，具有更加亲和、可信的特点，一些企业请出自己的公司高管，利用他们本身的光环效应，达到了很好的品牌宣传效果。例如，继董明珠"带货女王"成功之后，网易公司董事局主席兼首席执行官丁磊、小米董事长兼CEO雷军等著名企业高管也纷纷走进直播间，为自家产品代言。

除了利用公司高管自身的影响力提升品牌影响力之外，普通员工也能为品牌的影响力提升带来贡献。例如，上海老字号品牌"老庙黄金"，在"2020五五购物节"全球大直播中，启动了普通的公司员工直播带货，进行私域化部署，快速覆盖所有直营门店，以私域社群方式运营，秒杀、知识输出、福利等贯穿其中，通过社群营销线上成交、快递到家的方式满足顾客需求，两个月带动门店销售近1000万元，创下了工艺金条单日销售超过200万元的良好业绩。在实体店鼓励员工素人直播带货，打造品牌自有KOL推动直播卖货。素人直播加速赋能全国门店，足不出户也能让全国用户买到老庙产品。直播项目逐步从淘宝直播平台拓展到微博、小红书、抖音、快手、bilibili等内容渠道。

---

[1] 江炜康、吴锦莲、叶育宁、卓炜恒、李宏斌、卢一楠：《基于跨界IP合作的中华老字号品牌形象升级与激活策略研究——以稻香村为例》，《经济师》，2020年第6期。

案例 7-11

京东：采购经理变身带货主播

近期京东的直播平台上，有一部分不按常理出牌的"冷静"主播：他们大多是"素人"，没有特别煽动性的语气和肢体语言，而是用丰富的采购经验和专业知识征服观众。这些主播胸前佩戴着京东员工卡，手中拿着京东自营商品，他们并非专职的"带货主播"，而是各个品类部门负责采销工作的资深员工，他们也是京东近期正在与各大MCN机构合作孵化的平台带货达人——"京品推荐官"。

京东平台自营业务的采销工作人员，产品采购经验丰富且熟知厂商品牌情形，京东将陆续推出熟知电脑数码、手机、美妆、母婴、酒水等不同领域知识且采购经验丰富的专业采销人员参与其中。把性价比高的产品通过专业采销人员的直播推荐给消费者，让消费者买到放心的商品。此外，"京东自营推荐官"的直播中涵盖家用电器、食品、母婴、清洁等众多品类，为用户提供全面生活消费建议。

（4）依托多元化的媒体平台赋情媒体。

媒体平台包含了以报刊、广播、电视等为代表的传统媒体及以微博、微信等为代表的新媒体。新媒体具有信息传播方便快捷，信息交互性强的特点，使得市场宣传更为方便。相较于传统媒体，新媒体宣传不仅成本低、针对性强、传播速度快，还具有更丰富的内容。

案例 7-12

严肃又好玩的故宫品牌

故宫的历史厚重感总给人高高在上的感觉，新媒体的创新发展之路给故宫带来了不一样的契机。

开通官方微博。故宫博物院的官方微博有故宫博物院、故宫出版社、故宫淘宝、故宫博物院官方旗舰店、故宫书店。故宫针对不同内容,不同的受众开办了数个微博,用于推广并增加其影响力。2017年故宫博物院微博账号的影响力达到5A景区的第一。故宫博物院工作的各位师傅,也纷纷开通微博。不仅让人们从日常生活工作中了解了故宫,也让故宫高大上的隔离感消除,更加接地气。

开发微信公众号。故宫的微信公众号分类极多,将各方面细化,定位细致精准。从故宫的历史文物知识到故宫的美食,将其细化,精确定位受众。精确的定位,加上风趣幽默的文章推广,故宫再也不是庄严肃穆、不可亲近的姿态,而是变成了能卖萌的段子手。风趣的语言生动的形象,发布的内容带着感情色彩,营造了能获得十万阅读量的故宫官方微信。

开启线上销售。故宫博物院在淘宝开启了官方旗舰店——故宫博物院文创旗舰店。买家对故宫博物院文创旗舰店的满意度很高,一方面得益于客服人员细致幽默的服务,另一方面是故宫在文创产品的研发销售上,抓住了人们的心。

开发故宫主题App。故宫抓住网络游戏飞速发展的契机,推出了《胤禛美人图》《紫禁城祥瑞》《皇帝的一天》《韩熙载夜宴图》《每日故宫》等多个App,人们可以从细致之处了解触碰这个充满历史文物的紫禁城,不再是被动地去接触了解故宫,而是自己亲身去探索动脑,从被动变主动。让原本死气沉沉的传统文化在游戏中活了过来,产生对故宫历史文化的兴趣,对故宫文化有着极好的宣传效果。[1]

---

[1] 朱娟、庞小笑、侯琳、金炫池:《新媒体环境下故宫博物院品牌推广创新研究》,《戏剧之家》,2018年第32期。

3. 赋意媒体，以负责任、可持续的品牌形象赢得媒体尊敬

可持续品牌是将可持续发展理念融入企业管理与实践，并通过在利益相关方中实现可持续形象的累积，所形成的企业品牌类型。可持续品牌需要企业关注社会的可持续理念，再运用到企业实践中。比如，在新冠肺炎疫情的特殊时期，品牌如果能更多地考虑企业品牌属性和社会关切之间的结合点，通过适当的品牌宣传、品牌内涵的提升和升华，以及品牌管理的标准化等方式来增加跟大众的品牌接触点，让媒体认同品牌的内涵，就可达到赢得媒体尊重、提升品牌知名度和美誉度的作用。

例如，以麦当劳和可口可乐为首的品牌，从 Logo 开始现身说法，麦当劳金拱门的 M 变成了分开的两个"n"，可口可乐的户外广告每个字母都保持距离。大众、奥迪也将它们的 Logo 拉开距离。这种幽默化的表达，传递的是新冠肺炎疫情下保持社交距离的负责任态度，很得受众好感。大家都被迫宅家几个月，正愁没有打发时间的途径，著名品牌的 Logo 分离，宛如一场趣味游戏，极大地拉进了品牌受众和品牌之间的距离。媒体对这种表达方式也给予了好评，自动自愿加入传播行列。一方面，对于媒体来说，这是新闻点的体现，新鲜的表达方式能拉进品牌和利益相关方的距离，拿自己"开涮"能让利益相关方感知到品牌的平易近人，选择与当下生活方式贴近的主题更能引起利益相关方的情感共鸣；另一方面，是品牌通过这种形式表达出一种负责任的企业态度，是"我关心你的健康"具象化表达，因而得到了以媒体为代表的受众的认同和理解。

此外，最早复工复产的肯德基、麦当劳等大型连锁品牌更体现了一种品牌的坚持，他们以"标准化生产"著称，通过统一标准、操作量化把过程复制并落实到每一个执行岗位上，在疫情蔓延的非常时期，让大众更容易相信它会把"严谨"的品牌个性应用到卫生清洁方面。媒体对这些品牌的信任让公众相信这些品牌"管理严谨"的品牌个性，加上充满"无接触"

品牌接触点布局，比如网上点单、无接触配送等，打造了"安全、放心"的品牌形象，这些坚守的品牌给予了疫情下的人们一种希望和坚持，增强了品牌的凝聚力。

品牌树立负责任、可持续的形象，可以更大程度地展现品牌在社会上存在的意义，提升品牌的内涵，赢得媒体的尊敬，让媒体视之为受尊敬公司的代表，从而自愿宣传和传播品牌的故事和理念，使品牌与媒体形成良性的互动循环关系。

品牌价值可持续增长的基本支撑——共享

第八章

第一节 共享与品牌价值可持续增长

一、共享内涵

在传统的品牌管理中,企业拥有品牌的绝对控制权。企业进行产品定位和规划评估,决定品牌价值,而消费者被动接受品牌价值。随着经济全球化的不断深入,消费者开始拥有更多的自主选择权,品牌所有权与经营权开始发生一定程度的分离,并朝着"品牌与所有利益相关方"的方向发展。

在与利益相关方的共享中,企业已从品牌的绝对控制者转变为品牌发起者,甚至由政府、行业协会等担任品牌控制者的角色。在共享中,企业不提供价值,只提出价值主张,而各利益相关方为品牌贡献价值增长点。通过对各利益相关方的引导与制衡,企业与利益相关方之间建立长期合作关系,以期达到品牌共建、共创、共享的效果。企业资源的可获取性和运用资源的能力是品牌价值的来源。[①] 消费者等利益相关方作为品牌控制者,为品牌注入时间、金钱、知识等资源,通过协同合作的方式对品牌战略决策、品牌定位、品牌设计等施加影响力。广泛的利益相关方在社会体系中具有能动的资源整合能力,可以利用自己的知识、技能等资源,通过社会互动,吸纳整合其他资源来创造品牌价值。由此,我们可以提出共享的具体定义:

---

① 寇宗珍、周常兰:《企业品牌价值来源辨析——基于资源观与企业能力视角》,《商业经济研究》,2019年第19期。

"共享是企业与所有利益相关方一起，通过促进利益相关方的参与、交互，构建多方的健康关系，提高品牌价值的过程，其本质属性是共享企业对品牌的掌控权。"

二、共享的构成

在共享中，品牌发展建设的绝对掌控权不再由企业独家拥有，而相应由消费者、供应商、经销商、社会、地方政府等多个利益相关方共同对品牌施加影响力，其中以消费者和供应链的参与最为直接、最为主要。然而，随着品牌理论的不断发展和商业实践的探索推进，部分地域性品牌的所有权逐渐脱离单一企业，政府、社会等参与度不断提升，逐渐形成独特的多企业共有品牌的情况。根据各利益相关方参与普遍度的差异，我们将共享分为一般性共享和集群品牌、农产品区域公用品牌共三种形式。其中，一般性共享指品牌拥有者在中、微观层面与消费者、供应链的共享。在共享的微观层面，企业和消费者是核心，关注个体的二元结构和活动。在共享的中观层面，关注组织、产业，即上下游供应链，包括围绕核心企业的外围供应商、分销商、第三方服务机构的网链结构。一般性共享占据了共享中的绝大多数情况，也是在当下市场环境中应用最成熟、最广泛的共享形式。在共享的宏观层是广泛的社会结构和活动，关注整个社会参与者，主要包括政府、行业组织、农民和个体商户等。[①] 我们依据利益相关方主导地位的差异，将其划分为集群共享和农产品区域公用品牌。

---

① 简兆权、令狐克睿、李雷：《价值共创研究的演进与展望——从"顾客体验"到"服务生态系统"视角》，《外国经济与管理》，2016年第38卷第9期。

三、共享是品牌价值可持续增长的支撑

共享是一个动态和社会化的过程,所有利益相关方共同构成了品牌可触及的开放资源。共享和品牌价值可持续增长是企业、品牌和所有利益相关方之间连续动态的变化和高度交互,这些变化和交互共同支撑起品牌价值的持续性发展。[1]

在与消费者的共享中,消费者不再被视为公司所提供价值、产品或服务的接收者,而是生产过程中的积极合作参与者。品牌价值会因为消费者参与生产活动而获得新的创意,获得相应的产业绩效(如利润上升、规模扩大等)。在与供应链的共享中,供应链上下游与企业一起创造了服务或产品的价值。供应链作为一个整体,构成了企业产品营销的重要环节,也成为企业产品强大供应能力的背书,提升了品牌价值。[2] 通过共享,集群品牌在消费者心目中建立起较高美誉度,随着集群美誉度在消费者心目中的积累,品牌的情感价值逐渐增加,品牌独特的个性、品牌所能带来的联想,以及品牌独特的市场定位使区域品牌从一众品牌中脱颖而出,并逐渐积淀为一种区域文化和精神寄托,甚至形成消费者的信仰。[3]

四、共享支撑品牌价值可持续增长的路径

社会中所存在的资源远超于公司自身所拥有的资源。随着社会的发展、

---

[1] 沈蕾、何佳婧:《平台品牌价值共创:概念框架与研究展望》,《经济管理》,2018年第40卷第7期。

[2] 孙永波、丁沂昕、王勇:《价值共创互动行为对品牌权益的作用研究》,《外国经济与管理》,2018年第40卷第4期。

[3] 吴传清:《区域产业集群品牌理论研究进展——以广东学者的研究文献为考察对象》,《学习与实践》,2009年第2期。

技术的进步、理念的变化，品牌随时处于压力之中，获取资源是品牌生存发展的重要法则。共享品牌意味着触及外部利益相关方（如消费者、供应链、政府、其他企业等），获取其所拥有的资源，支撑品牌快速应对压力，帮助品牌实现快速转型。品牌与利益相关方的资源共享可以使彼此成为依靠，实现"1+1＞2"的效果，支撑品牌价值的增长。

1. 以贡献资源方式提升品牌功能价值

对利益相关方而言，参与共享是共享信息、分享资源的过程。利益相关方参与共享不只是贡献自身资源，也是帮助品牌获取更广泛的社会资源的过程。对于企业来说，共享资源的容纳性越强，利益相关方共享资源的显著性和创新性就越有助于增强品牌为消费者带来经济价值，带动品牌价值的提升。

具体而言，通过共享，利益相关方在贡献资源的同时不仅能够调用多方资源、满足个人诉求，也可以整合多方资源，达到节约稀缺资源、获得最大能力的目的。正向反馈增强了利益相关方的品牌信心，提升品牌满意度，增强利益相关方与品牌的分享互动，同时降低品牌的资源投入，帮助产品走出生产者个人能力的局限。通过与利益相关方的共享，品牌可以解决消费者和生产者之间供需不对称的问题，走向更广阔的外在市场，帮助更多消费者认识品牌、获取高质量产品，带动社会资源分配更加均衡。

2. 以激起情感共鸣手段提升品牌情感价值

利益相关方在共享过程中需要将时间、精力、兴趣投入其中，为品牌创造与他人产生共鸣的环境和与形成情感联结的机会，为消费者提供温暖的价值体验，与品牌建立紧密联系，形成品牌依附和品牌挚爱。

具体来说，共享能够深化利益相关方对品牌的理解，带动利益相关方的思维认知和感官刺激，与利益相关方形成情感共鸣。这种共鸣可以为利益相关方带来喜悦、兴奋和满足感，增加对品牌的喜爱，激发利益相关方参与共享的忠诚度，刺激利益相关方与品牌一起构建共建共享、信任、互动的品牌合作模式。而与利益相关方的共享最终将体现在品牌的外在形象上，让消费者感受到品牌所带来的情感利益，从而提升品牌价值。

3. 以分享价值观模式提升品牌精神价值

利益相关方在共享品牌的同时塑造着品牌的价值观。他们可决定投入资源的方向和程度，并由此分享个人信念与基本原则，吸引更多拥有同样价值观的消费者喜爱品牌、购买产品。举例来讲，开展碳减排计划是政府、社会组织等相关方环保信念的体现。在此过程中，利益相关方不仅获得了与价值观相符的产品，更感受到价值实现后的自豪感和荣誉感，在优化自我认知的同时实现个人理想和抱负。同时，节能减排也是广大消费者所拥有的共同价值观，低碳产品在同等条件下会吸引更多消费者的认同与购买。

在共享过程中，利益相关方可对品牌建设注入独特的个人理念，并在产品中获得独特体验，也会出于对个人资产的保护会主动参与品牌推广和品牌展示，在人际网络中分享品牌，为品牌带来更多销售机会，带动品牌价值飞轮的不断转动，更进一步提升品牌价值。

本章后面小节中将详细阐述共享支撑品牌价值增长的具体路径，并将农产品区域公用品牌从集群品牌中拆解出来做具体阐述。一般性共享和集群共享、农产品区域公共共享为利益相关方带来的功能、情感、精神利益，以及对公司的利益，如表8-1所示。

表 8-1 共享因素的品牌价值分析

共享	功能价值		情感价值		精神价值		对公司的利益	
	解决问题	节约资源	使思维与感官愉悦	提供温暖人心的感受	体现个人信念和希望	培育归属感和独特性	实现销售	支持销售
一般性共享	满足消费者更多样化的需求,获得更高质量的产品和更优质的回报供应链获得更高质量的产品和价值回报	节约消费者寻找其他品牌所消耗的时间、金钱等稀缺资源 多方资源共享可节约供应商的资源投入	消费者在共享中获得认知上的满足感,并能最大限度满足自己的情感偏好	消费者在共享中感受品牌赋予的温暖体验,引起情感共鸣供应链与品牌建立伙伴关系,获得品牌支持,收获独特情感体验	消费者和与品牌形成价值观共鸣,获得存在感,体现自我价值,与品牌建立更加紧密的关系	消费者获得归属感,与品牌建立友谊,并为成为其中一员而骄傲供应链与共享同一价值观,使供应商收获归属感和积极伙伴关系	提供更迎合普遍功能需求和审美需求的产品,提高消费者忠诚度,增加产品销售量,提升品牌持有者的经济价值	消费者和供应链与品牌之间形成紧密牢靠的关系,构建更健康的品牌生态圈
集群共享	政府、行业的参与及监管行为成为质量与安全的重要保障,使顾客感到安全放心	降低顾客搜寻成本,提高顾客的效用成本比	渠道的多样化和分工的专业化,使同一品牌能生产多个产品品类,且专精于所在领域	通过集群共享强化品牌在消费者心中的印记,引发情感共鸣	品牌集群助力打造国际知名品牌,让顾客从购买中产生自豪感和联结感	区域文化底蕴、历史传统、产业特色形成独特的经济符号,使顾客产生文化共鸣	集群企业共享销售渠道,通过形成分销与产品流通优势、节约渠道费用带来价格竞争优势	赋予人文性并使顾客产生丰富品牌联想,将对个体品牌的忠诚转移到对集群品牌的忠诚

第八章 品牌价值可持续增长的基本支撑——共享

续表

共享	功能价值		情感价值		精神价值		对公司的利益	
	解决问题	节约资源	使思维与感官愉悦	提供温暖人心的感受	体现个人信念和希望	培育归属感和独特性	实现销售	支持销售
农产品区域公共共享	自然条件为农产品带来的独有属性可为消费者提供独有的价值政府、农业行业协会、龙头企业、合作社、农户各司其职，保障产品质量、提高生产效率、提升品牌影响力	以地域构成品牌名称，减少利益相关方的认知成本，节约信息获取成本	以品牌建设为基础，多方协同推动产业升级，优化消费者使用体验，强化消费者与品牌的连接，使消费者在产品的使用与体验中获得感官愉悦	区域公共品牌将产品特性与自然、人文、历史等特性相融合，强化消费者对于品牌的温暖感受	消费者因为农产品区域公共品牌属性获得归属感，也因品牌带动区域独特文化的推广产生自豪感	特有的自然环境、历史文化等因素赋予农产品区域公用品牌产品良好的声誉以及独特的文化内涵，给消费者带来独特性及联结感，使消费者与品牌产生精神文化共鸣	向消费者传递品牌独有的自然资源优势及历史文化价值，使消费者形成购买偏好，提升并保持消费者对品牌的忠诚度	节约品牌认知和营销资源

· 191 ·

第二节　一般性共享支撑品牌价值稳定增长

一、一般性共享内涵

品牌与消费者的共享意愿建立在品牌关系的基础上，通过共同创造完全归属于顾客自身使用价值的品牌，帮助消费者减少选择的主观不确定性。在此过程中，消费者自愿贡献资源与企业共同创造、共同分享品牌价值，建立共通共享的愿景或理想；通过分享知识，说服资本、技能、创造力和网络交互性参与品牌社群、品牌内测等方式，参与品牌建立与发展，影响品牌的名称、标识、图案设计、功能等。今日头条公司在选择使用"字节跳动"作为名称之前，曾提出了"字节跳动""字节舞动"等几个名称，通过公开调研的方式请消费者选择最合适的名称，最终确定以"字节跳动"作为公司名称。在此过程中，公司起到了引导的作用，而将决定权交到消费者手中，完成了与消费者的共创共享。

企业的供应链连接着生产、营销、服务等活动，贯穿着资金流、物流和服务流，是品牌价值的重要创造者，拥有强大供应链能力的企业具备优势的品牌价值。供应商作为供应链的上游环节，承担为品牌增值的任务，在品牌生态位中具有重要作用。代理商和经销商作为供应链的下游环节，承担着信息交换、消费者开发、价值创造与交付的重要作用。通过共享，企业可以带动供应链管理理念协调一致，带动供应链整体效益的最大化，打造可持续品牌生态圈。

二、一般性共享与品牌价值的关系

1. 一般性共享能够为广大消费者带来独特功能价值

消费者在参与共享时会获得独特而难忘的体验，而未参与共享的消费者同样也可感受到品牌与消费者、供应链共创共享中所产生的独特魅力，这种独特的感受能够为消费者带来功能价值、情感价值和精神价值。

在共享中，参与共享的消费者能够依据自己的实际需求影响产品的功能属性。当参与共享的群体数量庞大到一定程度之后，共享创作的产品即拥有了满足消费者普遍性、一般性功能的能力。相较于企业自主研发的产品，共享产品更能为消费者提供基于消费者实际需求的功能。消费者在使用产品时也更能够感受到共享品牌所独有的功能价值。

企业与上下游供应链合作可为消费者带来多重功能价值。品牌消费者不仅关注产品本身，而且关注产品原材料的选取和供应商的雇用。企业与拥有强势品牌的上游供应链共享品牌，可以提升品牌的知名度和质量可信度，为自己带来较高的功能价值。

2. 一般性共享更能够符合广大消费者的情感需求

消费者与品牌之间的有效互动能够影响品牌的整体形象，使品牌的整体形象更加大众化、流行化。当这种大众流行的审美型品牌面向更广泛的消费者时，品牌标志的颜色、标语口号的表现方式等能满足更大量消费者的情感需求，使消费者获得审美体验，产生情感体验价值，从而让消费者提升品牌好感度，让其成为品牌更加忠诚的用户。

在与供应链的共享中，代理商作为营销供应链的下游环节，担负着影响消费者品牌认知的任务,是品牌生态中重要的组成部分。代理商与品牌的共享在一定程度上可以提升经销商的积极性,加强供应商对品牌的好感。而供应商对品牌的感受也将传达给消费者,间接影响下游消费者对品牌的情感,更加激发消费者对品牌的思考,让消费者对品牌产生更多的好感度和愉悦的体验。

3. 一般性共享能够拉近更多消费者与品牌的关系纽带

在共创价值中,品牌给消费者带来的价值并不仅仅是功能性价值或情感价值,而是消费者在整个过程中主要由自己创造出来的体验价值。在共创价值中,消费者会主导品牌建设活动。可以说,消费者的品牌忠诚是一种自我忠诚。①

除参与共享的消费者外,未参与共享的消费者会认为让消费者参与到新产品开发中的企业比没有向消费者赋权与之共享的企业更加以消费者为导向,进而对这样的企业有更好的态度。并且,非参与消费者会认为共享品牌拥有更多的真诚个性,这种认同会增强消费者对共享品牌的认同感。

三、一般性共享支撑品牌价值可持续增长的路径

1. 与消费者共享,构建品牌价值增量

(1)以创新开放形式满足消费者功能需求。

消费者在共享中的基本需求是获得最大化的功能满足,如通过单一品牌解决生活中的多样化问题,减少寻找其他品牌的必要性,节约时间、金钱等稀缺资源。海尔 2015 年上线的"众创汇"服务即是由消费者提出需求,

---

① 王新新、万文海:《消费领域共创价值的机理及对品牌忠诚的作用研究》,《管理科学》,2012 年第 25 卷第 5 期。

通过消费者与设计师、其他消费者的互动协作制定完整方案。产品方案审批通过后,海尔就会制造样机,开启众筹预售。在此过程中,海尔为消费者提供了共创共享的平台,让消费者参与海尔品牌中电冰箱、空调、洗衣机,乃至消毒器、台灯等的设计,让消费者直面设计师、研发、供应商乃至生产机器,让海尔品牌解决消费者多样化的需求,节约消费者寻找其他品牌的时间精力。

消费者在共享中满足自我需求,会让消费者感受到品牌与他们持有相同立场,这自然形成了消费者对于品牌的信任,为品牌价值的增长打下了根本性基础。而对于企业而言,与消费者的共享过程中不仅是赢取信任、实现销售的途径,更是透视市场需求、带动品牌创新发展的过程。依据统计学样本量与置信度关系可知,越是大量消费者参与的共享越能够反映广大市场的实际需要,帮助品牌挖掘潜在商机,获得品牌的快速发展。

在满足消费者基本功能需求中比较特殊的一种形式为品牌返利。返利是企业广泛采用的一种营销手段,本质是让消费者在完成消费后,通过申请获得一定的投资利益,即商家将部分营收利润返还给消费者,而这部分利益其实来自消费者自身的消费支出。根据德国 Parago 公司 2011 年的研究数据,美国平均每年度的售后返利额度可高达 80 亿美元。[1] 在中国,消费者返利的市场普及还处于初级阶段,但随着网络普及和电子商务技术的发展,售后返利、信用卡消费返利等促销方式正在逐渐为消费者所接受。返利能够直接刺激消费者对于利益最大化的需求,通过最直观的方式,为消费者减少资本投入,形成对品牌的积极认知。返利显著增加了消费者持续购买行为,为品牌价值增长提供了购买力基础。

(2)根据情感偏好满足消费者情感需求。

除满足基本功能需求外,消费者对于品牌的外在体感(如味觉、嗅觉、

---

[1] 罗美玲、李刚、梁冬寒:《知名品牌制造商与零售商的联合消费者返利促销》,《系统管理学报》,2019 年第 28 卷第 1 期。

触觉、听觉等)、意识体验、品牌共鸣也有一定的需求,即消费者的情感需求。如果企业能够在服务过程中为消费者提供更多的服务,带来愉悦的情感体验,那么更有可能获得那些品牌参与度很高的消费者。[1]

在参与共享时,消费者也可根据自己的情感偏好,影响品牌的情感体验,让自己获得舒心、快乐、满足感,抑或感受到品牌温暖,引起与品牌的情感共鸣。消费者通常将"愉悦体验""情感依附""信任关系""品牌承诺""服务满意"作为与共享情感价值的衡量标准。[2]在海尔共创平台上,消费者除影响产品功能以外,还可以为"未来概念冰箱""可爱风红酒恒温器"投票,影响产品设计风格,收获功能、情感双重满足感。

消费者在品牌中获得情感满足后,即形成了带动对品牌的"病毒式"传播的条件。品牌为消费者设置一定的物质或精神鼓励,会刺激消费者将以往的品牌体验分享出去,影响更多人成为品牌的潜在购买者,即"有示范作用的顾客传播病毒—公司鼓励恰当的消费群体为品牌作宣传—病毒大范围传播—品牌塑造"的态势。[3]这使得消费者成为品牌导流的助推器,具有较高社会影响力的消费者更是强有力的品牌资源。获得情感满足的消费者在产品功能开发与创新、品牌价值建设方面会具有较高参与度,会为品牌引入新流量,带动品牌价值增长。

(3)以体现自我效能感满足消费者精神需求。

共享为消费者表达自我意志提供了平台,使得消费者可以在享受共享品牌的过程中获得精神满足。可以说,消费者参与共享的过程也是自我价值实现的过程。消费者将个人信念与希望投入品牌建设之中,与品牌形成

---

[1] 孙永波、丁沂昕、王勇:《价值共创互动行为对品牌权益的作用研究》,《外国经济与管理》,2018年第40卷第4期。

[2] 王启万、王明:《利益相关者品牌生态系统维度及关键要素研究》,《企业经济》,2020年第39卷第1期。

[3] 谢治春:《互联网金融创新与商业银行品牌塑造模式》,《中国软科学》,2016年第6期。

价值观共鸣，并收获了自我存在感。自我效能感是消费者参与共享的另一个因素。自我效能感强的消费者能更好地理解自己在共享活动中的角色，明确自己在其中的目的，并更好地使用自己所拥有的技能。与其他消费者相比，自我效能感强的消费者也愿意付出更大的努力去克服挑战。消费者的自我效能感除了能够直接驱动消费者参与共享之外，还能够增强互动环境对消费者参与共享的积极影响。[①]

除此之外，消费者影响力可随着品牌传播覆盖面的增大而不断扩大，这意味着消费者可对所有触达人群施加影响力，并在此过程中收获更多的自豪感抑或存在感。这带动了他们更加自发地为品牌投入资源，以求获得个人表达的最大化。与此同时，消费者对品牌也形成了更为整体性和持久性的记忆。这增强了他们的"第一品牌回想"，带动了后续的重复购买和品牌推荐行为。

对于品牌来说，消费者基于个人需求的、自发的传播行为意味着品牌营销成本的节约、影响力的提升、更大范围的触达人群，以及与消费者之间紧密牢靠的关系，这对于品牌价值实现最大增量起着至关重要的作用。

案例 8-1

亚朵众筹酒店——开启"投消者"新模式

亚朵集团秉承"人文、温暖、有趣"的产品哲学，是以"阅读"和"摄影"为主题的人文酒店。亚朵旗下酒店品牌包含：亚朵酒店、亚朵轻居、亚朵 S 酒店、ZHotel、A.T.House、SAVHE 萨和，以及 A.T.living。截至 2020 年 8 月 3 日，亚朵开业门店数 530 家，分布于 170 个城市，服务于超 2000 万亚朵会员。

与直营酒店、加盟酒店不同，亚朵酒店的分店建设是以众筹的方式进

[①] 杨一翁、涂剑波、李季鹏、刘培、陶晓波：《互动情境下服务型企业提升品牌资产的路径研究——顾客参与价值共创的中介作用和自我效能感的调节作用》，《中央财经大学学报》，2020 年第 9 期。

行的。亚朵酒店把筹备中的酒店作为项目融资，在众筹平台上发起众筹。投资人可通过出资1万元到10万元不等，参与新亚朵酒店的股权融资，获得经营分红，并获得相应等级的酒店消费权益。亚朵酒店的投资者半数以上都是亚朵消费者或会员，也可称为"投消者"。①

这些消费者在参与酒店众筹时，可以获得酒店投资收益，以及住宿房费减免优惠，这为消费者带来了非常直观的功能利益，不仅解决了消费者出行住宿的问题，还可以带来利润的回报。10万元筹款额在一级市场的投资环境中很难加入高价值的投资项目，这极大带动了众筹投资人的投资热情。

除此之外，消费者不仅自己可享受住宿房费减免的政策，还可为其他人带来同样的减免优惠。这为消费者带来了极大的满足感和愉悦感，更带动了消费者对酒店的忠诚度和黏性。

亚朵酒店在为消费者带来功能利益和情感利益的同时，也实现了自身品牌价值增量的不断提高。以天津南京路小白楼亚朵酒店为例，发起众筹后仅用2个小时即达到了预约投资的募资需求，5小时后预约总金额超5千万元。通过众筹，他们从亚朵酒店消费者变成了酒店的投资者。天津南京路小白楼亚朵酒店的投资者同时也是高忠诚、高黏性的消费者。据统计，在最早参与亚朵酒店众筹的7500位会员中，每人每年平均在亚朵住宿15间房晚以上，为酒店带来了丰厚的利润营收。②

案例 8-2

Costco——与会员共享资本利益

Costco（开市客）是全球零售商龙头企业，以仓储式综合大卖场为主要

---

① 搜狐网：《亚朵CEO王海军：中端酒店决胜于品质和调性》，2016年5月26日。
② 个人图书馆：《中档酒店也能玩出新营销？众筹社群，让你完全想不到的刺激套路》，2018年10月8日。

零售业态。公司市场份额占据全球第二，共有782家门店遍布全球11个国家，全球会员超过9850万人。2020年Costco列居世界500强第33位。2019年8月，Costco在中国大陆的首家门店于上海开业。相较于普通零售企业，Costco规定，所有商品的毛利率不超过14%，并采用超低SKU（库存保有单位）+规模采购+严选模式的运营策略，为消费者提供优质单品类商品，同时降低了平均库存成本。

会员费收入是Costco盈利的核心。根据公司年报，Costco贩售商品的毛利只能覆盖运营成本。因此，Costco与会员持有相同立场：贩售优质商品，优化购物体验，出色的退换货服务，缴纳高会员费。

Costco为高级会员实施返现策略，消费金额按2%抵消会员费支出，每年的返点额度最高可以达到500美元。高返现机制激发消费者购买兴趣。[1] 在美国，Costco高级会员每年年费为120美元，每个月如在Costco消费500美元，一年之后即可收回120美元。如果每月消费超过500美元，高级会员甚至还可以赚到更多钱。高级会员的返点为会员带来了直观的经济利益，也带动了Costco会员升级为高级会员的转化率。

高级会员是影响Costco品牌价值的关键因素之一，远高于普通会员费的高级会员费不仅为Costco带来了品牌营收，也促进了Costco的健康运营。会员制本来就是形成消费者品牌依赖的重要途径，与消费者共享品牌利润更赢得了消费者对品牌的信任，实现了与消费者的双赢。

---

2. 与供应链共享，打造可持续品牌生态圈

（1）以携手共进形式为供应链带来价值利益。

供应商的基本价值在于提供高质量、低成本、按时交付的产品或服务，

---

[1] 搜狐网：《独家对话Costco高管：关于Costco，你可能不知道的10件事儿》，2020年8月24日。

更高层次的价值则在于供应商原材料资源的可获得性制约了品牌的可发展空间。①企业、品牌与供应商通常是一种相互促进的作用。品牌供应商对生产商品牌是一种正向的价值引导，而生产商的品牌效应则会推动供应商知名度的不断提升。供需双方资源的投入为双方品牌价值的增长提供了可能性，形成双赢局面。对于通过代理渠道来销售产品的企业来说，代理商是实现品牌价值提升的重要资源。优秀的代理商和经销商可帮助企业打开市场，形成产品销售，获得销量，快速达到企业的盈亏平衡点，帮助企业实现稳健发展。

在共享过程中，供应链可获得高质量的产品和丰厚的利润回报、大量企业资源、企业协助与引导，积累开拓市场的能力经验。同时，供应链在整合资源中可使用企业和其他供应链的共享资源，获取市场信息，减少自身稀缺资源损耗。②随着供应链资源的不断投入与利润的不断获得，供应原材料质量得以不断提升，区域销售网络得以不断延伸与发展，让生产企业和代理商共同获得品牌的功能价值，打牢可持续品牌价值的基础。

（2）以打造亲密伙伴关系带来供应链情感利益。

价值利益是供应链参与共享的核心追求。但在功能价值之外，供应链的情感需求也需要被满足，供应链需要在与品牌合作中收获情感与尊重，而打造亲密伙伴关系即是共享情感的有效方式。企业首先要用平等和尊重的态度吸引供应链伙伴，通过定期沟通、参观考察等方式加强与供应链的互动，并在合作中维护、尊重供应商的利益，维护供应链情感。华为始终将供应链视为其忠实而又亲密的伙伴，在给予供应商情感共鸣的同时，也收获了

---

① 王启万、王明：《利益相关者品牌生态系统维度及关键要素研究》，《企业经济》，2020年第1期。

② 李桂华、卢宏亮：《供应商品牌溢出价值、品牌关系质量与采购商重复购买意向：基于采购商视角》，《南开管理评论》，2010年第13卷第4期。

一大批忠实的渠道合作者。正如华为合作伙伴宇信易诚COO欧阳评价的一样："华为是我们实实在在的合作伙伴。在技术层面，华为也提供了大量支持，还能在全球帮助推广我们的方案，而这是过去与其他厂商合作所从来没有的事情。"[①]

（3）以构建品牌生态共同体带来供应链精神利益。

供应链在参与共享时，往往需要与企业、供应链其他伙伴建立密切的合作关系，以求获得资源的最大化整合，实现供应链的高速运转。打造品牌生态圈是整合供应链资源、统一供应链价值观、带动供应链实现可持续管理的过程。在此过程中，企业会为供应链提供指导、指引、培训和监督，让供应链上下游感受到品牌的价值观和目标愿景，激发供应链与品牌形成价值观共鸣，并与品牌供应链上下游建立正向积极的合作关系。巴斯夫作为世界领先的化工公司，始终致力于通过促进供应链上企业相互间的学习与合作，积极打造一条贯穿供应链的责任价值链，让供应链共享可持续发展的价值观。这让巴斯夫的供应链为成为巴斯夫品牌生态圈中的一员而感到骄傲，并在履行社会责任时提升了价值感和存在感，极大地增强了供应链的自我价值实现，满足了供应链的精神需求。而这对于巴斯夫来说，也是增强品牌价值、打造可持续未来的重要战略步骤。

案例8-3

小米生态圈——与供应链共享品牌价值

北京小米科技有限责任公司是一家专注于智能硬件和电子产品研发的全球化移动互联网企业，也是一家专注于高端智能手机、互联网电视及智能家居生态链建设的创新型科技企业。小米公司以小米手机为主业，逐渐扩展到智能家电、电商平台等多个领域，覆盖了消费者生活的方方面面。

---

① 李安琪：《基于社会化网络的品牌治理研究》，硕士学位论文，北方工业大学工商管理学科，2016年。

《 培育品牌价值可持续增长

小米公司创造了利用互联网模式开发手机操作系统、发烧友参与开发改进的模式。2018年7月9日,小米在香港交易所主板挂牌上市。①

小米形成了以"智能硬件""电商平台""移动互联网"为核心的小米生态圈,吸引了一系列供应商成为小米系公司,在小米手机之外,小米生态链上的2000多个产品的销售和火爆都受益于小米网的支撑。

华米科技主要为小米提供智能可穿戴设备。华米品牌沿用了小米的"米"字品牌,是小米品牌的延伸,享受着小米生态圈所带来的品牌影响力、小米网的销售渠道、供应链资源、互联网合作、物流、仓储、客服,让自有品牌Amazfit成为智能手表中的网红爆款,获得了价值利益的最大化。华米招股书显示,2017年1月至9月,华米科技的智能可穿戴设备出货量高达1160万台。2013年至2017年9月30日,华米设备总出货量高达4530万台,并且成功登录纽交所,实现上市。②

小米与华米共享品牌生态圈不仅为华米带来了丰厚的利润,也为小米带来了良性的品牌联结,强化了小米品牌的利益,为小米生态圈的打造提供了资源和潜在可能。实现了小米和供应商的双赢,为消费者提供了更多品牌价值,并获得了消费者的认可。

---

① 新华社:《小米在港交所挂牌上市》,2018年7月9日。
② 搜狐网:《华米科技正式登录纽交所,系小米生态链第一家在美上市公司》,2018年2月8日。

第三节　集群共享支撑品牌价值释放活力

一、集群共享内涵

集群品牌是为提升产业竞争力和促进可持续发展应运而生的概念，它意味着集群整体的"形象""声誉""影响力"。GB/T 39064—2020《品牌培育指南 产业集群》对集群品牌做出概念界定，指出集群品牌是产业集群内部具有竞合交互关系的企业群以及政府、中介、金融、教育等利益相关者，在长期良性生态系统下逐渐形成的，区别于其他集群的良好形象和声誉[1]。集群发展到一定阶段会形成"集聚于特定地区的产业集群整体及其产品形象和声誉"[2]，这一形象和声誉可称之为集群品牌，一般由地区名称和产业名称组合而成，在一些文献中也被称作"共享品牌""产业品牌""区域产业品牌"等。尽管学界对于集群品牌的概念及其命名尚未统一，但对集群共享的特征已形成以下共识，即都具有地域性、公共性和广泛性。[3]

我国的工商业集群品牌主要包括三种形式。一是法律认可型集群品牌，一般由工商业团体、行业协会或其他组织为主体注册集体商标，或将集群内龙头企业商标作为集群内企业共同使用的集群品牌，如"景德镇瓷器""浏

---

[1] 杜建刚、陈昱润：《中国集群品牌的理论解读与价值提升》，《中国品牌》，2018年第10期。

[2][3] 宋永高等：《是集群品牌还是区域品牌——产业集群发展形成的品牌命名研究》，《浙江理工大学学报》，2020年第44期。

阳花炮"①等；二是行业认可型集群品牌，由国家工商行政管理部门或其他相关政府部门授牌或批准，并无工商注册登记的商标，主要依托政府和行业组织进行品牌培育和品牌运作，如"中国皮都""中国鞋都"等；三是市场认可型集群品牌，是既无主导企业、未经工商注册登记，也无政府部门或行业协会授权的抽象品牌，但在市场上有一定口碑效应，且在政府和行业引导下可能演变为前两种类型的集群品牌，②如"义乌小商品城""柯桥轻纺"等。

结合产业集群品牌相关理论，本章中所讨论的"集群品牌"界定为：以特定地域范围内具有代表性的产品或产业为主体，依托品牌所有者与利益相关方的共享，形成并扩展在市场上良好知名度、美誉度的法律认可型集群品牌。

二、集群共享与品牌价值关系

1. 竞合效应满足消费者功能需求，产生品牌信任

消费者在购买产品或服务时具有节约成本、获得物美价廉产品的需求。集群企业通过建立通畅的流通网络，促进知识、信息、资源的高效双向传播，主动地开展基于产业链的紧密合作，③因协作与竞争行为产生竞合效应，④能更好地满足消费者对产品价格与质量的需求。一方面，集群企业以知名

---

① "景德镇瓷器"为由景德镇瓷器协会申请注册的地理标志证明商标，"浏阳花炮"为由浏阳市烟花爆竹总会申请注册的地理标志证明商标。
② 宋永高等：《是集群品牌还是区域品牌——产业集群发展形成的品牌命名研究》，《浙江理工大学学报》，2020年第44期。
③ 万雨龙：《标准化提升产业集群品牌价值》，《价值工程》，2013年第36期。
④ 孙永波：《价值共创互动行为对品牌权益的作用研究》，《外国经济与管理》，2013年第40期。

品牌为纽带，共享销售渠道，通过形成分销与产品流通优势、节约渠道费用带来价格竞争优势，使消费者以更低廉的价格购买相同的产品，并节省消费者的信息搜寻成本、时间成本和经济支出；另一方面，渠道和产品的多样化使同一品牌能生产多个产品品类，形成生产能力竞争优势，生产更多样化的产品。消费者则因集群企业的规模经济效益，以更低的成本获得更大化的利益，从而产生品牌信任。积极的口碑效应不仅使集群企业营销成本降低、营销效率提升，还有助于吸引新消费者，从而提高品牌功能价值。①

2. 弹性专精满足消费者情感需求，产生品牌挚爱

消费者在从购买产品或服务中满足功能需求的同时，还抱有对感官刺激、心灵享受的需要，即希望能通过品牌内在的令人愉悦的感觉，使自己得到感官和心灵上的满足。集群品牌与企业品牌一样以"设计"为消费者提供强烈的认知刺激，而集群内细致的专业分工使集群企业在专精于自身专业的同时依靠合作获得整体效率的提升，②使负责"设计"的企业能够专注于设计并激发创新实现突破，为消费者提供感官上愉悦的利益。例如手工皮鞋的制作工艺需要经过设计、制革、剪裁、花型等流程，其中"设计"是为消费者提供视觉刺激的关键，主要通过"花型"来实现。意大利"布伦塔河制造"鞋业集群品牌有非常细致的分工，一双皮鞋要经过十多个工厂的联合加工才能完成。③集群共享使得设计工厂可以专注于设计而无须在制革与剪裁上花费成本与时间，使得花型工厂可以专注于花型制作与雕刻，使消费者在购买皮鞋时获得购买艺术品一般的美好视觉体验。消费者通过感官上的愉悦而感觉良好，被唤起感激、满足、沉浸等情感，这些积极的

---

① 赵晶等：《产业集群品牌与企业品牌的交互作用》，《企业管理》，2012年第3期。
② 顾立汉、王兴元：《品牌分布形态与区域经济发展关系实证研究》，《软科学》，2012年第8期。
③ 顾强：《走进意大利产业集群》，《中国纺织报》，2004年1月6日。

情感培育消费者的品牌挚爱，促使消费者产生对集群品牌的晕轮效应，更愿意探索和忠于集群品牌，使集群品牌获得阻止潜在竞争者的壁垒，提升品牌情感价值。

3. 文化内涵促进集群品牌人文化，产生品牌尊重

当消费者的赋能利益和赋情利益不断被满足，消费者就会从购买产品中获得对社会身份和个人成就彰显的感觉，以及归属感和独特性。集群品牌一般建立在地区具有独特竞争优势的产业集群上，依赖所在地区独特的自然条件、人文条件、经济条件等综合作用产生差异化竞争优势，通过恰当的沟通手段，将深层次的精神与文化内涵充分展示给消费者，使其根植于消费者的内心深处，为集群品牌赋予人文性的内涵。[①]例如，"布伦塔河制造"鞋业集群品牌因来源地意大利艺术氛围令消费者获得精致、有品位的标签；"景德镇瓷器"集群品牌因来源地景德镇陶瓷文化底蕴能彰显消费者希望得到的文雅、高洁形象，不同品类的陶瓷还寓有不同的祝祷之意，反映了消费者的希望。[②]消费者通过个人身份地位的彰显和独特性被激发，获得自我感知和自我价值，理解到集群品牌对自身生活的充实，进而产生品牌尊重，很难再转向其他品牌。这能够允许品牌从销售中获取溢价，增加集群品牌精神价值。

三、集群共享支撑品牌价值可持续增长的路径

集群品牌价值提升路径在于通过共享中的监管合作、激励创新和文化培育建立消费者对品牌的认知、认可及参与维护，促进集群品牌价值可持

[①] 参见国家市场监督管理总局、国家标准化管理委员会2020年发布，《品牌培育指南 产业集群》（GB/T 39064—2020）。

[②] 吴涵韵：《符号学视野下的区域品牌培植模式研究——基于"景德镇瓷器"符号系统的实证分析》，硕士学位论文，上海师范大学传播学系，2012年。

续增长。

1. 以监管合作提升品牌功能价值

集群品牌为消费者带来的主要功能价值是节约成本和提供优质产品。集群品牌从某种程度上讲是一种质量承诺，它有利于降低消费者的购买风险和搜寻成本，提高消费者的效用成本比。但是为了避免"公地悲剧"的发生，需要建立以政府监管为主，其他利益相关方共同参与的监管合作模式。

一方面，需要加强批准授权的政府监管。政府作为集群品牌建设的重要参与方，通过制定政策和建立沟通渠道，强化信息传递的畅通性，促进集群品牌健康发展。

另一方面，需要行业协会等利益相关方的共同参与。行业协会是集群品牌的建设主体，也是主要品牌责任方，通过制定行业标准、守则、审核规范，对集群内企业的生产水平和工艺进行严格把关；企业作为集群品牌的所有者，通过质量管理体系等自我监管措施，保障优质质量和持续创新。

例如，烟花爆竹类产品的消费者对产品最核心的需求是安全和质量保障，"浏阳花炮"集群品牌之所以能够给消费者安全感，是因为当地政府、行业等相关组织的多重监管使品牌维持了特有品质、质量和市场声誉。浏阳市烟花爆竹总会将"浏阳花炮"集群品牌进行工商注册登记，对享用"浏阳花炮"证明商标使用权的企业进行资格审核；当地相关政府组织、行业协会组织联合制定的《浏阳花炮 产品安全与质量》为烟花爆竹的安全性加了多重保险，使消费者在购买"浏阳花炮"时能够感觉到更安全、更放心。

2. 以协同创新提升品牌情感价值

集群品牌为消费者带来的主要情感价值是美学价值。随着消费者的功能需求不断被满足，赋能利益被认为理所当然，市场对美学价值在品牌差异化作用的关注越来越高,集群品牌也需要通过创新实现品牌差异化。[①] 集群企业自身通过自主创新实现品牌形象差异化,集群内相互公平有序的竞争需要,促使企业不断加大新产品形象的创新研发力度以提升产品美学价值和消费者体验,使品牌能够从众多相似的产品中"脱颖而出";同时,集群企业通过新思想的传播实现集群品牌形象差异化,集群内高效的信息传递打破企业之间的知识封闭,促进企业与行业协会、科研院所等机构之间新观念、新思想的传播,企业的创新能力得以进一步增强,更关注产品对消费者思维、感官和心灵的刺激。

3. 以文化培育提升品牌精神价值

集群品牌为消费者带来的精神价值包括独特性、归属感和对个人社会身份地位的彰显,随着时间推移,当消费者对赋情利益感到厌倦时,精神价值对消费者有着强有力的影响。在生产要素已经高度聚集的集群内更强调的是"高级"生产要素(如高级人力资本、大学和科研机构等)的聚集,集群品牌精神价值的可持续提升在于形成"自增强"机制,即形成与产业发展相适应的教育和科研体系。将集群品牌来源地更深层次的精神与文化内涵充分展示给消费者,反过来亦可形成和强化消费者对该地区的整体印象。例如,"布伦塔河制造"集群品牌所在的布伦塔河岸地区具有完善的人才培养体系。当地于1923年建立了第一个制鞋业学校,为企业中的设计人员提供培训课程,为当地居民提供皮鞋制作、经营课程,甚至还为附近中小学开设皮鞋相关知识的课程,从小培养制鞋集群产业接班人。在浓厚的制鞋文化和艺术文化熏陶下,"布伦塔河制造"集群品牌成为世界顶级皮鞋的象征,使消费者能够彰显个人财富和艺术造诣,也因所购买产品来自世界顶级品牌诞生地而产生骄傲感和自豪感。

---

① C.W.帕克、黛博拉·麦金尼斯、安德烈亚斯·艾森格里奇:《品牌崇拜——打造受人爱戴的商业帝国》,周志民、张宁译,华夏出版社,2019年1月。

四、集群共享典型案例

近年来,通过集群式发展、聚集优势资源,国内也形成了一批具有地区特色、竞争优势和国际影响力的集群品牌,对地区和相关产业的发展具有显著促进作用。

案例 8-4

景德镇瓷器——打造享誉海内外的中国瓷器集群品牌

景德镇瓷器据史书记载"始于汉世,起于唐"。景德镇因宋景德元年宋真宗赞许这里出产的瓷器美轮美奂、精妙绝伦而以年号册封,故名景德镇。景德镇一直是中国古代的陶瓷生产中心,景德镇瓷器也因此成为一块金字招牌。现今,"景德镇瓷器"由景德镇瓷器协会申请注册商标,成为一个具有代表性的集群品牌。

1. **产业集群式发展创造功能利益**

景德镇政府为了解决景德镇瓷器在发展过程中遭遇到的"公地悲剧"与"柠檬市场"问题(即家庭作坊式小陶瓷厂商生产的低档次产品占据着较大市场份额),规划陶瓷产业发展战略、发展目标的同时,通过制定相应政策引导陶瓷产业升级优化,促进陶瓷产业健康发展,如在近年景德镇政府工作报告中多次提出要建设以高科技陶瓷为基础的陶瓷科技园。景德镇瓷器协会作为"景德镇瓷器"标志的注册主体,发挥监管、引导作用,通过规范化的行业标准,使景德镇陶瓷在实用性和精致性上都有显著提升。

2. **"自增强"机制促进精神价值的可持续提升**

景德镇精湛的制瓷工艺是它独特、浓厚历史文化的一部分,景德镇陶瓷集群品牌中蕴含的历史文化气息也是其他陶瓷品牌无法给予的。由于集群品牌精神价值的可持续提升在于形成"自增强"机制，景德镇陶瓷的"自增强"机制依靠的是它制瓷工艺背后独特、浓厚的历史文化和完善的陶瓷教育培训体系。景德镇文化与"景德镇陶瓷"集群品牌的协同发展为品牌附加了精神利益，即消费者在购买陶瓷产品时，能够获得景德镇瓷文化的熏陶。此外，景德镇拥有陶瓷教育研发优势，景德镇不仅拥有全国唯一的陶瓷高级院校景德镇陶瓷学院，以及陶瓷类大中专院校，还云集了中国轻工部陶瓷研究所、江西省陶瓷研究所等科研机构，完善的教育体系为产业集群和集群品牌的可持续发展注入了持久的生命力。

案例 8-5

"东莞家具"——以打造和维护集体商标提升品牌价值

东莞是世界制造业名城，拥有家具制造企业近 2000 家，热销品牌约 300 个。家具是东莞传统优势产业之一，自宋朝以来已颇为兴盛。自改革开放开始，东莞现代家具业迅速发展，现已成为国内设计制造能力强、产品质量优、产业配套齐、品牌知名度高的产业集群，涌现了厚街、大岭山等家具名镇，从最初的代工贴牌走向了创新发展的品牌之路。

1. 加强集群品牌品质管控，强化产品功能利益

东莞市家具协会将"东莞家具"作为集体商标，推行统一的"东莞家具标志"系统，鼓励企业诚信、守法经营，重视产品和服务质量，提升产品档次和品牌价值，发挥东莞家具特色、促进行业健康发展、维护东莞家具信誉。通过产品质量、功能性的持续提升，不断积累消费者的信任。

2. 聚集产业高端资源，使消费者获得精神利益

东莞厚街是家具生产基地、展览基地，也是全球中高档家具采购第一站。

厚街全长5千米，是家具及机械、材料、配件的大型集散基地，拥有家具企业近400家、家具专业市场10多个，从业人数超过10万。如今，厚街已经聚集了部分家具产业高端资源和广州、浙江、江西等地的知名家具企业，使得集群品牌整体形象进一步迈向高端，强化了品牌在消费者之中的联结感和自豪感。

第四节　区域共享支撑品牌价值持续提升

一、区域公用品牌内涵

1. 农产品区域公用品牌的基本概念

农产品区域公用品牌是指在一个具有特定自然生态环境、历史人文因素的区域内，由相关组织所有，由若干农业生产经营者共同使用的农产品品牌。该类品牌由"产地名+产品名"构成，原则上产地应为县级或地市级，并有明确生产区域范围。

2017年中央1号文件明确提出：推进区域农产品公用品牌建设，支持地方以优势企业和行业协会为依托打造区域特色品牌，引入现代要素改造提升传统名优品牌。同时，农业部将2017年确定为"农业品牌推进年"，其中农产品区域公用品牌建设是重点。实施农产品区域公用品牌战略既是中国农业产业发展的必然趋势，也是提高农业生产能力、增强农业竞争力的现实需要，对于提升农民增收、农业产业化发展都具有重要意义。

2.地理标志保护品牌与农产品区域公用品牌

2020年中央1号文件提出要加强绿色食品、有机农产品、地理标志农产品认证和管理，打造地方知名农产品品牌，增加优质绿色农产品供给。这一政策为我国农产品区域公用品牌建设提供了一个新的思路，即将地理标志产品作为农产品区域品牌发展的依托。截至2020年6月底，我国已登记农产品地理标志3090个。

特有的自然环境、历史文化等因素造就了产品特有的质量、声誉及地域特色内涵，地理标志保护品牌与农产品区域公用品牌都具有很强的区域根植性特征，不可替代，独特且不可复制；地理标志保护品牌与农产品区域公用品牌是区域所共享的，都归属于区域内的地方政府、行业协会或商会、企业、农户等多元主体，不为个人或单独企业所专有，具有"共享性"特征；地理标志保护品牌与农产品区域公用品牌产品都具有一定的知名度与影响力，在市场中拥有较为稳定的消费群体，他们的市场价格通常高于同类普通农产品的市场价格；地理标志保护品牌与区域品牌都具有一定的品牌基础。因此，地理标志保护品牌与农产品区域品牌具有高度耦合性，打造地理标志保护产品是农产品区域品牌建设的有效途径。

3.道地中药材区域公用品牌是农产品区域公用品牌的重要组成部分

中医药是我国传统文化的重要组成部分，是民族文化历史沉淀的结晶。中药材是中医药事业传承和发展的物质基础，道地药材是我国传统优质药材的代表。我国现有146处国家级特色农产品优势区，其中，中药材类有14处。[1] 打造道地中药材区域公用品牌是农产品区域公用品牌建设的重要组成

---

[1] 孙元鹏、袁知洋、刘于思、熊晚珍、孙志国：《恩施州道地药材区域化与品牌化发展研究》，《安徽农业科学》，2019年第14期。

部分。

我国常用中药材600多种,其中300多种已实现人工种养,种植面积达到3300多万亩(1亩≈666平方米),初步形成了四大怀药、浙八味、川药、关药、秦药等一批产品质量好、美誉度高的道地药材优势产区,道地药材种植已成为偏远山区的特色产业和农民收入的重要来源。但道地中药材资源的无序开发、品种创新不足、质量安全水平不高等因素影响着中医药持续健康发展。依据《全国道地药材生产基地建设规划(2018—2025年)》、国务院印发的《中医药发展战略规划纲要(2016—2030年)》以及中共中央、国务院印发的《乡村振兴战略规划(2018—2022年)》,打造道地中药材区域公用品牌,提升道地药材生产科技水平、标准化生产水平、产业化水平、质量安全水平,是道地药材等优势特色产业兴旺与高质量发展的重要保障。

二、区域公用品牌的共享模式

1. 农产品区域公用品牌建设参与主体

农产品区域品牌是一种地域性的公共品牌,是一种准公共物品,由区域内政府、企业、相关机构、合作社、农户等利益相关方所共有。因此农产品区域公用品牌在具有区域特性、品牌性的基础上,还具有公共物品"共享性"特征。区域内的政府、农业行业协会、企业、合作社、农户在该产品的生产地域范围、品种品质管理、品牌使用许可、品牌行销与传播等方面具有共同诉求与行动,可以联合提供区域内外消费者的评价,使区域产品与区域形象得以共同发展。区域公用品牌的价值在于证明某区域内成员的优质特色农产品,提携区域内农业企业、合作社、农户等共同成长,并与区域形象互为背书。

2. 农产品区域公用品牌发展模式

（1）"龙头企业＋合作社＋农户"。发展现代农业需要现代化的生产组织方式。当前我国农产品区域品牌建设多采用"龙头企业＋合作社＋农户"组织方式。该模式可以有效推动农业生产从分散走向集约，推进规模化种植、产业化经营。"龙头企业＋合作社＋农户"，一头连着国内外大市场，一头连着农村千家万户及其产业基地，把企业、合作社和农民结成了"命运共同体"。①该模式克服了过去一家一户抵御市场风险能力脆弱、产品影响力不大等弊端，可以为农业新技术、新品种的推广普及提供广阔平台和有力支撑，有助于提升农业市场化、标准化和现代化水平，推动农业的高质量发展。

（2）"标准"＋"龙头企业＋合作社＋农户"模式。我国农产品品牌建设需要提高企业运作水平、增加农产品品牌建设科技含量、集中农产品品牌建设生产、加强品牌维护等情况。既要打造农产品区域公用品牌，那就应当形成对生产过程、产品品质等相关方面的一致性的衡量标准。因此，在现有的"龙头企业＋合作社＋农户"农产品区域公用品牌发展模式的基础上，应该形成以标准化为引领，包含科学化、绿色无公害、健康安全等在内的现代经营理念，构建严格的生产及检验标准。

三、农产品区域公用品牌建设与品牌价值的关系

1. 集约化发展满足消费者需求

通过品牌外部性的"声誉效应"能够使区域内的农产品及企业获得美

---

① 姜仕贵：《农村产业革命"龙头企业＋合作社＋农户"组织方式创新研究——以黔西南州为例》，《中共石家庄市委党校学报》，2019年11月。

好形象,产生晕轮效应,具体表现为市场集聚、产业资本集中、信息传递、关联产业带动。①农产品区域公用品牌的建设可以有效推动资源的整合,延伸产业价值链,为消费者提供更为丰富的产品,满足消费者多样化的需求。而当品牌能够长期为消费者解决问题及满足特殊性、多样化需求的时候,消费者就会对该品牌产生信任,从而建立起自我与品牌之间的联系。烟台苹果品牌建设始终按照推进产业化促进品牌化发展的思路,在资源共享的基础上,不断推动果品加工企业的发展,已形成苹果贮藏保鲜、果脯、果汁、酿造四大果业加工群体,实现季产年销,打破季节的局限,不仅让消费者随时都能享用到高品质的烟台苹果,还可以产出果汁、果脯等丰富的苹果制品,满足消费者对于不同苹果制品的多样化的需求。

2.品质化生产节约消费者资源

农产品区域公用品牌不仅代表着产品的价值和文化,还代表着整个区域对产品特性、质量和服务的一贯承诺,对于农产品质量安全有着非常高的要求。因为具有严格的监督管理体系及产品认证程序,农产品区域公用品牌通常会成为农产品品质安全、可靠的象征。消费者通过农产品区域公用品牌对产品进行识别与筛选,可以使获取和使用该品牌所花费的时间或金钱最小化,实现资源的节约。帮助消费者实现资源节约的品牌,往往会使消费者感到舒适、安全和放松,对品牌产生信任,从而获取消费者对品牌的信赖。例如,日本的"松板牛"品牌。在牛的饲养过程中,以大麦、豆饼的混合饲料为主,牛长肥后,为了增进其食欲,每天都要给牛喝啤酒,为牛按摩,给牛听音乐,享受日光浴。"松板牛"品牌就是高品质牛肉的代名词,消费者可以通过"松板牛"品牌快速锁定要购买的高品质牛肉,从而节约选购时间及尝试不同牛肉所花费的金钱。

---

① 李永刚:《企业品牌、区域产业品牌与地方产业集群发展》,《财经论丛(浙江财经学院学报)》,2005年第1期。

3. 互动体验给消费者带来感官愉悦

当品牌能够为消费者提供认知刺激和/或感官刺激时，就能够给消费者带来感官愉悦，从而引起消费者的关注与兴趣，进一步激发消费者对品牌的挚爱。横县被誉为"中国茉莉花之乡"，全球每10朵茉莉花，就有6朵来自中国横县。在打造"横县茉莉花"区域公用品牌的过程中，横县在推动茉莉花（茶）标准化生产，提升产品品质的同时，以中华茉莉园为支点，撬动横县"花水山瀑"旅游资源，对区域内核心景区进行整合开发，打造"茉莉闻香之旅"，在为消费者提供高品质茉莉花茶的同时，为消费者提供观景、闻香等更为丰富的感官体验，让消费者对横县茉莉花留下更为深刻的印象与更为具象的感知，加深消费者对于横县茉莉花的喜爱。

4. 文化连结体现消费者信念及希望

消费者在获得产品功能层面的基本利益外，还希望能够获得一种审美、价值共鸣的体验。"当消费者购买和使用的品牌所具备的信念与他们生活和工作中的希望，以及他们的道德、善良、公正等信念相匹配的时候，他们会感到充实。当消费者购买和使用的品牌的信念与个人信念一致时，他们会觉得自己很真实。"[1] 特有的自然环境、历史文化等因素造就了农产品区域公用品牌产品特有的质量、声誉及文化内涵。消费者通过对品牌传递出的历史文化、乡土风情及其价值内涵的理解、认同和追崇，可以产生联结感、存在感和/或影响力，从而提升消费者对品牌的尊重。

---

[1] C.W.帕克、黛博拉·麦金尼斯、安德烈亚斯·艾森格里奇：《品牌崇拜——打造受人爱戴的商业帝国》，周志民、张宁译，华夏出版社，2019年1月。

四、农产品区域公用品牌建设支撑品牌价值可持续增长的路径

1. 以"协同发展"提升品牌功能价值

在农产品区域公用品牌的建设过程中,政府、农业行业协会、龙头企业、合作社、农户应当各司其职,以协同共建的方式形成相互配合、共同协作的有机整体。一方面,各利益相关方通过资源共享、优势互补、风险分担的方式建立农产品区域公共品牌,有效避免了由于市场不确定性带来的风险,让生产经营者能够在合作中走向共赢;① 另一方面,协同发展可以有效促使资源在整个产业链上形成更为高效的配置,避免个体经营的盲目性等造成的资源浪费,同时降低企业和农户的交易成本、提高生产效率。无论是农业企业、农户还是农民专业合作社都能够做到随市场"闻风而动",形成集体种植或养殖,使经济要素和资源实现快速的低成本配置,使共享的经济资源效益极大化。②

农产品区域公用品牌的公共物品属性一方面可以在区域内推动品牌的共建共享;另一方面,则可能使区域内的品牌享有者缺乏主动创建的动力机制,导致搭便车现象的存在,降低品牌质量,影响品牌声誉。因此,应形成由政府、行业、企业等多利益相关方,在生产、检验、监督等方面共同发力的标准化经营管理模式。各级政府应加强政策管理,由公共机构形成集群企业一致行动的准则,并对企业进行监督;企业应制定标准化生产和管理的要求,修订与国际接轨的相关标准和生产技术规程,形成完善的

---

① 屈峰、吴声怡:《农业公共品牌战略及其现实价值》,《三明学院学报》,2014年第5期。
② 胡正明,王亚卓:《农产品区域品牌形成与成长路径研究》,《江西财经大学学报》,2010年第6期。

标准化生产管理体系；行业应加强行业监管，完善信息网络平台，建立产品质量可追溯体系，保障农产品区域公用品牌的可持续发展。

2. 以"互动体验"提升品牌情感价值

无论是符号互动理论，还是互动仪式链理论，或者社群融合理论，它们都表明，互动能够产生情感体验价值，并且让消费者更加忠诚。而能够提供赋情利益的品牌，能够使消费者感到满足、沉浸、愉悦、快乐和暖心，这些积极的情感能够培育品牌挚爱。[1]因此，农产品区域公用品牌建设应积极构建多样化的经营方式，把消费者的感官、情感、思考、行动、联想等要素融为一体，作为设计、生产产品或提供服务的主要依据，增强互动，给消费者营造多样化的体验方式，让消费者沉浸其中，激发消费者满足、快乐、暖心等愉悦情感。例如，打造农业观光游、举办农产品民俗文化节等。

3. 以"文化重塑"提升品牌精神价值

特色农产品的文化内涵，是形成特色农产品品牌价值的核心，是提升特色农产品品牌附加值的源动力。然而，提升品牌的精神价值，不能一味传承历史文化或在故纸堆里找故事，应考虑创新文化诉求的内容，对农产品品牌的文化内涵进行重新定位，从品牌核心理念、情感和象征价值创新入手，顺应时代潮流，糅入新的元素，赋予农产品品牌新的内涵和价值基因。[2]

---

[1] 王新新、万文海：《消费领域共创价值的机理及对品牌忠诚的作用研究》，《管理科学》，2012年第5期。

[2] 梁天宝：《农产品地理标志品牌价值增长策略选择——以"英德红茶"为例》，《农业研究与应用》，2013年第1期。

五、农产品区域公用品牌典型案例

案例 8-6

品牌成就价值,沾化冬枣助力实现多方获益

滨州市沾化区因盛产冬枣而闻名,是国家命名的"中国冬枣之乡"。然而,在多年前,由于没有自主分散的经营模式及没有形成具有影响力的品牌,沾化生产的冬枣始终得不到消费者和市场的认可。在当地相关部门的带动下,当地企业、合作社、枣农等通过抓产品质量、推品牌创建、做品牌保护,长期开展沾化冬枣品牌的塑造,将"沾化冬枣"打造成为极具价值的农产品区域公用品牌,使"沾化冬枣"成为沾化的一张名片,受到国内外众多客户的青睐。

1. 开展品牌建设,提升品牌影响力

沾化区市场监督管理局全力开展沾化冬枣的品牌创建,在为沾化冬枣注册商标的同时,带动当地 9 家冬枣龙头企业和专业合作社申请、发放地理标志产品保护专用标志。自 1999 年起,沾化区每年举办沾化冬枣节,持续扩大"沾化冬枣"品牌的辐射范围及影响力,推动"沾化冬枣"品牌价值的提升。近年来,沾化共发展枣制品龙头企业 38 家,成立家庭农场 164 家,注册农民合作社 1134 个,注册冬枣类商标 160 余个。在"沾化冬枣"品牌建设的引领下,沾化冬枣产值连续 7 年突破 30 亿元,连续 5 年为枣农带来超过 8000 元人均冬枣纯收入。

2. 推动冬枣品质升级,提升品牌价值

沾化区市场监督管理局立足产业实际,先后起草、制定了《沾化冬枣》

《蜜枣》《免洗红枣》等11项国家、地方标准；先后有10余家枣制品企业通过质量管理体系认证，6家合作社通过有机转换产品认证，51个产品通过绿色食品认证；按照无公害、绿色、有机农产品的生产标准，沾化区建成了3.33万公顷沾化冬枣国家级农业标准化示范区；同时，沾化区建成了专门从事冬枣、蜜枣、红枣检验的山东省枣及枣制品质量检验中心。通过一系列的有效举措，沾化枣制品企业、专业合作社质量管理水平不断提高，沾化冬枣的质量保障机制更加完善，沾化冬枣的品质得到不断提升，"沾化冬枣"品牌也成为高品质农产品的代表，赢得了消费者的认可与信赖。

3. 开展品牌保护，实现健康发展

沾化区市场监管部门联合山东省标准化院和山东省防伪行业协会，依托"国家食品安全追溯系统"和"山东省地理标志产品防伪追溯平台"，对沾化冬枣防伪溯源方式进行升级换代，进一步提高了沾化冬枣的防伪水平，使防伪溯源方法更加科学合理，消费者使用更加快速便捷，溯源内容更加准确具体，真正实现了沾化冬枣的全方位质量安全追溯。消费者可以通过扫描二维码、拨打防伪查询电话及验证短信等方式，查询所购冬枣的真伪、价格和产地、生长环境、生长条件等信息。持续完善的沾化冬枣防伪溯源体系，不仅为消费者带来更为安全、健康的产品，同时，保障了"沾化冬枣"的品质与声誉，维护了当地企业、枣农的长远利益，有助于实现"沾化冬枣"品牌的持续健康发展。

经过多年的精心打造，沾化冬枣集国家地理标志产品、中国名牌农产品、中国驰名商标、中国十大名枣等多项国字号荣誉于一身，"沾化冬枣"的品牌价值不断提升，持续使当地企业、家庭农场、农民合作社及枣农等利益相关方获益。

案例8-7

传统产业的高质量"蜕变"——英山中药材的区域品牌建设之路

中药材是英山的传统产业，为英山捧回过"中国中药材之乡"的金字招牌。和其他传统农业产业一样，英山的中药材产业也曾面临大而不强的窘境。传统农业产业如何变成优势产业？英山中药材的区域品牌建设之路就是最好的答案。

围绕"绿色＋道地"特色，英山中药材产业推行规范化、标准化种植。鼓励企业对接湖北中医药大学、湖北省中药材研究所、华中农业大学药用植物所，组建博士工作站，借脑引智提升科技含量。同时，引进白及、白前草、七叶一枝花等新品种，探索栀子套种柴胡、瓜蒌套种白及和黄精种植模式，开展区别化和高效化种植实验，实现英山中药材产量和质量双赢。

"一亩药材十亩田"，高质量的中药材为当地带来了良好经济效益，同时，在区域内形成聚集效应。截至2018年7月底，英山县共培育市场主体323家，联络药材种植户近4万户。同时，英山县摸索创新出"龙头企业＋合作社＋服务站＋种植户"的区域公用品牌建设合作模式及县、乡、村、组四级"金字塔"式产业发展网络，实现全县11个乡镇2个林场309个村的全覆盖。北京同仁堂湖北公司设在哪里？不在武汉，也不在黄冈市区，而是在英山县的石头咀镇。这里聚集了包括同仁堂、九州通等国内知名药企在内的一批中药材公司，已然成为远近闻名的"中药材大镇"。

"健康英山，药材之乡"品牌越叫越响，"英山苍术""英山天麻""英山石斛""英山桔梗"列入了国家地理标志保护产品名录；英山茯苓种植基地通过了国家GAP认证，被列入全国首批"三无一全"示范基地；英山茯苓被国家质量监督检疫局认定为生态原产地保护产品，出口免检；英山苍术所含挥发油含量达4.6%，是北苍的3倍以上；英山苍术种植基地通过

> 培育品牌价值可持续增长

国家 GAP 认证、日本 GACP 认证，英山中药材产业步入高质量发展的快车道。英山中药材种植面积 24 万亩，年生产药材 6 万吨，综合系列产值 20 亿元、利税过亿元，中药材产业成为英山名副其实的支柱产业，也成为精准扶贫的支撑产业，带动英山全县 11 个乡镇及湖北其他区域、安徽、河南数万药农实现脱贫致富。

品牌价值可持续增长的典型案例

第九章

第一节 中茶公司品牌价值可持续增长案例

一、"红八中"传承红色基因,新中茶接续振兴使命

1951年,中国诞生了第一枚茶叶商标——"红八中"商标,商标设计为中间一个绿色的"茶"字,四周环绕着红色的"中"字,代表着红色中国出品的绿色茶叶,有"中国茶叶销往四面八方"的涵义。在中华人民共和国成立初期,"红八中"商标成功走出国门,突破重重封锁开展对外贸易,以出口茶叶换取重要战略物资,为中国建设做出重要贡献,也为中国的茶叶品牌树立了旗帜。

拥有"红八中"商标的中茶公司也有着悠久的历史。它成立于1949年,是中国成立后第一批全国性专业总公司。在70余年的发展历程中,中茶公司与中国共同成长、发展壮大,在助力脱贫攻坚、促进乡村振兴、推动地方经济发展、科技创新、深化改革,以及引领茶行业转型升级等方面做出了重要贡献。

从第一个"红八中"茶商标开始,中茶公司继承和发扬自己的历史积淀,经过几代中茶人的拼搏奋斗,产业布局不断优化,产品品类不断完善,品牌营销能力逐渐提升,创造了畅销海内外的"中茶"核心品牌及"海堤""蝴蝶""猴王""百年木仓""龙冠"等多个知名子品牌,多次入选"我最喜爱的中国品牌",受到广大消费者的长期喜爱。

《培育品牌价值可持续增长

二、以"好茶在中茶"品牌理念为指引多措并举提升品牌价值

当前,消费者对茶叶产品的要求越来越高,对品牌的个性化、体验性、精神文化等需求日益增加。行业的品牌建设水平总体较弱,品牌发展仍然滞后于茶产业经济发展,茶行业的品牌建设任重道远。

近年来,中茶公司高度重视品牌建设,把品牌建设作为推动企业发展的重要战略,把品牌理念定位为"好茶在中茶",在"做标准、做链条、做技术、做品牌、做渠道、做产品"六个方面同向发力,用"好茶就是标准好,品质如一;好茶就是全链条管控好,安全绿色;好茶就是技术好,正宗工艺传承;好茶就是品牌好,国字招牌;好茶就是渠道好,购买便利;好茶就是好喝价优,全品类服务"对"好茶在中茶"理念进行了深刻诠释,在激烈的行业竞争中打出自己品牌发展的组合拳,彰显自己的品牌价值,使中茶品牌在行业中独树一帜。

1. 严苛做标准,全力保障产品品质

一是把好源头质量安全关。中茶茶园基地通过 SAGP(农业可持续发展管理项目)认证,内容涉及公司管理体系、茶园生态系统保护、水源保护、农作物综合管理、土壤保护、废弃物综合管理、加工生产清洁化、农化品安全使用、应急预案及保护措施、长期发展规划等 100 多项指标,涵盖水污染防治法、节约能源法、环境法、农药管理条例等近二十部法律法规。

二是加强企业标准体系建设。统一部署开展"中国茶叶标准化示范工作"项目,打造具有核心竞争力的茶叶产业链标准化工厂,实现科学管理,全面提升规范化管理水平。2020 年,中茶福建公司荣获"中国茶叶标准化示范工厂"称号。在 2019 年制定了乌龙茶、白茶、茉莉花茶、普洱茶、安化黑茶、红茶、绿茶、六堡茶和袋泡茶 9 个产品标准,其标准高于国家标准、行业标准,

并在已有国家标准、行业标准的基础上，增加了茶叶保质期等创新性的条款。标准中规定的灰分指标、卫生指标，均严于相对应茶产品的国家标准。标准中共有21项农药残留限量标准严于食品安全国家标准，占比42%；严于欧盟标准的有6项，严于日本标准的有20项。除此之外，中茶还通过了ISO 9001质量管理体系、ISO 22000、FSSC 22000、HACCP、AEO高级认证、UTZ认证等各类体系认证48项，确保为消费者打造安全放心产品。

2. 布局做链条，通过全国布局强化全产业链掌控

严格实行全产业链管控。编制《茶叶产业链标准》，从产品研发、种植与采摘、初制精制和紧压茶压制、原辅料采购、原辅料库存管理、拼配加工、产成品管理、产成品库存管理、流通与分销9个环节，建立60项量化管控指标，进一步规范产业链建设，并创新使用"茶叶产业链质量安全风险控制大纲＋品类控制手册"的统一管理模式，建立起"从茶园到茶杯"的全供应链质量安全管理体系。加强产品可追溯体系建设，建立从原料端到产品研发、生产加工再到流通渠道、最后直达终端用户的全过程信息化追踪监督体系。2021年，中茶厦门已经获得可追溯体系认证。

3. 钻研做技术，以科技创新提高生产工艺水平

一是发挥技术委员会作用。组织内外部茶行业专家成立技术委员会，在茶叶原料、在关键工艺、设备等方面推动行业技术水平的提升。参与制定国家标准1项、地方/行业/团体标准16项，升级企业标准9项，参与白茶、六堡茶、茯砖茶国家标准样制作和云南白茶、九龙大白地方标准样制作5项标准样制作工作。围绕共性关键技术，研发白茶自动萎凋技术设备，推动普洱茶清洁化可控发酵工艺、普洱茶智能化仓储示范技术、六堡茶快速陈化技术落地实施。与中粮营养健康研究院合资建立中茶科技公司，与技术委员会形成有效联合与互补，对茶叶成分、风味及健康功效等开展

深入研究，形成一个国内领先的商业化茶产业科技服务平台、专业实验室、大型综合研发体验中心，为茶行业技术发展提供有力支撑。

二是推动行业新技术落地应用。为茶饮企业提供综合解决方案，成立茶饮原料拓展工作组，利用中茶已有的茶叶供应链优势，由为茶饮运营商提供简单茶叶原料转化为提供包括原料、配方、采购、生产等各环节的一整套解决方案，以科技手段提高传统技术的附加值。在传统工艺中守正创新，探索茶叶深加工技术，在"十四五"规划中制定茶周边、茶深加工业务发展方案，探讨利用深加工萃取技术，拓展"茶叶深加工板块"，择机将茶延伸至健康产业。

4. 用心做品牌，通过各类媒体扩大品牌知名度

一是通过各类媒体进行集中传播。充分借助央视、新华社、人民网等头部权威媒体资源，参与品牌强国、民族品牌工程、"信物百年"等宣传活动，占据沟通及信息传递的制高点，提高品牌档次，提高品牌曝光度，加强品牌传播声量。把产品与"书画里的中国""一带一路年度汉字"等文化类IP概念深度结合，借用文化概念为超级单品赋能，拉近产品与消费者的距离。

二是加强品牌宣传的统一策划和管理。持续加大在品牌推广方面的人力、物力和资金投入，将品牌建设纳入考核体系，并实行投入金额考核加回政策，支持各单位加大品牌线上推广。在品牌投放前进行前评估，对投放效果进行预测；在投放过程中加强统一谋划，强化线上线下联动，在产品、价格、渠道各方面制定可落地的细化方案；在投放后对效果进行后评估，对投放权益进行逐一核对，确保在投放的全过程中最大限度发挥好品牌投放的作用。

三是服务重大国事活动。从 2014 年 APEC 会议开始，积极参与博鳌亚洲论坛、"一带一路"国际合作高峰论坛、金砖国家领导人厦门会晤、上合组织青岛峰会、首届进博会等国家重大外交活动的保障工作，并将产品

作为国礼多次赠予外国首脑,成为"中国品质"和"中国形象"的代表。

5. 精耕做渠道,建立规范、高效的多元化销售渠道

一是对电商渠道进行整合升级。对天猫、京东、抖音等20余家网络店铺进行一体化整合,实行统一运营和管理,发挥协同效应,有效提升线上渠道运营质量,连续多年双十一销售名列前茅,在传统电商渠道的增速保持高于行业增速。根据市场化运营规律,加大渠道投入,对团队实行强激励,形成符合电商行业规律的运营管理模式。

二是加快门店战略落地。把门店渠道作为公司战略,实施"百城千店"计划,在全国范围内采取特许加盟为主的方式开设中茶连锁店,截至2021年门店数量超过1700家。统一规范门店形象,建立门店管理信息管理系统,建立专业化、系统化、标准化、规范化的中茶连锁门店运营及管理体系,并不断推动门店升级,探索门店零售新模式。2019年,在中国连锁经营协会"商业特许经营体系评定"中被评为AAAA级(最高级)。

三是深耕国际国内两大市场。统筹推进战区战略,在北京市、上海市、广东省、江苏省、河北省、泉州市、莆田市、青岛市、安徽省、江西省、湖北省、四川省、重庆市、贵州省13个重点区域建立驻点销售战区,形成"大本营市场+重点销售战区"的区域格局,做深做精区域消费市场。通过美国、加拿大、德国、法国、澳大利亚等国际交流中心加强与当地企业合作交流,提高日本,以及中东、非洲、欧美、东南亚等地区的海外市场的出口份额,让好茶遍布海内外。

6. 专注做产品,迎合市场需求,提升产品的市场竞争力

一是梳理优化产品体系。对产品体系进行系统梳理、优化升级,建立覆盖六大茶类、涵盖高中低端多种价位的产品体系,打造出"印级普洱茶""黄罐老枞水仙""海堤红茶1号""龙冠龙井""老树白茶""梦蝴蝶花茶""百

年木仓黑茶""外贸大萝茶"等经典产品,提升了产品的整体形象。

二是打造超级单品和时尚新品。推动中茶普洱茶从底价模式向控价模式转变,大幅提升产品毛利率,成功打造八八青、水蓝印、号级等"中茶三剑客"超级大单品以及金中茶、中茶大红印等过亿超级单品,品牌知名度大幅提升。成立了"年轻、时尚、便捷"产品和"健康+"功能产品工作组,挖掘年轻消费者的消费习惯、使用场景,通过新技术的应用,在传统产品中引入创新元素和健康概念,形成中茶年轻态产品系列,着力推动产品的时尚化、年轻化、便捷化。

三、践行品牌公益初心把"绿水青山"打造成"金山银山"

以茶兴业,以茶助农,促进贫困地区、乡村地区经济发展,助力国家乡村振兴战略,是红色中茶应该肩负的使命职责。中茶积极探索品牌帮扶、产业帮扶新路子,邀请数位行业顶尖专家赴陕西、江西、贵州、湖南、湖北、四川等地实地调研,走访各地茶农,严选优质原料,打造"中茶品牌+乡村名优茶"系列产品为地方特产打开销路,通过科技帮扶推动地方茶企技术升级,打通合作县市茶叶销售渠道,帮助乡村好茶走出深山、走向全国,把一片片"茶叶子"变成"金叶子"。

一是打造"山水中茶"系列产品,为乡村特产打开销路。发挥自身产业优势,携手1州8县吸纳整合"黄金北纬30度+长江流域"资源,打造"山水中茶"系列产品,形成"中茶+特色名优茶"产品矩阵,以中茶品牌赋能地方名优茶,提高地方特产知名度,为乡村特色产品打开销路。在湖南湘西古丈县,茶农从2008年人均700元收入增长到2021年人均1.98万元,实现增长近25倍,有效带动农户增收致富。

二是通过科技帮扶推动地方茶企技术升级。向福建南平和建宁、浙江千岛湖、云南勐海、湖南湘西吉首、贵州雷山等地派出科技特派员,通过实地指导、技术培训等措施，教授农户专业知识和企业管理知识，培训茶叶管理人员和技术骨干，帮助当地建立专业技术队伍。同时，将具有实用新型专利的"白茶萎凋加工的初级装置"在乡村茶企落地应用，推动地方企业技术升级换代，推动乡村企业做强做优做大。

三是派出更多优秀人才助力乡村产业振兴。建立科技特派员人才库，制定科技特派员管理办法，提高科技特派员的福利保障，对优秀科技特派员进行宣传表彰，调动科技人才支撑乡村地区建设的积极性。制定发布专业技术序列管理制度，鼓励专业技术人员不断提升专业技能，为向技术人员的派出做好人才储备。除技术人才支撑以外，公司还在管理、销售上进行人才帮扶，帮助乡村茶企建设管理、技术、销售等方面的人才队伍，提升茶企的综合经营管理能力。

四、中茶品牌价值增长的成效

1. 品牌价值持续提升

通过系统完善的品牌建设与推广，带动了中茶老字号产品的品牌功能价值、情感价值、精神价值，实现品牌价值整体性提升。在品牌功能价值方面，中茶品牌的推广有效提高了自身品牌价值。在脱贫攻坚领域，将品牌与扶贫相结合，深刻彰显了作为深耕茶品行业的领军者，心怀"国之大者"，帮助茶农增收致富、促进我国经济发展的为民情怀。同时，"中茶"和旗下系列品牌获得了海内外客户和消费者的认同和信赖，作为中国茶文化的代表走出了国门。在品牌情感价值方面，积极推广健康、安全、优质的茶类产品，并满足不同消费群体的需求，打造了健康的生活方式，增加了消费者对中茶品牌的认可和信赖。在品牌精神价值方面，中茶定位于"茶健康生活方式的提供者"，以"好茶在中茶"为品牌理念，彰显了中茶代表中国茶的品质和品位。"中茶"品牌在2017年中国食品产业发展年会上荣获"中华百年传承品牌"荣誉称号，在2018年荣登中国茶行业品牌50强榜单首位，在2019年作为首家企业入选"新华社民族品牌工程·中华老字号振兴行动"。

2. 品牌形象获得美誉

中茶70年来打造了以"中茶"为核心的品牌体系，为中外消费者提供了包括红茶、乌龙茶、花茶、白茶、六堡茶、普洱、黑茶等全品类产品，成功塑造了中茶的品牌形象。中茶产品已经成为欧亚经济论坛指定用茶、体育总局训练局赞助商、体育总局训练局国家运动员备战保障产品，并荣获"金箸奖"2019年度食品标杆企业。中茶厦门"海堤"品牌已经获得包括"中华老字号""福建省名牌产品""福建省著名商标"在内的众多荣誉，"海堤"茶叶产品也已经出口全球59个国家和地区，深受国内外消费者的喜爱。

五、中茶品牌建设未来展望

未来，中茶将持续以"好茶在中茶"为品牌主张，以独特的品牌文化提升品牌的附加值，提高中茶品牌的影响力。一是提高市场占有率。下一步，公司将积极探索门店、电商、特通、烟酒茶等渠道的专业化管理模式，加强线上和线下的各渠道联动，提升现有渠道专业化程度，进一步提高市场占有率。二是弘扬茶文化精神。向公众传播传统茶文化知识，倡导健康科学的饮茶习惯，弘扬中国茶饮文化精髓，并借助茶的载体，让美好生活的理念渗透进人们的日常生活的点滴之中。三是引领行业转型升级。立足行业规律，顺应茶产业从散乱向规模化转变、从区域品类化向企业品牌化转变、从产品感性认知向标准化理性认知转变，从前店后厂向靠消费者需求增长转变的发展趋势，引领行业向规模化、标准化、精细化、国际化转型升级。

第二节 稻香村品牌价值可持续增长案例

一、稻香村（苏州）品牌建设概况

党的十九大报告将"实施健康中国战略"作为国家发展基本方略中的重要内容，回应了人民的健康需要和对疾病医疗、食品安全、环境污染等方面后顾之忧的关切。中共中央、国务院印发《"健康中国"2030 规划纲要》，提出"普及健康生活、优化健康服务、完善健康保障、建设健康环境、发展健康产业"五方面的战略任务。在此背景下，一方面，如何适应消费者健康营养需求，开拓良好市场，塑造最牢固的品牌品质，是稻香村（苏州）所面临的挑战之一；另一方面，在日新月异的创新变革和全球化战略下，稻香村作为一个拥有 200 多年历史的老字号品牌，如何将百年中国品牌融入海外，传承和传播中国美食和博大精深的中国传统文化，为中式糕点插上信息时代的翅膀，将中国百年品牌故事讲遍全世界，是稻香村（苏州）所面临的挑战之二。

作为国家首批认定的"中华老字号"及驰名中外的"稻香村"品牌创立者，经过一代代稻香村人的传承与创新，稻香村（苏州）已成为闻名中外的大型现代化食品企业集团。但在品牌发展初期，由于品牌意识薄弱，缺乏灵活运用知识产权制度和国际规则的能力，无论是南北"稻香村"之争，还是市场出现很多"山寨稻香村"，归根结底是稻香村（苏州）初期知识产权管理制度不健全，品牌传播不足问题未得到有效解决。

因此，稻香村（苏州）坚持塑造"厚道做人，地道做事，成人达己，追求卓越"的品牌精神，打造代代相传的品牌形象，坚持"稻香村"从不在背后诋毁任何同行品牌，帮助同行竞争企业渡过一个个难关，致力于把稻香村品牌做大做强走向世界，严格把控每个产品的质量，保证产品质量安全。稻香村（苏州）对于每个消费者都百分用心，提供优质的服务；传播匠心公益的品牌文化，每一位稻香村的员工都愿意在自我成功的道路上为别人付出更多，帮助他人，成全自己；让稻香村的行业高度更上一层楼，追求"卓越的不仅是产品品质，更是追求卓越人格与品德"的道理。

二、稻香村（苏州）品牌价值增长的举措

1. 巩固质量为基、创新为路的品牌品质

（1）依托技术革新，秉承创新发展。稻香村（苏州）不仅仅是传承，更有不断地自我蜕变，勇于舍弃旧的不合时宜，才能保持百年不坠的品牌价值。食品企业新技术、新产品的研发能力是打造核心竞争力的基础，稻香村集团近年来在研发上持续加大投入。一方面，稻香村（苏州）在苏州、北京、山东设立了三大技术研发中心，依托江南大学、国家食品科研和质量监督检验部门的强大技术能力，联合成立了"中国糕点食品技术研发中心""福临门联合烘焙研究所""苏州工业园区稻香村博士后孵化站"等产学研合作平台，紧跟国际最新食品科技进行自主创新，重点致力于焙烤冷冻面团发酵过程优化关键技术，与系列新产品、新技术研究与开发。另一方面，稻香村（苏州）还以"中国传统食品工业化加工关键技术"为主题突破口进行集成创新，引进欧美先进技术和装备，把古法技艺变成标准化的工艺，打造并提升"稻香村"精品品牌形象，引领行业技术跨越式发展。

（2）加强体制创新，打造稻香村合作平台。稻香村（苏州）不断完善

体制机制，理顺供应链条，打造年轻化团队，注重人才梯队的长远布局，共享稻香村成果。

2. 塑造百年精品、行业引领的品牌形象

稻香村（苏州）坚持以维护消费者"舌尖上"的安全为企业责任，实施选料、制馅、成型、烘焙、杀菌、包装、检验全过程管理，不断打造并提升"稻香村"精品品牌形象，引领行业技术跨越式发展，加速智能化转型升级。在选料、制馅工艺方面，严格把控原料来源，保证原料品质与质量；在制馅环节采用传统制馅工艺，保证馅料的传统口味与健康；在成型工艺方面，采用手工与机器自动制模相结合的制作方式；在烘焙工艺方面，在全自动化烘焙区中，整个制模、烘焙、冷却过程，工作人员仅需将烤盘放入自动化生产线，减少手工作业提升食品安全性；在杀菌工艺方面，加工中心按照药品生产级别设计建造，稻香村（苏州）整个厂区使用10万级空气净化设备，全方位透明化无菌生产；在包装工艺方面，加工中心采用国际领先的食品包装设备，创新的KPET66°热包装，杜绝通常冷包装微生物污染的可能性，让产品新鲜度和营养丝毫不损；在检验工艺方面，从原料进厂到产品出厂要经过12次严格检查，另采取生产工序自检互检、品控部产品专检、生产卫生检查组巡检三道工序保证产品质量合格。

3. 采取与时俱进、灵活多变的品牌传播

传统制造企业"互联网+"已成为必须，稻香村是老字号较早一批"触网"的企业。2009年稻香村就确立并开始实施了"互联网+稻香村"战略，成立了电子商务部，已经连续多年在天猫、京东等主流电商平台糕点类目、月饼类目取得骄人的成绩。稻香村（苏州）电商渠道的销售占比逐年提高，已近30%，产品深受国内外消费者喜爱，成为闻名中外的食品品牌、中国味道的名片。依靠电商直播、品牌联动、跨界合作等方式，稻香村（苏州）

加强了和消费者的沟通。

稻香村（苏州）不断提升品牌的现代化程度、现代化感知，创新营销方式。稻香村（苏州）与中国人民大学、苏州大学等知名院校互动交流，多次组织参加江苏省、浙江省、山东省、上海市等地老字号博览会以及全国糖烟酒交易会等行业展会，并在中国企业家博鳌论坛、"一带一路"合作高峰论坛等高端论坛上宣传品牌形象，人民日报、新华社、央视等主流媒体多次报道稻香村，品牌影响力逐步扩大。2021年，稻香村集团品牌形象大片登上纽约时代广场，站在世界舞台发出中国品牌最强音。此外，稻香村（苏州）还邀请网红明星等带货直播、自建直播团队，与蒙牛、康师傅、《王者荣耀》、Hello Kitty、功夫熊猫、元气森林等知名品牌IP推出联名产品，传统国潮元素与国际流行理念相结合，刷新消费者对稻香村（苏州）这个老字号品牌的认知，成功实现了一次次老字号的创新品牌传播营销。

4. 厚植匠心工艺、薪火相传的品牌文化

"稻香村"于清乾隆三十八年在苏州观前街创立，生产销售南味糕点、月饼等食品，《南方饮食掌故》一书中曾记载，乾隆皇帝下江南，在苏州品食稻香村糕点后赞叹，"食中隽品、美味不可多得"，并题匾额，从此稻香村名扬天下，一些学徒甚至是假冒稻香村学徒的人在全国各地开设"稻香村"店铺。为了正本清源，稻香村先后向清商部、民国农商部申请注册商号和商标。1926年，稻香村将观前街老店重新翻造，在二层中间门面上竖写"稻香村"三个大字，大字两边又竖写"只此一家，并无分出"，然后将注册的圆形"禾"字商标放在了门面半圆形顶上，作为店铺的标志，并在《苏州明报》《吴语》《中报》等报纸刊登稻香村于当年7月24日重装开业的报道，宣示了自己的正统地位。

稻香村（苏州）对于品质声誉的追求是基于其对工匠精神的坚守。稻香村有着清晰的技艺传承谱系，至今可追溯六代，传统手工技艺都是通过"师

傅带徒弟"的方式代代相传，一张桌子、一枚印章、一个烤炉、一把擀面杖，串联起一代代把作师傅的一生坚守，也承载了一代代稻香村把作师傅的情感和历史的回忆。稻香村（苏州）自觉肩负起传承传统糕点技艺的使命，在苏州工厂成立非物质文化遗产传承中心，老中青结合，言传身教，传承传统的手工技艺和老字号的工匠精神。稻香村（苏州）不仅恢复失传糕点产品数十种，而且成功突破大量传统糕点的机械化生产难题，为传统技艺的承袭作出了重要贡献。同时，稻香村（苏州）以高度的知识产权保护意识维护中华老字号声誉，确保消费者品尝到正宗苏州稻香村的糕点。

5. 打造纵深融合的国际化品牌

从苏州发源走向全国，再到跨出国门走向世界，稻香村（苏州）已经成为中式糕点的重要一脉，也是中国传统美食文化的一张品牌名片。自2006年起至今，稻香村集团已在海外60多个国家和地区注册"稻香村"的商标。2013年，稻香村（苏州）成立了海外事业部，正式启动"出海计划"，成功布局美国、澳大利亚、加拿大及欧盟等30多个国家和地区。稻香村（苏州）是中国仅有的几家正规出口粽子的企业之一。2019年稻香村第一次实现了冻品出口，将冻品汤圆出口到了澳大利亚。稻香村（苏州）在走向海外的过程中，不断地融入当地文化，将糕点口味与原材料进行改良，制作出了符合当地人口味的创新产品。2019年4月，稻香村（苏州）开始接受来自海外的月饼订单，在海外产品的输出上，根据当地消费者的饮食习惯将产品进行改良，将中式月饼在不改变其口感的基础上本地化发展，并大受当地消费者的好评。截至2021年，稻香村品牌中式糕点、饺子、元宵等产品出口到了美国、加拿大、澳大利亚、德国等40多个国家和地区。创新变革和全球化战略，实现了稻香村（苏州）与当地文化的纵深融合，也将老字号这一金字招牌在海外市场擦得越发明亮。

三、稻香村（苏州）品牌价值增长的成效

1. 品牌价值整体行业领先

"2021中国品牌价值评价信息发布"，稻香村集团（前身为苏州稻香村）品牌价值为167.29亿元，位居"中华老字号"榜单前列，代表更高品牌喜好度、更大市场占有率、更完整历史传承的品牌强度指数则达到了902的高分值，体现了源自苏州的稻香村更强的品牌优势。近几年，稻香村（苏州）品牌价值稳步增长，再创新高，成为中华老字号榜单的耀眼明星。稻香村（苏州）获得较高品牌价值，得益于其悠久的品牌历史、世界领先的生产设备、工匠技艺的传承、全球化的市场布局锻造的核心竞争力。正是这一切，使得稻香村成为糕点行业最具实力与影响力的企业。

2. 科技研发成果丰硕

稻香村注重技术创新管理能力及研究开发能力。从2005年开始，企业加快技术进步，采用高新技术对现有生产设施、工艺装备进行技术改造，积极研究创新技术，优化生产流程，淘汰落后工艺和装备，并加强糕点产品工艺、配方的革新，已取得专利100多项。稻香村集团作为全国焙烤制品标准化委员会（SAC/TC488）及全国焙烤制品标准化委员会糕点分技术委员会（SAC/TC488/SC1）委员，参与了多项标准的制定与修订。稻香村集团荣获"中国轻工业科技百强企业"，稻香村集团山东公司荣获"中国轻工业联合会科学技术进步奖"，稻香村集团张家港公司荣获"中国粮油学会科学技术奖""中国食品科学技术学会科技创新奖——技术进步奖"。

3. 品牌根基稳固

"品牌的根基是诚信",稻香村(苏州)为做好传承,在苏州成立了非物质文化遗产传承中心,通过严格的师徒关系薪火相传,将传统技艺和做人立德的教诲、追求极致的工匠精神以及敬畏品质、敬畏顾客的企业信条言传身教。2009年稻香村(苏州)苏式月饼制作技艺入选江苏省省级非物质文化遗产名录。凭着卓越的品牌口碑、悠久的文化历史、丰富的产品种类,稻香村收获了社会各界的好评,获得"中国食品行业标杆企业""中国焙烤食品糖制品行业(糕点)十强""中国月饼行业十大品牌""老字号十大创新企业",以及2018年度和2019年度获"金箸奖"食品标杆企业等奖项,连续九届获得全国月饼、面包、蛋糕国家级技术比赛团体金奖。

四、稻香村(苏州)品牌建设未来展望

稻香村(苏州)是具有发源地、历史文化和商号商标完整知识产权的老字号企业,这是稻香村(苏州)品牌向世界品牌迈进的关键。秉承"厚道做人、地道做事、成人达己、追求卓越"的经营理念,坚守社会责任,未来稻香村(苏州)将持续提升产品标准,通过科技赋能,让"稻香村"插上创新的翅膀,引领行业发展;实施"1亿家庭"计划,通过线上线下渠道融合共进,覆盖全国市场,香飘海内外,让"稻香村"成为人们日常生活的一部分,为人们的美好生活贡献价值;持续推进"稻香村+互联网"战略,让更多消费者体验稻香村产品及其代表的糕点文化;加速实施"稻香村出海"战略,为传播中国文化、推动中式糕点复兴贡献力量,让源自苏州的稻香村香飘世界,让中国糕点享誉世界,让中华美食在世界的舞台起舞、光荣绽放、回味无穷。

第三节　五常大米品牌价值可持续增长案例

一、五常大米品牌建设概况

五常市位于黑龙江省最南部,面积为7512平方千米,是典型的农业大市,现有耕地面积428.8万亩,其中,水田238万亩,年产优质水稻约24亿斤,生产加工企业469家,农民专业合作社6000余家,通过招商引进中粮、华润、益海嘉里、北大荒、东方等大型米业集团,培育了乔府大院、金禾农业、五米常香等本土龙头企业,其中,乔府大院和五米常香已在新三板上市。五常市先后获得国家现代农业示范区、国家农业科技创新与集成示范基地、全国农业综合标准化示范市、全国休闲农业和乡村旅游示范县等多项国家级荣誉,2011年被中国粮食行业协会授予全国唯一的"中国优质稻米之乡"称号,2017年被批准为首批国家现代农业产业园创建单位。五常大米先后获得"中国地理标志保护产品""产地证明商标""中国名牌产品""中国名牌农产品""中国驰名商标"等五项桂冠。

近年来,五常市充分发挥五常大米的先天优势、比较优势、规模优势,坚持抓源头提品质、抓营销强品牌、抓产业增效益,全面实施五常大米产业提升工程。

二、五常大米品牌价值增长的举措

1. 开展品牌策划，整合品牌资源

一是成立专门机构。为进一步强化五常大米品牌建设与保护，促进五常稻米产业全面提档升级和健康可持续发展，五常市按照体制机制创新、资源集中整合、服务产业发展原则，成立了五常市稻米产业管理工作领导小组及小组办公室（临时常设机构），总揽五常稻米产业全局，打破原有体制机制和管理模式，将涉及五常稻米产业全链条行政和市场资源进行集中整合优化，实行闭环管理，发挥行政和市场资源最大效能，促进五常稻米产业健康可持续发展。二是强化监督管理。五常市高度重视五常大米品牌建设与保护工作。2020年6月3日，五常市委常委会议讨论通过了《五常市全面提升稻米产业工程实施方案》及《五常市水稻收储专项整治工作实施方案》，不断加强对水稻收储、大米生产加工等环节的监督管理工作，持续开展五常大米专项整治行动和清网行动，深挖线索，严厉打击，重点打击冒用产地证明商标、冒用地标、掺混调和、无证生产等违法违规行为。三是加强品牌策划。为全面加快五常市品牌建设，提升五常相关产业的品牌价值，打造国内外知名的五常品牌，实现五常大米经济效益和社会效益双丰收，五常市人民政府与中国品牌建设促进会将在五常市优势产业，特别是五常大米产业品牌培育、品牌价值提升、品牌发展研究、品牌宣传推介等方面进行专项技术服务，并依托项目开展深度合作。四是开展集团运营。为深入推进五常大米品牌建设与保护工作，进一步提升五常大米品牌形象，提高五常大米品牌价值，五常市坚持市场为导向，充分利用市场化运营手段，组建五常大米集团有限公司，本着"抓好两端（种植端和销售端），规范中段（生产加工）"的原则，整合上下游产业资源，推进集团化运营。

2.打造顶级品质,牢固品牌根据

一是优化种源建设。与中科院、中国农业大学、东北农业大学等科研院所开展深度合作,将全市15家种子育繁推一体化企业的研发基地进行整合,按照"种植一批、储备一批、研发一批"的原则,对"五优稻四号"(稻花香二号)进行提纯复壮和新品种研发,建立水稻原种基地1000亩,利用原种建立良种繁育基地2.2万亩;实行严格的种子管理制度,对种子繁育、储存、运输等环节实行全程监管,保证五常大米种源品质。二是建立五常大米产业标准体系。在执行《地理标志产品五常大米》国家推荐性标准(GB/T19266)的基础上,参照国际好大米标准,对五常大米从良种繁育、浸种催芽、育苗插秧、收割仓储到加工销售的27个流程99道工序,逐一细化,制定了五常大米种子、环境、种植、投入品、仓储、加工、产品、管理等八方面的地方标准,2018年10月10日,在中国·黑龙江首届国际大米节上对外发布,引领全国大米行业标准。三是打造最优种植环境。严格按照《大气污染防治行动计划》《五常市环境监管网格划分方案》要求,实行严格准入制度,稻作区严禁开办污染性工业企业,守住生态红线。全面落实河长制,完善《五常市水污染防治行动计划》,保护全流域生态环境。全面普及水稻"三不用",大力推广土著农耕、鸭稻共作等生态有机种植模式,实行农业面源污染综合治理,推进国土绿化和生态修复,加强土壤污染防治,巩固提升黑土地优势。研究制定《五常大米原产地保护提升规划》,科学划定先导区、过渡区和潜力区,探索分区定价,打牢五常大米高端品质基础。四是加强科技创新与推广。引入智力资源,研发推广适宜五常水稻种植的先进技术,加快良种与良法相配套、农机与农艺相配套、生产与加工相配套,推广智能化浸种催芽、标准化大棚育秧、机械钵体育苗、病虫草害统防统治、暗排暗灌等技术700多万亩次。

3. 重视防伪打假，维护品牌声誉

为了保护五常大米品牌，促进五常稻米产业健康可持续发展，2015年，五常市委、市政府投入3200余万元建成了五常市农业物联网服务中心，建设了五常大米网和五常大米溯源防伪查询平台，对五常大米实行"三确一检一码"溯源防伪，实现从地块、水稻播种、田间管理、生产加工到餐桌全程管控、信息反馈和质量追溯，形成完整的五常大米溯源防伪体系，有效地保护了五常大米地域品牌。2020年，五常市与新华网合作，启动溯源中国"稻乡五常"品牌数字经济高质量发展总平台建设项目，汇聚新华网国家权威公信力、全球品牌传播力、科技融合创新力和产业资源汇聚力等四种能力，依托"科技＋传媒＋产业"的赋能服务理念，助力五常市构建产业发展新模式、打造数字经济新基建、塑造品牌引领经济发展新模式、构建电商直播经济新生态；同时，充分发挥五常大米协会作为证明商标注册主体的作用，委托第三方律师机构，对域外企业制售假冒、商标侵权等违法行为提起诉讼，开展打假维权，有效地保护了五常大米地域品牌。

4. 创新营销模式，提升品牌效益

五常大米创新实行线上线下相融合的销售方式，各类经销商已在全国各地开设销售网点1700余个，年销售量约56万吨，占总量的80%；农户、企业、合作社等在淘宝、天猫、京东等电商平台开设店铺，年销售量约14万吨，占总量的20%。围绕"在哪能买到真五常大米"的问题，在线上采用O2O商业模式。2016年8月在阿里巴巴天猫平台开设五常大米官方旗舰店，截至2021年有43家181款溯源产品在售，累计销售额近亿元；2019年10月与京东集团合作开设五常大米京东官方旗舰店，截至2021年有14家企业34款溯源认证产品进驻，累计销售额5000余万元。在线下选择哈尔滨中央

大街、太平国际机场建立五常大米官方旗舰店,在京津沪、江浙闽等地区建立五常大米直营体验店,推行可视化消费、定制式销售。启动五常大米交易中心建设,对生产资源、品牌资源进行有效整合,由交易中心建立稳固保真销售渠道,构建"交易中心＋战略合作伙伴"现代经营管理模式,实现小农户、小合作社、小企业与大市场的有效对接。

5. 加强立体宣传,提升品牌影响力

根据水稻生产周期,制定从春种秋收到餐桌每个周期的宣传方案,并通过增加广告投入、参加各类展销会、邀请国家主流媒体和大型门户网站报道等形式,进行全方位、立体化宣传,讲好五常大米故事。2017—2019年,各种媒体宣传五常大米1300多次,在广州、深圳、上海等城市开展推介活动200余次;2018—2020年连续举办三届五常大米节;2017年6月中央电视台《乡约》节目,专题宣传五常大米;2017年10月纪录片《拉林河畔》在中央电视台热播,获中国最具影响力十大纪录片,改革开放40年40部优秀纪录片大奖;2019年9月,五常大米走进中国国际电视台《全景中国》栏目,在全球直播;2019年10月,开展了全国知名作家进五常大型采风活动,150多家媒体持续宣传,五常大米品牌影响力不断攀升。

三、五常大米品牌价值增长的成效

1. 显著提升品牌综合价值

通过科学系统的品牌建设,实现五常大米品牌功能、情感和精神价值的综合提升。在品牌功能价值方面,五常大米品牌建设有效推动当地稻米产业资源整合,延伸产业价值链,实现品牌区域共享,"农民增收、企业增效、财政增税、消费增信、品牌增值"五增目标初步显现。在品牌情感价值方面,

围绕"中国稻乡·生态五常"主题,五常市重点发展稻乡观光游、种植体验游、龙江民居等乡村旅游项目,建设五常稻米文化博物馆、稻花香体验馆,让消费者零距离品味中国最好的稻米,感受唇齿留香的韵味,让五常大米被消费者所喜爱。在品牌精神价值方面,五常大米的畅销,让"举仁、由义、崇礼、启智、诚信"的五常精神被消费者所逐渐认知、理解和尊敬,与消费者价值观产生共鸣,极大提升五常大米品牌附加值。

2. 塑造中国大米第一品牌

多年来,在中国品牌建设促进会的大力帮助、指导和支持下,五常市在"品种、品质、品位、品相、品牌"五个方面重点发力,五常大米品牌建设与保护工作取得了丰硕的成果。2017—2020年,在中国品牌促进会主办的中国品牌价值评价活动,五常大米分别以639.55亿元、670.70亿元、677.93亿元、701.97亿元连续四年获得地标产品大米类全国第一。2020年在第三届中国·黑龙江国际大米节品鉴品评活动中,五常大米击败国内外众多大米品牌,荣获3金1银1铜的佳绩,5家企业产品入围"中国十大好吃米饭",闪耀世界舞台。五常大米现已成为国际优质大米代名词。

四、五常大米品牌建设未来展望

未来,五常市将坚持保护"五好"、做精"五品"、推进"五化"、实现"五增"的工作思路,努力打造世界最具竞争力的稻米产业。

1. 保护"五好"根基

严格按照《大气污染防治行动计划》《五常市环境监管网格划分方案》要求,实行严格准入制度,稻作区严禁开办污染性工业企业,守住生态红线。全面落实河长制,完善《五常市水污染防治行动计划》,保护全流域生态环境。

全面普及水稻"三不用",大力推广土著农耕、鸭稻共作等生态有机种植模式,实行农业面源污染综合治理,推进国土绿化和生态修复,加强土壤污染防治,巩固提升黑土地优势。深化与科研院所合作,整合种子育繁推一体化研发基地资源,探索市场化、产业化育种模式,管控销售渠道,守住品质底线。

2. 做精"五品"工程

一是提升品种。坚持保护与研发并重,充分利用三亚南繁基地和五常基地,采取"政府主导、企业参与"的模式,整合15家种业资源,加快繁育五优稻四号原原种,使用原原种繁育原种,原种销售给稻农。同时,加大新品种研发力度,确保原种纯、良种优,实现良种全覆盖,打牢五常大米品质基础。二是提升品质。制定《五常大米原产地保护提升规划》,科学划定先导区、过渡区和潜力区,探索分区、分品定价。实行最严格的环境保护措施,制定农业投入品准入清单,实施黑土地保护提升工程,推广病虫害统防统治、纸膜覆盖等绿色防控技术,开展水稻"三不用"行动,落实面积110万亩。三是提升品相。严格地理标志使用和证明商标授权,规范管理大米包装物和产品标识,升级五常大米溯源防伪系统,将稻种繁育、生产销售、仓储物流纳入五常大米溯源防伪体系,提升内外辨识度,推动地方立法保护。四是提升品位。将五常稻米产业发展与五常精神、文化、旅游进行深度融合,深挖五常稻米文化,讲好五常大米故事,提升和丰富稻米文化内涵。五是提升品牌。加强五常大米市场监管,严厉打击域内外假冒五常大米行为。创新五常大米营销,深化与阿里巴巴、京东等企业的战略合作,完善五常大米官方旗舰店和直营体验店,推进五常大米公共服务中心建设。同时,鼓励消费者通过多种渠道对购买产品进行评价,依托五常大米网,探索建立消费者评价平台,将消费者评价作为企业诚信体系建设重要指标,对失信企业予以惩处,不断提升五常大米品牌美誉度。

3.推进"五化"之路

一是推进标准化。全面推行《五常大米标准体系》，在推行八方面地方标准基础上，研究制定销售、物流管理标准，建立完善从田间到餐桌的全过程标准体系，建立五常大米产业质量标准体系。二是推进产业化。围绕"粮头食尾、农头工尾"，实现五常稻米产业全链条升级。在生产端，推进水稻种植由增产导向转变为提质导向，进一步提升价值链；在加工端，培育引进稻米精深加工项目，提高附加值，进一步延伸产业链；在销售端，根据不同群体需求，发展胚芽米、粥米、功能米等大米产品，实现多样化发展，进一步完善供应链。三是推进集团化。坚持充分市场主导和政府引导相结合，集中整合种植资源、加工资源、品牌资源、销售资源，逐步将全市零散的种植基地及稻米加工企业转变为生产加工基地，打造大基地、大车间、大市场，达到品牌统一、标准统一、销售统一，实现集团式发展。四是推进品牌化。将五常大米品牌定位于中高端市场品牌，积极推进五常大米公共服务中心和"稻乡五常"区域公共品牌项目建设，培育1~2个国际著名高端大米品牌，进一步提升五常大米品牌影响力。五是推进国际化。以地理标志产品"100+100"中欧互换为契机，积极拓展国际销售渠道，大力拓宽国内高端市场，要在精深加工、副产品再利用等方面探索全产业链发展合作的新路径，引领黑龙江乃至全国稻米产业走出国门、走向世界。

第四节 南方电网品牌价值可持续增长案例

一、南方电网品牌建设概况

电气化生活时代,衣食住行、各行各业均依赖于可靠的电力供应。电网企业处于关系国计民生的基础性行业,具有典型的公用事业属性。相对于直接参与市场竞争的企业,公共事业企业品牌建设的动力来自何处?提升品牌价值的特点和关键是什么?从中国南方电网有限责任公司(以下简称南方电网)品牌建设特点看,公司资源资产丰富,历史文化积淀深厚,客户群体庞大,品牌建设具有天然优势,但也面临其作为公共事业、央企属性等所带来的特殊挑战,由此决定了品牌建设策略的差异性。

南方电网品牌建设面临的特殊挑战包括:一是历史问题,公众对电网企业存在"垄断""暴利"等固有认知,亟须创新品牌建设进行扭转;二是面向市场,随着电力体制改革的深入推进,南方电网需直面配售电市场的激烈竞争,为企业品牌建设带来新课题;三是对待客户,客户对电能质量、用电服务要求越来越高,服务需求不断增长;四是作为央企,肩负践行央企"六个力量"的作用,品牌建设除了面向客户,还要协调满足政府、公众等不同利益相关方的不同诉求。

因此,对南方电网来说,品牌建设不在于"影响价格",不局限于"提升品牌认知度和忠诚度",而在于与全社会共享企业、产品和服务的价值观,与政府、客户、媒体、公众等利益相关方建立情感纽带和价值认同,通过品牌建设提升公司影响力、市场竞争力和风险防御力。南方电网高度重视品牌建设，围绕品牌管理、品牌塑造、品牌传播等方面深入开展品牌建设，品牌运营能力持续提升。"中国南方电网"品牌标识出现在大街小巷、城市乡村，"万家灯火，南网情深"的品牌形象获得较为广泛的认同。特别是新一轮电力体制改革提出之后，面临发展环境的新形势、新挑战，南方电网将品牌建设上升到战略高度，品牌建设走上战略化、系统化、规范化、专业化之路。

二、南方电网品牌价值增长的举措

作为关系国计民生、国家能源安全的中央骨干企业，南方电网根据发展环境变化适时升级品牌建设策略，推动品牌规范管理，巩固品牌发展根基，创新开展品牌传播，推动企业品牌价值持续增长。

1. 以系统的品牌策划，提升品牌资源效益

品牌策划是品牌的顶层设计，如忽视品牌策划，将为企业造成较大的品牌建设资源浪费和声誉风险。为改变各单位品牌建设各唱各调、品牌资源投入效益不明显、品牌建设不适应电力体制改革新形势等问题，南方电网逐步探索形成"3+3+4"品牌建设体系，实现了品牌建设的系统、科学、精益。其中，"3个体系设计"从战略全局层面出发，明确品牌工作体系、品牌架构体系和品牌建设管理办法，分别确立了公司品牌建设路径、母子品牌逻辑关系、品牌建设内容规范；"3类计划文件"从实施运营层面出发，以五年、三年、一年为时间维度，通过品牌建设"十四五"规划、三年提升计划、一年重点举措，推动有序达成品牌建设中长期目标；"4个专项指引"从专项操作层面出发，制订文化品牌、产品品牌、服务品牌、公益品牌四类品牌的建设指引，明确子品牌建设的具体路径和方法。以品牌架构体系

为例，南方电网立足企业发展战略和业务布局，形成横向上"管制业务（含共享平台）、新兴业务、金融业务、国际业务"四个维度，纵向上"公司品牌、企业品牌、文化品牌、产品品牌、服务品牌和公益品牌"六个层次的品牌序列，解决了各级品牌管理混乱、定位不清等问题，实现了各级品牌充分联动、协同发展。

同时，南方电网在对标国内外品牌建设先进企业、总结品牌实施策略的基础上，形成"南网品牌13策"，即整体规划策略、滚动计划策略、持续对标策略、品牌识别策略、项目创意策略、全链条业务支持策略、全员化行为外显策略、主题宣传策略、社会责任策略、朋友圈发声策略、适度广告宣传策略、一体化管理策略、自主化发展策略，形成了全菜单式的品牌选择策略。

通过以上系统的品牌策划和体系设计，有效避免了各单位品牌建设重复投入、方向偏离等带来的资源浪费问题，有效推动各单位聚焦统一目标、方向和路径开展品牌建设，立足长远提升公司品牌建设效果。

2. 以一流的产品服务，巩固品牌发展内质

基于客户需求，提供良好的产品和服务是树立品牌形象、赢得客户忠诚的基础和根基。南方电网立足国务院国资委的部署和要求，瞄准世界一流目标，以创新为核心，聚焦"担当有责""世界一流""创新引领""生态优先"等品牌特质，积极推进服务创新、技术创新、商业模式创新等，致力于以世界一流的产品和服务，持续提升客户满意度。

"客户停电时间""获得电力"是评价供电质量和服务的重要指标。在减少客户停电时间方面，南方电网各省区基本建成了结构坚强的骨干网架，负荷中心地区基本形成双环网，城市配电网可靠性和电压质量进一步提高。2019年，南方电网所属珠海、中山、佛山、深圳、广州、东莞6个城市在全国地级以上城市电力可靠性排名中进入前10名。广州中新知识城

高供电可靠性示范区,在国内率先采用20千伏"花瓣型"接线方式并合环运行,供电可靠性达99.999%,年停电时间少于1分钟,达到了世界一流水平。"获得电力"方面,南方电网深化电力服务改革,优化南方区域营商环境,服务五省区高质量发展,实现深圳、广州"获得电力"指数比肩世界一流。同时,南方电网基于"向智能电网运营商、能源产业价值链整合商、能源生态系统服务商转型"的战略取向,积极建设开放合作、互利共生的能源生态系统,形成综合能源、电动汽车、"三表集抄""四网融合""电融通"等一批创新的产品和服务,以多元的能源生态服务满足客户需求,并有效提升了公司在全球能源产业价值链中的地位。

近年来,绿色营销成为市场营销的新趋势。南方电网秉持绿色发展理念,发挥专业优势,实施节能发电调度,优先调用水电、核电等清洁能源,让给客户提供的每一度电都打上清洁、绿色的标签。2019年,南方电网范围内非化石能源电量占比达到52.9%,为客户提供清洁的电力,并为打赢污染防治攻坚战、实现2030年碳达峰贡献了力量。

3. 以精准的形象传播,促进品牌价值认同

信息爆炸时代,精准创新的品牌传播成为形象塑造的关键。南方电网基于公司央企属性、品牌建设目标、传播发展趋势等,面向不同受众开展精准传播,提升传播的辐射力。面向公众,南方电网注重传播创新,策划实施"电亮新生活 攀登新时代"南网杯亲子攀岩挑战赛品牌活动,用绿色低碳、健康向上的线上线下攀岩活动,向公众传递健康向上、不畏艰难、勇于攀登、勇于创新的价值理念。推出首个央企员工代言人组合 Power Girls,打造"寻找城市亮灯人""璀璨C引力""一度电的旅程"等一批独具创意的品牌活动,将历史建筑打造成"广州电力展示馆"等,通过创新、生动的传播方式和内容,获得了公众的关注和认同。面向政府,南方电网突出高端属性,在中央媒体推出"落实国资国企改革、电力体制改革""'一带一路'命运共同体""打

好脱贫攻坚战"等专题报道年均超过1000条次,《海天之间》《巨龙在野》等一批重点工程大型纪录片在央视播出,生动展现了央企的责任担当和实践。面向国际市场,南方电网注重借势发力,借助澜湄国家、中日韩、粤港澳电力企业高峰会等契机发声,在国际舞台彰显企业形象,提升海外竞争力。

2017年5月23日,南方电网旗下广州供电局与广州地铁合作,将广州塔地铁站打造成一个以"让广州电力十足"为主题的创意空间,在此举办社会责任日活动并现场发布了全国首个社会责任报告主题列车,市民只要乘坐列车就可以与电网亲密接触。通过主题列车趣味发布年度社会责任报告,是南方电网责任沟通的一次创新和突破,开创了国内社会责任传播的新场景,向市民展示了电网企业活力十足的新形象。

三、南方电网品牌价值增长的成效

1. 显著提升品牌整体资产价值和效益

南方电网通过科学系统的品牌建设,有力驱动各项业务提升,实现了企业实力和品牌价值的稳步提升。管制业务方面,供电可靠性、客户服务等指标持续提升。以供电可靠性为例,客户停电时间连年下降,中心城区停电时间由2016年的年4.6小时/户下降至2019年的年0.57小时/户,降幅达87.6%。非管制业务方面,通过母子品牌的建设联动,有效增进了客户对新兴业务等企业的信任度,帮助减少新品牌进入市场的成本,提高新兴业务的市场占有率,使"南网电动""南网科技"等新兴业务重点品牌更具影响力。

南方电网主品牌价值在《世界品牌500强排名》中从2017年的第299位提升至2020年的第293位,在2020年《中国500最具价值品牌》排名第29位,首次排名进入前30位。

2.塑造广受好评、内涵丰富的央企形象

南方电网区域内子公司均在政府行业公共评价中获得第一,如广东电网公司连续11年获广东省地方政府公共服务评价桂冠。公司连续三年(2017年、2018年、2019年)在中央单位定点扶贫工作考核中获最高评级"好",并帮助东兰县、维西县等成功脱贫摘帽。南方电网持续开展光明学堂、温暖村屋、幸福厨房的"蓝公益"项目,形成"蓝"品牌效应,荣获全国"四个100"最佳志愿服务项目等荣誉。广州电力展示馆开馆至今,接待了国务院国资委、外交部、国家能源局、广东省委宣传部、广州市人大常委会等党政机关,国家电网、中国移动等社会团体指导检查,参访人员近300批次、4600人次,获得了利益相关方普遍赞誉。2019年9月15日,展示馆作为省委宣传部承接中宣部组织的"壮丽70年·粤来粤好"——庆祝中华人民共和国成立70周年网络主题采访活动的首站,代表团表示在馆内,感受到了自中国成立以来,广州从星星灯火到万家灯火,电力推动城市发展所发生的巨变。

第五节 波司登品牌价值可持续增长案例

一、波司登品牌建设概况

波司登创始于1976年,是全国最大、生产设备最为先进的品牌羽绒服生产商,主要从事自有羽绒服品牌的开发和管理,包括产品的研究、设计、

开发、原材料采购、外包生产及市场营销和销售。波司登羽绒服畅销美国、法国、意大利等72个国家，全球超2亿人次在穿。1998年波司登成为中国首个进入瑞士市场的服装品牌，使波司登品牌发展进入了快车道。2007年波司登开始品牌转型，开启国际化经营。期间凭借着规模优势、质量效益和品牌经济，波司登获得服装行业首个"世界名牌"称号，进一步开拓了海外市场，成为名副其实的服装行业龙头企业。

即便拥有辉煌的成绩和突出的行业地位，可在转型初期，波司登的品牌发展之路并不顺畅。2010—2015年波司登连续5年库存上升业绩下滑，品牌影响力也面临弱化的境地。波司登作为一个有着44年经营历史的老品牌，在追求潮流的服装行业里难免面临着"品牌老化"的困局。羽绒服款式老化、样式过于单一是波司登陷入困境的主要原因，这也导致其品牌在消费者心中的形象老化。以波司登男装为例，波司登品牌本身老化严重影响了波司登男装品牌，消费者会认为后者是一个和波司登一样的老年人品牌。品牌老化的背后，折射了波司登在品牌维护中缺乏规划的问题，亟待创新渠道模式、品牌模式。为此，波司登积极探索品牌价值的可持续增长路径，开启品牌重塑的升维之路。2018年3月，波司登正式提出"回归创业初心"口号，并明确了"聚焦主航道、聚焦主品牌，收缩多元化"的战略目标，将品牌更多地聚焦到自己的核心领域，全力打造羽绒服专家品牌定位，致力于让波司登成为羽绒服品牌的代名词并深刻植入到消费者心中。

二、波司登品牌价值增长的举措

1. 打造高品质羽绒服，夯实品牌根基

波司登坚持聚焦主航道、聚焦主品牌，专注于羽绒服的研发、设计与创新，并以尖端科技与高端品质主动参与到国际规则的制定中，推动羽绒

服国际行业标准制定,让中国标准成为世界标准,提升民族品牌国际话语权,夯实品牌根基。2017年,波司登在国内市场首推"极寒"系列御寒冬衣,精选90%品质白鹅绒和高密高织抗寒面料打造中国第一款重工羽绒服。2019年11月,波司登再次推出了使用"世纪之布"GORE-TEX面料的高端户外系列羽绒服,并且采用800+高蓬松度的5A级羽绒,将保暖做到极致且实现防风防雨、透气不闷。原料升级也促使公司顶级面料供应商达成战略合作,保证原料稳定供应,树立高端品牌专业壁垒。2021年2月,波司登自主研发制定的羽绒国际测试方法和质量标准通过国际羽绒羽毛局(以下简称IDFB)认证考核,波司登实验室正式成为国内首家获得IDFB授权的纺织品企业实验室。波司登实验室多次参与IDFB组织的罗宾循环测试。罗宾循环测试对毛绒的成分分析、种类鉴定、蓬松度、清洁度、耗氧量等项目的要求极高。面对高水平的测试,波司登始终坚持恪守品质,连续两次取得高质量检测结果后,成功地获得了羽绒羽毛行业最权威机构的认可。以产品的质量为营销活动的中心,提升顾客对产品质量感知的程度是波司登品牌升级营销的核心。波司登对产品设计细节所能展现的产品独特性进行了大力宣传,如面料的选取、缝制工艺的升级、测试的严谨等,赋予产品"专业""技术""高质"的特征标签。此外,波司登与海内外KOL、KOC合作,以产品测评贴的形式,将波司登与其他品牌羽绒服在价格、质量、设计等各方面进行比较,进一步强化了产品品质的说服力,深化消费者对品牌的信任。

2. 引领独特的温暖风尚,打造潮流品牌文化

一个品牌之所以能成功引领潮流,往往是因为提出了一种契合当下消费者需求的品牌方案。波司登在高端化转型中,为品牌加入了大量潮流元素。2018年波司登作为首个登上纽约时装周的中国服装品牌,搭乘"国潮",在服装设计中展现了中国元素与现代元素碰撞的魅力。2019年,波司登与

法国殿堂级设计师高缇耶等多位知名国际设计师设计联名款羽绒服饰。这些联名羽绒服在设计中使用了棋盘、虎纹等元素,在版型上一改羽绒服原本臃肿笨重的形象,使之能够与人体曲线互为衬托;部分设计还让羽绒服能够拆解,便于适应多种温度和搭配。联名系列一经发布便迅速吸引了国内外媒体的关注。与此同时,在联名系列发布秀上,品牌方还邀请了国内外在时尚界有着相当话语权和标杆效应的影视明星、歌坛天后、大V博主等,利用他们在国内外社交媒体平台上的影响力为品牌带来了巨大的声量。波司登打破人们对于"温暖"的刻板印象,将"温暖"和"潮流""时尚"结合在一起,成功将忠于品质、敢于创新、引领风尚的特质植入到品牌文化中,逐步扭转了自身在消费者心中不够时尚的刻板印象。

3. 创造温暖人心的体验,彰显品牌核心价值

2016年,已经连续二十多年占据中国羽绒服市场半壁江山的波司登,为做强羽绒服主业集中发力进行品牌全面重塑升级,将"温暖""品位""贴心"确立为New Bosideng(新波司登)的核心价值。"New Bosideng"的提出是新波司登站在对未来消费者消费需求的把握与消费市场竞争的分析上重新诠释定位波司登的结果。服装企业与服装品牌在经营上拥有自身独特的性格和主张,才能有更好的张力和发展前景。因此,波司登从店铺设计、陈列到产品、零售运营以及推广,只要与消费者接触之处都在传递"温暖""品位""贴心"三大核心价值。波司登品牌倡导有品位有温度的生活方式,围绕品牌、商品、传播、渠道、终端五大板块推进新品牌定位的逐步落地,通过"温暖、品位、贴心"的产品及服务,创造温暖人心的消费体验。

4. 重视企业识别系统建设,塑造一流品牌形象

波司登以"温暖全世界"为品牌使命,选择"温暖"作为CIS传播的焦点,一方面是将产品品质作为品牌力的核心,另一方面传递企业愿景与

企业文化，以拉近与消费者之间的距离，使消费者将"寒冬"与带来"温暖"的波司登联系在一起。在这次升级中，波司登采用了全新的品牌标识，升级线下店面设计，采用更加明亮的色彩作为主色调。在新的品牌宣传片和广告片中主要使用衬托的手法，用户外的严寒凸显波司登羽绒的保暖性能。2019年"双十二"，波司登联合天猫"超级品牌日"发起"极寒挑战"，MV中一支乐队身着波司登羽绒服，在北极圈演奏交响乐《冬天里的一把火》，将温暖与热情注入旋律中，让消费者感受到了波司登温暖的力量。在企业管理方面，波司登秉承"用户第一"的企业价值观，以匠心研究制衣工艺，严守产品基本的"温暖"性能，将产品体验放在首位。这些都使得"温暖"成为波司登有力的代名词。

5. 探索品牌"出海"，缔造国有品牌自信

企业形象传播有助于企业构建品牌实力，强化大众对品牌的忠诚，在国际化战略中发挥重大的推助作用。波司登在营销传播中将"温暖全世界"这一企业使命作为传播口号，在公众心中有力地塑造了一个面向世界、有关怀、有承担、有梦想的中国企业形象。同时，企业形象传播要注重对媒介资源的整合，媒介的覆盖力、影响力与定位都应纳入考量范围。从2018年起，波司登开展全球营销策略，整合海内外传播资源，对企业形象与品牌形象进行了国际化传播。2018年9月，波司登国潮系列服装登陆纽约时装周，成为该国际秀场的首个中国服装品牌，借助KOL力量在海外社交媒体掀起追崇热潮；海外形成的品牌势能反哺国内市场，"国潮崛起"背景下，波司登品牌以崭新的姿态回归到中国消费者的视线中，有力强化了消费者对作为国货品牌的波司登的认同与支持。波司登把握"一带一路"机遇，不断深化与国际品牌的跨国合作，潜心学习借鉴合作伙伴先进的生产技能和管理经验，丰富企业产品组合，提升在全球产业价值链中的身位，为促进中国由"制造大国"向"品牌强国"转变提供了典型案例。

三、波司登品牌价值增长的成效

1. 品牌价值整体行业领先

基于对产品品质的不断追求,波司登多次受到专业机构的褒奖,其高端户外系列凭借其卓越的产品性能,受到权威评选机构的高度认可,一举斩获了2019年度"户外界的奥斯卡"——《Outside新户外》户外装备大奖,以品牌强度982、品牌价值243.02亿元,荣登纺织服装鞋帽行业榜首,成为唯一一个获此殊荣的中国羽绒服品牌。2020年中国纺织服装行业品牌价值TOP35,波司登以品牌强度931,品牌价值257.22亿元位列第二。2021年4月8日,英国品牌评估机构"品牌金融"发布了的《2021年服饰品牌50强》报告,中国4家品牌入选,波司登首次上榜,位列第50。

2. 显著提升品牌资产效益

2019年,国内经济环境面临着复杂多变的形势冲击,就服装行业而言,内销服装销售量呈逐年下降趋势,外销服装出口市场量价齐跌,整体服装业备受挑战。波司登在市场寒冬期还能取得佳绩,其专注羽绒服44年的实力积淀和长期以来不断力求突破转型的品牌建设功不可没,而波司登紧跟消费环境和市场趋势的敏锐洞察,更是其取得增长的最佳助力。波司登还凭借其自身业绩及行业贡献等持续价值回报,荣获了"2020年度金港股大奖"。

3. 塑造温暖全世界的品牌形象

2020年2月16日,波司登以独立品牌身份登陆伦敦时装周官方议程,成为首个亮相伦敦时装周的中国羽绒服品牌。波司登在伦敦时装周上的精彩羽绒服大秀将中国品牌的力量和自信带到了国际秀场，也引发了现场的各国友人集体为中国加油。波司登本次在伦敦时装周上发出中国声音并赢得了各国观众的响应，这除了其过硬的产品品质和设计，更是中国品牌在国际舞台上自信自强的体现。

四、波司登品牌建设未来展望

作为羽绒服行业的领军品牌，波司登的成功并不是偶然的，而是构筑于强劲的创新意识、工匠精神、专业实力、品牌自信以及社会责任感下的一种必然。波司登是一个富有家国情怀的民族品牌，在世界市场波谲云诡之下，波司登始终坚持初心，开拓突破，立足"全球热销的羽绒服专家"的品牌定位，坚持以满足消费者及内外部客户需求为导向，不断创新业务模式、组织模式和管理模式，加强核心竞争力，打造具有时代精神和时尚品质的民族品牌。波司登凭借着领先的科技和工艺、高品质的产品征服了各国消费者，刷新了很多人对羽绒服以及国货的认知。波司登成为热度最高的羽绒服实至名归，未来波司登还将不断交流创新，提升品牌实力，让国货变成世界认识中国的新名片。

品牌价值可持续增长的展望

第十章

第一节 品牌价值可持续增长理论的发展方向

品牌和品牌价值是动态发展的概念，与世界经济、政治、社会发展进程密不可分，品牌价值的评价标准和方式也需要随之逐步调整和完善。因此，理解和研究品牌价值的形成和发展，必须密切跟踪和深入理解世界发展的最新趋势。[①]中国企业如何加快提升企业品牌与其经济实力的匹配度，如何实现品牌价值可持续增长，是摆在中国企业以及社会各界面前的新课题。

一、品牌发展新环境

当今全球正在发生着众多改变。从宏观层面看，我们都在关注世界经济、产业调整、生态环境变化、人类可持续发展等问题。从消费者层面看，消费者需求已经更多地从享乐和体验转向更高的精神层面。以联合国2030年可持续发展议程为标志，全球经济社会将进入到以可持续发展为目标的发展新阶段，践行2030年可持续发展目标正成为新一轮经济全球化的重要特征，可持续发展正在成为全球企业界品牌发展的新实践、新方向、新的竞争战略重点，也将成为中国企业品牌价值增长的新路径，实现弯道超车的新机遇。

---

① 刘平均：《品牌价值发展理论》，中国标准出版社，2016年12月。

二、可持续品牌——世界品牌发展的新趋势

1. 品牌理论历史发展阶段

品牌的理论在百年变迁中经历了产品导向、消费者导向、资产导向三个阶段。

在20世纪20年代到20世纪60年代的产品导向发展阶段,代表性的品牌理论有品牌广告、品牌经理、品牌形象等。品牌广告理论的发展,促进企业在广告方面突出产品的宣传,品牌推广开始有了广告专员或职能部门管理。品牌经理理念,则促进企业出现了专业的品牌管理岗位,许多企业开始实施品牌的系统管理。品牌形象理论认为,每一品牌、每一产品都应发展和投射一个形象,消费者购买的不只是产品,还购买承诺的物质和心理的利益。这一阶段的突出特征是依托企业产品来开展品牌建设,并促进企业品牌专业化管理的形成。

在20世纪70年代到20世纪80年代的消费者(客户)导向阶段,代表性的理论有品牌营销和品牌战略等。品牌营销强调最高级的营销不是建立庞大的营销网络,而是利用品牌符号,把无形的营销网络铺建到社会公众心里,把产品输送到消费者心里,获得认可。品牌战略管理注重品牌与品牌所代表的观念、精神的关系,核心是有效监控品牌与消费者关系的发展。这一阶段的共同特征都是围绕消费者(客户)来开展品牌建设,并促进企业品牌建立、维护和巩固这一全过程的品牌管理的形成。

在20世纪90年代后的资产导向阶段,代表性理论是品牌资产理论。品牌资产理论认为品牌是企业的重要资产,是与品牌的名字与象征相联系的资产(或负债)的集合,它能够为企业或者顾客,增加或削弱产品价值或者服务价值。品牌资产包括五个方面,即品牌忠诚度、品牌知名度、感知

质量、品牌联想，以及其他品牌专属资产，如专利、商标、渠道关系等。这一阶段的突出特征是围绕品牌的资产价值来开展品牌建设，而且品牌资产也是可以评估计算的，它还促进企业在品牌资产的创建、维持和保护开展系统的主动管理。[①]

2. 以利益相关方为导向的可持续品牌

随着联合国千年目标成功升级为2030可持续发展目标，全球企业品牌进入到可持续品牌发展的新阶段。伴随21世纪经济全球化趋势加剧，世界各国就环境、人口、能源等人类社会共同面临的可持续发展问题逐步形成共识并着手共同解决，这也为全球化企业推动新一轮商业模式的变革和品牌转型发展提供了契机。2000年9月联合国千年首脑会议上，世界各国领导人联合签署了《联合国千年宣言》（MDGs），到2015年实现宣言中8项。2015年9月25日，联合国对MDGs进行延续和升级，在联合国可持续发展峰会上正式通过到2030年全球要实现17个可持续发展目标（SDGs）的决议。目标旨在从2016年到2030年间以综合方式解决社会、经济和环境三个维度的发展问题，实现全球转轨到可持续发展道路。SDGs明确地呼吁所有企业利用它们的创造力和创新能力来应对可持续发展的挑战。SDGs目标的实现离不开全球企业的参与和贡献。全球发展的共识和目标共同转向可持续发展，可持续发展成为不可阻挡的潮流，成为世界的共同语言。

国际化企业作为联合国可持续发展目标的重要参与者，在意识到其中蕴含的巨大机遇后，纷纷将对可持续发展的支持和行动融入自身战略与运营，力争在应对人类社会共同挑战的前沿发掘新的商业机会，而企业的品牌定位也随之由追求自身的利润增长转向为全球社会、为利益相关方创造更多的可持续发展价值，从而最大限度获取受众对于企业的认同和尊敬。

---

① 殷格非：《可持续品牌——中国企业品牌发展弯道超车的战略思考（一）》，《WTO经济导刊》，2018年第9期。

纵观过去，品牌的发展历程与企业及世界经济的发展历程是有相应性的，从短缺经济时代关注产品质量，打造产品品牌；到告别短缺经济时代关注消费者，打造消费者品牌；到物质丰富时代，关注品牌创造价值，打造品牌资产；从现在到2030年全球进入努力转轨可持续发展时代，企业将会既要关注产品质量，关注消费者，打造产品和消费者品牌，又要关注品牌竞争价值和超额收益，不断提升品牌资产，还要兼顾更多的相关方利益、诉求和期望，打造兼顾多方利益、诉求和期望的可持续品牌。①

三、可持续品牌的内涵及重要性

1. 可持续品牌的内涵

可持续品牌，就是将可持续发展理念融入企业管理与实践，并通过在利益相关方中实现可持续形象的累积，所形成的企业品牌类型。目的是被利益相关方持久认可，提升公司的影响力和美誉度，增强公司的可持续发展能力。②

2. 可持续品牌建设的重要性

企业品牌进入到可持续品牌发展阶段，中国企业又进入到品牌引领发展的新时期。用什么样的品牌理念来塑造中国企业品牌，用什么样的品牌理论来指导中国企业品牌建设的发展，能尽快提升中国企业品牌与其经济实力的匹配度，能在新一轮的全球经济竞争中发挥品牌竞争力的核心竞争力作用？中国企业必须适应新的发展形势，顺应新的发展趋势，大力开展可持续品牌建设，从而实现品牌价值可持续增长。

---

①② 殷格非：《可持续品牌——中国企业品牌发展弯道超车的战略思考（一）》，《WTO经济导刊》，2018年第9期。

（1）开展可持续品牌建设，能有效实现"三个转变"，即推动中国制造向中国创造转变、中国速度向中国质量转变、中国产品向中国品牌转变。如何实现这"三个转变"呢？首先，中国制造向中国创造转变，如何转变？最重要的是创造可持续性产品和服务。这种产品和服务的创造要么是解决社会可持续发展面临的重大问题或者挑战，要么是给全社会的健康和福祉带来持续的提升。其次，从中国速度向中国质量转变，就是企业的产品生产、产品质量和产品的消费，全生命周期都要体现可持续性，最大限度地减少因产品全生命周期所带来的经济、社会和环境的负面影响，这是最好的质量，也是最可持续的发展速度。最后，在不断创造可持续性产品和服务的同时，管理好产品全生命周期的影响，配之以面向利益相关方的沟通和传播，让中国企业自然成为可持续的企业，进而能树立以可持续性为特征的中国品牌形象。因而，在中国企业日益融入全球经济发展的大势下，中国企业要建立起更多的世界品牌、自主品牌。建设可持续品牌是一个重要方向，也是时代所赋予中国企业有效实现"三个转变"的新路径。

（2）开展可持续品牌建设，迅速改变中国企业在世界品牌版图中的地位。可持续品牌建设，无论是对中国企业来讲，还是对发达国家的企业来讲，在一定程度来说，都处于同一个起跑线。西方发达国家的企业品牌建设经过百年历程，是自然而然地走到了这个阶段；中国企业经过市场经济的洗礼时间还不长，总体上来讲，按照现代品牌理念开展品牌建设的时间也不长，可以说是迎头赶上。这也是中国企业发展的又一次历史机遇。在一定程度上讲，中国企业没有过去品牌理念的束缚，或许在可持续品牌建设方面更能解放思想，轻装上阵，或许能形成后发优势，从而迅速地改变中国企业品牌的世界格局。

（3）开展可持续品牌建设，引领新一轮的经济全球化。新一轮的经济全球化正悄然而来。在新一轮的经济全球化发展中，当然不会以美国利益优先或者哪个国家的利益优先方式展开，因为无论是以哪个国家的优先方式开展,特别是以世界哪个大国的利益优先方式展开,都意味着在原有的不平衡、不公正、不可持续的因素上增添了新的矛盾。这种全球化发展也就难以深入发展下去。新一轮的经济全球化必须是在全球共识基础上开展的。这种全球共识是什么呢?那就是全球的可持续发展。其重要的标志就是2015年全球193个国家通过的联合国2030可持续发展议程和目标。

中国高度重视2030年可持续发展议程,2016年3月,第十二届全国人民代表大会第四次会议审议通过了"十三五"规划纲要,将可持续发展议程与中国国家中长期发展规划进行了有机结合;2016年9月,中国发布《中国落实2030可持续发展议程》国别方案;2017年8月24日,中国发布《中国落实2030年可持续发展议程进展报告》,公布了中国在17个可持续发展目标上所取得的进展。而在中国提出的"一带一路"倡议中,中国同时提出了共商、共建和共享的互利共赢的发展理念。这些既和联合国2030年可持续发展议程的理念相吻合,也与中国创新、协调、绿色、开放、共享的五大发展理念是一致的。

因此,未来成功的中国企业品牌,既是在国内落实五大发展理念的先进分子,又得是结合联合国2030可持续发展目标的企业,这样的品牌就是在未来受到各相关方尊重和认可的品牌。这些品牌将在新一轮的经济全球化中具有核心竞争力,将引领负责任、可持续的新经济全球化。①

---

① 殷格非:《拥抱可持续品牌——中国企业品牌建设弯道超车的战略选择》,《WTO经济导刊》,2018年第10期。

第二节　品牌价值可持续增长实务的重点领域

一、依托品牌理念传递企业优秀品质

品牌理念作为传递品牌文化的重要因素，不仅彰显了企业自身个性特征，同时承载了企业的使命和精神。品牌理念是公司真正相信和坚守的某种价值观念，意味着"我们自身代表什么，我们为什么存在"。践行品牌理念能够最根本地、最长久地引起客户内心深处的共鸣与认同，传递公司在赢得竞争优势过程中具有不可低估的价值。法国电力作为法国重要发、输、配电业务的国有企业，积极将可持续发展理念融入品牌文化建设，坚持打造可持续发展的公共服务品牌形象，致力于打造注重经济效率与环保责任的低碳电力企业。在建设清洁环保能源的同时，法国电力努力承担作为公共服务企业责任，以技术为先手，以品牌文化为基因，在不断推动提高民众环保意识的同时，将品牌文化内核植入民众认知，扩大品牌社会影响力。对可持续发展的公共服务企业品牌的长期坚持，使得法国电力的品牌价值不断提升，在 Brand Finance 评出的《2019 年全球品牌价值 500 强》榜单中，法国电力位列 142。[①]

---

① 全国能源信息平台：《法国电力集团向综合能源服务转型的启示》，2020 年 4 月 8 日。

二、依托品牌架构凝聚品牌发展合力

公司业务类型多样，各类品牌庞杂，如何厘清这些子品牌之间的优先顺序、关系远近、排列组合等问题就需要梳理完善品牌架构。品牌架构就是对各类品牌的有机排列，明确多个品牌组合之间的关系，不同类型的品牌架构有着特定的规则，对品牌构建有很大的影响。根据品牌架构模式特点及适用条件，科学确立各品牌之间的关系模式，可以更好地理顺多个品牌的层级和联动关系，确定合适的品牌发展优先次序，有助于各品牌形成一个有机协调的整体框架，凝聚品牌发展合力，实现各品牌同频共振、互补发展。中国石油及所属企业过去都以代表各自业务和产品的品牌形象作为宣传口，缺乏统一的品牌形象，难以体现中国石油的综合实力。为此，中国石油逐步构建了"主营业务"为统领、非主营业务个性化突出的品牌架构，形成了从单一的产品、服务品牌到完整、系统的中国石油品牌体系。打造统一"宝石花"品牌，构建特色品牌体系。在主营业务领域，逐步形成以中国石油标识为统领的石油化工产品、海外工程技术服务等品牌，在非主营业务领域，突出经营产品及服务的个性化形象，各自使用独立的品牌，两者共同发挥品牌协同效应。同时加强授权管理，建立商标知识产权保护体系和发布形象识别系统。中国石油基于自身品牌架构，确立"统一规范、两级许可、定期授权"管理模式，出台了《集团公司标识管理暂行办法》《企业标识应用规范》等系列标准，从品牌授权准入、品牌标识使用等方面规范品牌管理。[①]

---

① 国务院国资委官网：《一把手谈品牌之四：中国石油打造具有中国特色和国际竞争力的世界一流品牌》，2019年11月29日。

三、依托品牌传播提升竞争软实力

品牌传播是向社会公众展示公司品牌形象和优秀的企业文化，维持品牌记忆的各种直接及间接的方法。新时代新媒体的迅速发展，深刻影响了品牌传播的内容、渠道和效果，新媒体的发展以及受众个性化、差异化的诉求日趋明显，对品牌传播工作提出了更高要求。建立高效有序的品牌传播体系，通过大众传播、人际传播、公关传播、服务传播、文化传播和组织传播等渠道方式，提供订制化传播"大餐"。靶向传播公司的品牌形象、品牌理念、品牌故事和服务品质，让更多的社会大众接收到公司的品牌信息和文化，增强对公司品牌的认知度、美誉度、影响力、忠诚度、号召力和支持度。例如，2016年企业重组宝武品牌创建以来，中国宝武策划并利用各类重要活动，充分利用权威、主流媒体的带动传播效应进行品牌传播，借助博鳌论坛、首届进博会、央视"我为中国实业代言"等高端平台传播品牌的新形象；并会同中央网信办、国资委宣传局、国资委新闻中心等联合组织媒体开展"十九大精神进央企"主题活动，由媒体实地了解、报道中国宝武的新变化。类似媒体组团实地报道活动已作为中国宝武品牌传播的常态工作。

四、依托品牌资产保护巩固品牌价值

品牌资产是与品牌（名称和标识）相联系的，可为公司或顾客创造价值的资产。品牌资产保护是预防品牌危机、持续创造品牌价值、保持和增强企业品牌生命力的关键。企业需要注重标识应用和知识产权保护，并关注危机管理方面的识别和预防，对可能面临的品牌资产保护问题进行预测，及时做好预警工作，并采取有效的防范措施，避免对品牌损害和影响或将损害和影响降到最小。例如，英国石油作为传统的工业品牌，能够历经石油危机等种种威胁后,及时做出战略调整,重新回归强势品牌阵营,其品牌资产管理经验值得借鉴。2010年4月20日,英国石油在美国的"深水地平线"石油钻井平台爆炸起火,随后沉入墨西哥湾,浮油威胁至少600种动物安全,造成美国历年来最严重的油污大灾难。在2010年世界品牌实验室发布的《世界品牌500强》榜单中,作为常年百强的老牌石油品牌下降至217名。事件发生后,英国石油立即进行了全球实时报道,在事件发生的12小时内,英国石油就迅速发表了对爆炸事故的确认公告,随后每天更新解决方法与处理进展、媒体报告、访问政策和担保声明等,还建立了援救基金。公司首席执行官也针对漏油事件发表了重要演讲。墨西哥湾漏油事故后一年内,英国石油团队赴数十个国家,采用各种方式向当地政府、股东、话语权机构或个人、行业协会及媒体等说明情况,展开行动,取得了积极的社会反应,满足了用户保护环境的需求。英国石油对于事故的公关方式和态度,为企业恢复了形象,赢得了美誉,也成功挽救了其打造多年的绿色品牌形象,品牌排名逐年回升,于2016年重新回到世界百强品牌行列。①

五、依托品牌国际化塑造全球知名品牌

随着中国品牌国际化的深入和海外布局的扩大,提升海外运营地政府和民众对公司的品牌认可度和美誉度对于实现国际一流品牌至关重要。面向海外运营国家或地区,企业应针对不同意识形态开展跨文化研究,制定针对性的国际化传播策略,积极推进文化融合,塑造具有话语权和影响力的全球品牌。例如,华为作为中国最早进行国际传播的企业之一,在打入世界市场之初,面临重重困难,包括品牌形象如何在保持国家特色的同时获得国际认可、不同地区的品牌进入方式差异,以及国际电信设备巨头的打压等。为此,华为始终坚持技术创新,在5G对抗赛中由被美国等部分西

---

① 《中国石油报》:《对英国石油BP重塑品牌形象的几点思考》,2015年8月5日。

方国家压制的不利地位转危为安，品牌影响力不断提升，国际话语权不断增强，成为具有全球科技领导力的国际大品牌。同时，华为在打造国际品牌的过程中，坚持自主创新的品牌文化，通过采取差异化合作的品牌传播策略，并在国际市场上寻求与国际大企业的合作，通过品牌的强强合作，取得一加一大于二的传播效果。例如，与德国百年相机品牌徕卡的合作，使产品一上市，就在海外多个国家受到消费者的热烈追捧，并且受到不少海外媒体的争相报道。种种举措改变了国外媒体对中国品牌的认知、印象，其国际品牌形象一步步提升，并成功跻身世界百强品牌。[1]

---

[1] 搜狐网：《华为的崛起：成为行业标杆的背后，竟是因为这次合作》，2020年7月2日。

后 记

在经济全球化的今天,全球企业品牌正迈向以利益相关方为导向的可持续品牌时代。品牌价值可持续增长,虽然直接受客户影响,但也与政府、伙伴、社区、媒体、员工等广大利益相关方密切相关。品牌价值可持续增长QICIS模型的五因素,质量、创新、用户需求、影响力和共享,正是品牌为利益相关方提供功能、情感和精神价值,促进品牌价值持续增长的关键。自2006年始,笔者就提出将品牌与CSR相联系,其后又提出了可持续品牌概念,本书正是在这些长期思考和探索的基础上形成的。

本书是金蜜蜂智库集体智慧的结晶,编写过程中也得到了诸多领导、朋友和品牌同人的热心鼓励和大力支持。全书最初由笔者统筹策划,管竹笋、林波、庄巍、董彬、王伟等共同参与拟定写作提纲和各章节核心问题,经与全体作者集体讨论后,分头撰写。各章作者如下:

第一章品牌价值可持续增长的背景:王雯、王丹励、刘宝琛。

第二章品牌价值可持续增长的理论与实践基础:王雯、王丹励、刘宝琛。

第三章品牌价值可持续增长模型:管竹笋、庄巍、申佳悦。

第四章品牌价值可持续增长的基础——质量:董彬、李永康。

第五章品牌价值可持续增长的灵魂——创新:王伟、潘雪姣。

第六章品牌价值可持续增长的核心——用户需求:张蕊、张洁。

第七章品牌价值可持续增长的关键——影响力提升:林波、郭静。

第八章品牌价值可持续增长的基本支撑——共享:申佳悦、王丹励、雷晓宇。

第九章品牌价值可持续增长的典型案例：刘娟娟、付宇杰、肖冰、乔童、马小娟、李永康、潘雪姣、陈晓宁、戚伊琳。

第十章品牌价值可持续增长的展望：王伟、李永康、潘雪姣、刘现荣。

本书得以出版，我还要对各位领导专家和同人的热忱指导和大力支持特别致谢。感谢中国品牌建设促进会刘平均理事长，他不但为本书作序，还为本书总体框架和品牌培育的五因素及大纲都给予了充分全程的指导，同时还亲自为本书审稿。感谢国际优势集群品牌联盟袁隆华执行副主席的大力支持和全程督导。感谢中国国家品牌网吴为总裁对案例写作的热心帮助和指导。感谢中国茶叶股份有限公司办公室王禹主任、稻香村视频集团股份有限公司品牌部张静经理、五常市稻米产业管理工作领导小组办公室张野副主任、中国南方电网公司有限责任供公司企业文化与品牌建设张伟元副处长、波司登股份有限公司王晨华副总裁为本书案例的撰写提供的指导！还要向企业管理出版社表示感谢，他们在审稿过程中提出了很多宝贵意见，并付出了大量的辛勤工作。向为本书出版付出辛勤劳动的全体同人致以诚挚的谢意。

最后要感谢我的妻子何静，因为这些文稿的讨论和编辑大部分都是利用业余时间完成的，没有她十几年如一日的支持，承担全部的家务和孩子教育工作，这些工作也是难以完成的。谨以此书的出版向她致敬！

殷格非

2022 年 4 月